26日（初七）　星期六　晴，（28°—10°）

码头是混乱一片，我们好不容易排入了长队，在日军的虎视下，检验了行李和船票，挤进了底层舱。九时左右，船开动了。我从小圆型的窗洞里，看到一幢幢大厦上都悬着太阳旗。别了，香港！

徐鑄成日記（一九七七—一九七八）

徐鑄成 著 徐時霖 整理

徐鑄成日記（一九七七—一九七八）

徐鑄成 著 徐時霖 整理

1933 年，作者和夫人朱嘉稑攝於漢口

1938 年，作者在上海《文匯報》時期

1939 年春節，香港《大公報》同仁合影。第二排左起：羅集誼、楊歷樵、徐鑄成、胡政之、張季鸞、金誠夫、楊剛、蔣蔭恩夫人。

1940 年，作者在香港《大公報》時期

1948 年，作者在香港《文匯報》時期

1978 年，作者在上海寓所（撰寫回憶日記時期）

1980 年，作者在香港

1982 年，作者在北京出席政協會議
（香港攝影家陳復禮攝）

1988 年，作者在上海寓所

作者持有的香港《文匯報》的股票

香港文匯報有限公司股票

Wen Wei Po Limited

徐鑄成先生按照本公司
註冊章程參加股份壹
股每股港幣壹拾圓正共
計股金港幣壹拾圓
正合行發給股票計共
壹股由第號至
第零零零零肆號所有股金經
如數照收並已註入股冊
特發此股票存據

董事長梅文鼎

總經理余鴻翔

公元一九五一年十月十五日發

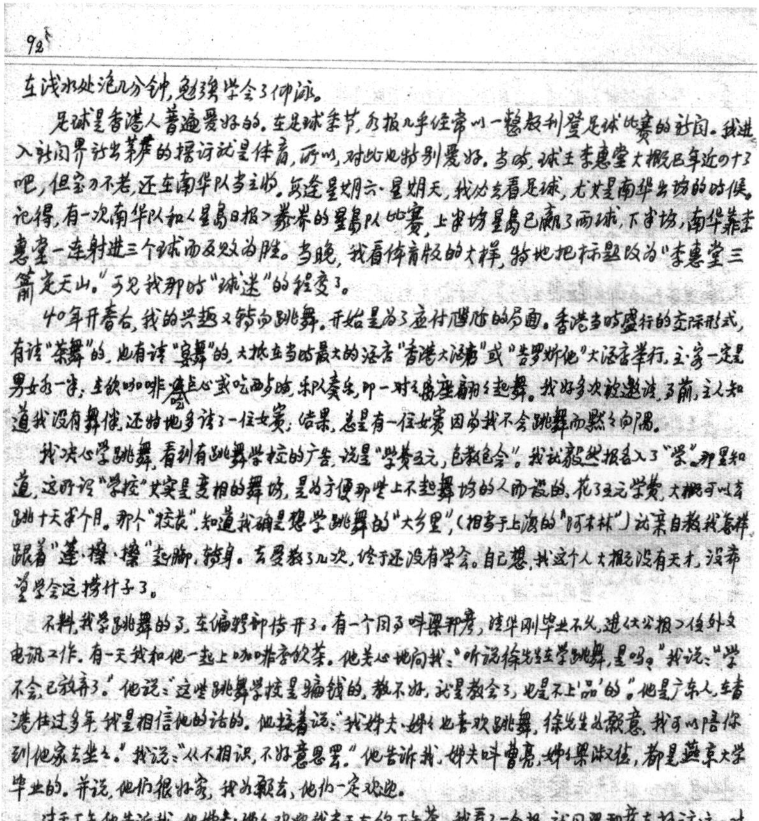

92

在浅水处泡几分钟，勉强学会了仰泳。

足球是香港人普遍爱好的。在足球季节，各报几乎经常以一整版刊登足球比赛的新闻。我进入新闻界计当第一声的採访就是体育，所以，对此也特别爱好。当时，球王李惠堂大概已年近四十了吧，但宝刀不老，还在南华队当主将。每逢星期六、星期天，我必去看足球，尤其是南华出场的时候。记得，有一次南华队和《星岛日报》豢养的星岛队比赛，上半场星岛已赢了两球，下半场，南华靠李惠堂一连射进三个球而反败为胜。当晚，我看体育版的大样，特地把标题改为"李惠堂三箭定天山。"可见我那时"球迷"的程度了。

40年开春后，我的兴趣又转向跳舞。开始是为了应付应酬的场面。香港当时盛行的交际形式，有请"茶舞"的，也有请"宴舞"的，大抵在当时最大的酒店"香港大酒店"或"告罗士打"大酒店举行。主、客一定是男女各一半；在饮咖啡、吃点心或吃西点时，乐队奏乐，即一对对离座翩翩起舞。我好多次被邀请，事前，主人知道我没有舞伴，还特地多请了一位女宾；结果，总是有一位女宾因为我不会跳舞而默默向隅。

我决心学跳舞，看到有跳舞学校的广告，说是"学费五元，包教包会"。我就毅然报名入了"学"。那里知道，这所谓"学校"其实是变相的舞场，是为方便那些上不起舞场的人而设的。花了五元学费，大概可以去跳十天半个月。那个"校长"，知道我确是想学跳舞的"大乡里"，（相当于上海的"阿木林"）就亲自教我怎样跟着"蓬、擦、擦"起脚、转身。去受教了几次，终于还没有学会。自己想，我这个人大概没有天才，没希望学会这劳什子了。

不料，我学跳舞的事，在编辑部传开了。有一个同事叫梁邦彦，清华刚毕业不久，进《大公报》任外文电讯工作。有一天我和他一起上咖啡室饮茶。他关心地问我："听说徐先生在学跳舞，是吗？"我说："学不会已放弃了。"他说："这些跳舞学校是骗钱的，教不好，就是教会了，也是不上'品'的。"他是广东人，在香港住过多年，我是相信他的话的。他接着说："我姊夫、姊姊也喜欢跳舞，徐先生如愿意，我可以陪你到他家去坐坐。"我说："从不相识，不好意思罢。"他告诉我，姊夫叫曹亮，姊姊梁淑德，都是燕京大学毕业的。并说，他们很好客，我如愿去，他们一定欢迎。

过天下午他告诉我，他姊夫、姊姊欢迎我当天去饮下午茶。我看了一会报，就同梁邦彦去拜访这一对好客的夫妻。

这对伉俪大概都已三十五岁以上了，曹先生更看老些，的确和蔼可亲，先谈谈时局，也很有见地，而且似乎消息很灵通。

徐鑄成日記手稿

到桂林再见。

天刚刚亮，我们就换上一身旧的"唐装"，提着行李，从后门溜出了宿舍，踏上了冒险的征途。

26日（初七） 星期六 晴 （22°—10°）

天又急剧转暖。上午，机关开批判会，我去医院。

回家时，购蜂皇浆蜂蜜一瓶，二.30元。

码头是混乱一片，我们好不容易排入了长队，在日军的虎视下，检验了行李和船票，挤进了底层舱。九时左右，船开动了。我从小圆型的窗洞里，看到一幢幢大厦上都悬着太阳旗。别了，香港！

船开出不久，一队日兵从一个舱房里出来，登上楼仓去了。我连忙走到楼梯口向上看，只见那些如狼似虎的日兵，正在逐个盘问旅客，仔细地检查行李；看来，他们是先查顶舱，然后到下面来检查。我请那个姓黄的广东同事再去看看，他说，左面已全检查好了，正在检查右半边的旅客，不久就要下来检查了。楼梯口由一位广东工人守着，不放人上下。我们偷偷商量，最好趁敌军下来前溜上甲板去，逃过这次检查，因为我们不会说广东话，不象是回乡的，很可能被扣留起来。我们提了行李，慢慢地移动到左面的楼梯口，我把十元港币塞给姓黄的同事，叫他偷偷和那个工友商量，就说我们在底下头晕呕吐，想上去透透空气。小黄上去和这个工友搭讪了几句，把十元钱暗暗塞在他手里。他一面把缆绳松开，让我们赶快走，一面大声叫着，"唔得，唔得，快快落海！"（不许，不许，快快下去。）我们刚跨上甲板，他立即把缆绳扣上了。这时，日军已从右面的扶梯下舱去检查。我们总算顺利闯过了一关。

我在香港工作了三年半，因为交往的多半是"外江"人，所以广东话基本不能说。那个姓郭的北方同事到香港还不到半年，广东话一句也听不懂。我一再关照他，一路少开口，特别在人多的地方，我们少交谈。

大约下午三四时到了广州，上岸时没有什么检查。小黄果然对广州相当熟，领我们到了一家中等的客栈，没有什么麻烦的手续，就住进了两间相连的双铺房间。

广州是旧游之地，但一别近十年的羊城，已面目全非了。我曾寄住过的西堤二马路盐业银行大楼，只剩下四堵危墙。那座当年最高的大新公司大厦，记得我还曾在它屋顶的游乐场看过当时曾轰动全国的跳费拉车。现在，上面几层已被炸弹削光，下面也成为野狗栖息之窝。最使人触目惊心的，西堤后面，大约有一两平方公里的地方，全成了瓦砾堆，毫无人烟。敌军侵占广州，到那时已三年多以上。

徐鑄成日記手稿

編輯說明

《徐鑄成日記（一九七七－一九七八）》，作者寫於西曆一九七七年二月三日至一九七八年三月五日，以每日回憶的形式系統記述自己從幼年讀報一直到一九四九年主持香港《大公報》的經歷，為首次公開出版。

此次的出版，以徐鑄成先生日記手稿為原稿，為保持日記原貌，僅就日記內容中原有的文字性錯誤及整理、入字過程中的錯誤進行核實、校訂，未做其他刪改。另為便於港澳台讀者閱讀，在個別地方，由整理者以注釋進行說明。

目錄

前言

徐鑄成先生是我國著名的報人、名記者和新聞學家。他是江蘇宜興人，生於一九〇七年，畢業於江蘇省立無錫第三師範學校和北京師範大學。鑄成先生在學生時代就為國聞通信社寫稿，畢業後加入《大公報》。一九二七年十一月至一九三七年十月間，他先後在《大公報》天津版和上海版任抄寫員、編輯和記者，期間還擔任過國聞通信社北京分社和《大公報》漢口辦事處的負責人。一九三九年七月至一九四六年五月，先後任《大公報》香港版編輯主任、桂林版總編輯，重慶版《大公晚報》主編、上海版總編輯等職。他在《大公報》工作了十八年，深受胡政之先生和張季鸞先生的影響，從抄寫員成長為分版總編輯，是新記《大公報》的重要骨幹之一。這一時期是他報人生涯的重要歷程。

一九三八年二月，鑄成先生加盟《文匯報》，成為《文匯報》言論的總負責人。他在《文匯報》擔任總主筆、總編輯、社長等職務有五個時期，一是一九三八年二月至一九三九年五月的上海《文匯報》，二是一九四六年三月至一九四七年五月的上海《文匯報》，三是一九四八年九月到一九四九年二月的香港《文匯報》，四是一九四九年五月到一九五六年三月的上海《文匯報》，五是一九五六年十月到一九五七年七月的上海《文匯報》。五次任職，五次中止，五個斷續的短暫時期，使鑄成先生走上了報人生涯的巔峰。

有人說，徐鑄成的一生只做了兩件事，一件是辦《大公報》和《文匯報》，一件是當右派[1]。其實，鑄成先生還做了第三件事，那就是在晚年他老驥伏櫪，筆耕不輟，寫下了大量的舊聞掌故、新聞研究、人物傳記和回憶文章，洋洋三百餘萬言，這不能不說是他一生中的一件大事。他的這些文字都和辦報有關，他當右派也是因為辦報，因此，也可以說，鑄成先生一生只做了一件事，那就是辦報；也只有一個理想：辦報，辦一份民間報紙，辦一份具有獨立立場的民間報紙。

一九八三年十月，徐鑄成先生在一篇文章中說，"我在被迫擱筆的二十年中，實際上一直沒有擱筆，無窮無盡的'檢查'、'交代'，固然是老一套，不費腦筋，而一有空就讀書、思考，寫讀書筆記。一九七三年從幹校'解放'，在辭書出版社控制使用，每天讀古書、寫卡片，即使退居灶披間，也寫到深夜。一九七六年'四人幫'垮台不久，就寫'回憶日記'。上半截記每天所聞的山河重整，天日重光的大事，下半截則從頭回憶我的'前半生'的詳細經歷。每天寫，每天細細回憶。到一九七八年初，已寫了約二十萬字。這就為以後的寫作打下了基礎"[2]。徐鑄成先生的這部日記以每日回憶的形式系統記述了自己從年幼開始讀報一直到一九四九年主持香港《文匯報》的經歷。

一九四三年初，當時在重慶《大公報》任職的徐鑄成先生前去拜訪陳布雷先生。"布雷先生並力勸我加入國民黨，他自己願破例當介紹人。我婉謝其意，並說參加一政治組織，等於女人決定選擇對象，此為終身大事。我對政治素不感興趣，願抱獨身主

1 徐復侖：《徐鑄成回憶錄》後記，見《徐鑄成回憶錄》（北京：生活．讀書．新知三聯書店，1998），424 頁。

2 徐鑄成：《我不知老之將至》，見《風雨故人》（北京：生活．讀書．新知三聯書店，2010），140 頁。

義。布雷先生莞爾而笑，不以為忤。”[1] 這一“獨身主義”伴隨了鑄成先生的終身，也造就了他一生的悲喜劇。今天，我們將徐鑄成先生的這部日記整理出版，也正是為了使這樣一種精神能存於青史。

整理者

二〇一九年七月十三日

1 徐鑄成：《徐鑄成回憶錄》，114 頁；本書 205 頁亦有敘述。

一九七七年

2月3日 十二月十六　　星期四　　陰

從十天以前，連下四五天漫天大雪，繼以嚴寒，直到今天才有些回暖。

這次大雪，在我記憶中，上海是少見的。前幾天最低溫度降到零下十度，在上海也可能是破紀錄的。

近來，常在夢中從事編報工作，醒後常覺茫然。“日有所思，夜有所夢”，二十年來，我對於新聞工作，早像玩火燙過了手的孩子一樣，離之惟恐不遠，還有什麼“所思”呢？大概，不僅因為從青年時代、中年時代從事於此達三十年之久，而且，從少年時代起，就對此發生過興趣，長年累月，在大腦皮層上刻下了深深的印記。所以，迄今還在夢中浮現罷。

我從什麼時候開始看報的呢？算來，距今已五十六七年了。一九二〇年發生了北洋軍閥的直皖戰爭，吳佩孚在這次戰爭中成了神話般的“名將”。在親戚的談話中，談到他如何以洋鐵桶裏放鞭炮，嚇退皖軍，從而打了勝仗的“奇跡”。我當時是十三歲的孩子，已聽過了不少《三國》、《水滸》的故事，覺得這位吳將軍真像小說裏的英雄一樣，因此，就想自己看看報，進一步詳細了解這些現實的“英雄”故事。

宜興縣城很小，直徑只有一華里，居民大約不過一萬，識字而又關心時事的不多，在我的親戚中，就沒有訂閱報紙的。“公共閱報處”只有一處，那是在城隍廟附近的育嬰堂裏。有一天，我嘗試著進去了，那是一個三間的大殿，中間供著送子觀音，神龕前掛了不少求子、“還願”的紅布條。左面一間，就是“育嬰”的地方，有一兩個嬤嬤在撫育被棄的嬰兒。我那時當然還不懂，為什麼有人那末渴望生兒子，而同時又有人甘心把親生的子女遺棄到“育嬰堂”來。

右邊那一間，就是“公共閱報處”，一張長桌子，兩面放著幾條長板凳，桌上放著兩份報——上海的《申報》和《新聞報》。

記得我那天進去，只看見一個老頭（當然比我現在的年齡還小得多），正戴著老花眼鏡聚精會神地看著。我坐在他對面，翻翻這張，看看那張，才知道一天一份報紙有四五張，第一張有大字的“本報專電”，有“外電”，還有通信，後面是副刊。在“專電”、“外電”裏，果然找著了吳佩孚、段祺瑞等的名字，從而也看到了直皖戰爭後兩軍的進退和北京政局的變化。這樣，就慢慢地看出興趣來了。

城隍廟是我前往我所進的敦本小學的必經之路。從此以後，我回家吃過午飯後，提早若干時間上學，中途進入“育嬰堂”去看看報。先是只看“專電”、“外電”，後來，也看看“本埠新聞”乃至大字刊載的戲劇廣告了。

2月4日 十二月十七 星期五 晴

今天最低溫度還在零下四度左右，而陽光很好，積雪在融化。

昨天社裏（人民出版社[1]）開全體會，大概是張潔等作交代。

---

1 人民出版社，指上海人民出版社。此時作者在上海市出版局《辭海》編輯部工作。當時實行“局社合一”制度，上海市出版局和上海人民出版社是同一機構。以下注釋均為編者所加，餘不贅述。

我沒有去。今天上午，照例補足半休，因此，整天休假。

早飯後，去理了髮。據理髮員說，再過一二天，下鄉知識青年回來，就要開始緊張，以後越近春節就越忙了。

繼續回憶我看報的歷史。我開始認真看報，是在一九二二年進了中學（無錫的省立第三師範）以後。

那時的中學生活相當緊張，上下午各上課三小時，晚上還有兩小時在"自修室"複習功課。在下午上課前和下午四時至晚飯前，可以自由活動，一般在圖書館看書或在閱覽室看報。在晚上兩節自修課時間中間，也有十五分鐘休息，可以到閱覽室看報。

學校訂了五份上海報，即《申報》、《新聞報》、《時報》、《時事新報》和《民國日報》。另外，還有兩份當地出版的報紙——《錫報》和《新無錫報》。

白天，這幾份上海報是放在教員休息室裏，專供教員閱覽，要到晚上，才轉到學生閱覽室裏來。

我不大看無錫報，它的國內外新聞多半是抄錄隔天的上海報，而無錫當地的新聞，我也不大感興趣。至於副刊，更不值得一看。

為了搶看當天的上海報，每當第一節自修下課鈴一響，我立即奔到閱覽室，抓起所要看的報紙，如飢似渴地看著。有些長篇的通信，或副刊好的作品，記下了題目，第二天休息時再去看。等到我升到高班的時候，也敢於在午後上海報剛送來的時候，闖進教員休息室去，和老師們並坐著讀報。這在當時戒規森嚴的第三師範，本是犯規的事，但老師們似乎也諒解了。

對於報紙的內容，我涉獵的範圍逐步擴大。除了"專電"、"要聞"外，當時最令我感興趣的是北京特約通信，每篇都署了名，我特別愛讀《申報》飄萍寫的和《時報》彬彬寫的特約通信，不僅文字好，對北京政局的變化，來龍去脈，乃至內幕背景，寫得比較清楚。對於各報的副頁，也和其他同學一樣，喜歡《時事新報》的“學燈”，和《民國日報》的“覺悟”。儘管無錫第三師範的復古空氣之濃是有名的，但“五四”以後的那股新潮流，早已洶湧在我們這一輩青年的腦海裏了。

另外，《申報》的副刊“自由談”和《新聞報》副刊“快活林”，分別由“鴛鴦蝴蝶派”大將周瘦鵑和嚴獨鶴主編，那也和《申報》署名“冷”、“默”等不痛不癢、不知所云的“小評”一樣，偶然看看，嗤之以鼻而已。

那位在《時報》寫通信的彬彬，後來才知道是我們小同鄉徐凌霄。事有湊巧，若干年後，我和他還在《大公報》同過事，他不僅和他的弟弟一士在《國聞周報》連續寫《凌霄一士隨筆》，專談掌故，是很受一些讀者歡迎的。他還為《大公報》編過一個時期的副刊“小公園”，我那時編教育版，但他在北京工作，他所選定的稿子，每天由我兼做編輯和修飾的工作。

一九四九年我從香港到剛解放的北京，還和一士見過面，聽說凌霄已作古幾年了。他們兩兄弟是戊戌政變時因推薦康梁而被關進牢監多年的徐致靖的姪子，是我的同鄉前輩，也是新聞界可敬的先輩。

飄萍，即邵飄萍，是現代中國新聞界的初期闖將。我到北京讀書時，他已在那年上半年被直魯軍閥張宗昌殺害了。他的《京報》還出版，由他的夫人湯修慧主持。承她的青睞，我曾有過一個時期為該報兼寫太原通信和天津通信，也算間接和飄萍結了緣。這都是後話，是在無錫當窮學生時做夢也不會想到的。

2月5日 十二月十八　星期六　多雲

上午上班，組長傳達運動情況。前兩天大會，張潔、沈鴻壽分別作了揭發交代，群眾聽了很不滿意。領取工資。

下午二時，在文化廣場看“內部”批判電影《反擊》。電車極擠，而且極不正常，往往一路車一下來了六七輛，時而又久久不來。

今天立春後一日進入“六九”。人大概總是健忘的，我活了七十年了，但對於氣節變化，總還沒有規律知識。前幾天嚴寒，立了春，就以為春暖快到了，而忘了還要經過一段春寒季節。

前兩天回憶了最初看報的情景，那末，第一次在報上發表寫的東西在什麼時候呢？

那是在進了清華那一年，即一九二六年。我是師範還未畢業，借了高班同學徐錫華的文憑考進了清華的。三師的校長陳綸，想敲一筆竹槓，威脅我母親，要索二百元。當時，我家裏很窮，我聽了他的卑鄙手段，十分氣憤，寫信質問了他，他惱羞成怒，一再寫信清華當局，甚至威脅清華說，如不開除我，就要向教育部告發（其實，當時借文憑考學校是普遍現象，一般是馬虎過關算了的）。因此，我進了清華滿一學期就被迫離開了。

就在離開清華的前一個月中，天津《庸報》創刊，大概是為了做廣告罷，在報上發表了徵文啟事。徵文的“條件”很刁鑽古怪：一是長篇小說，最少五千字，故事的時間限於一天之內；二是短篇小說，最多不超過五百字，故事的時間拉得越長越好。我寫了一篇不到五百字的稿子去應徵。故事的模型取材於我家的一個疏房姪女，嫁到一家土地主家裏，因為婆婆虐待，終日忙於洗衣燒飯餵豬等等，結果，不到二年就勞累而死了。這篇“小說”，我取名為《笑的歷史》。想不到過了二十多天，該報登出徵文結果，我的“處女作”竟被列為第一名，獎金是十元。這是第一次我的名字印在報上，是第一次寫的東西被刊佈出來，也是第一次憑自己的腦力勞動獲得了報酬。我收到這筆稿費時，已離開清華，寄居在我舅舅家裏，報社特別派人把稿費送來，取去了收條。不是鈔票，而是白花花的十元“袁大頭”（當時如果買米，可以買二擔半）。我心中的甜滋滋，是可想而知的，雖然我因為被趕出了學校，前途茫茫，愁苦終日，而這一“收穫”，至少在苦果上加了一小勺糖，從而也增加了我在人海茫茫中奮鬥掙扎的勇氣。

2月6日 十二月十九　　星期日　　陰

又有新的冷空氣南下，今天最低溫度又降到零下五度左右。今冬的溫度不僅特別冷，而且冷的時間特長。報上說，北美、歐洲今年也特別冷。

我和新聞事業開始非正式地發生關係，是在一九二七年下半年。我被清華辭退後，即到保定混了半年。我父親在保定車站當“司事”——一種近於司書的小職員，已幹了七八年，薪水每月只有三十多元，而且常常欠薪，七折八扣。他老人家既要養活遠在宜興家中我的母親和妹妹，自己也要必需的零花，要供給我上大學，是萬分吃力的了。我在保定河北大學半飢半飽地過了半年，夏天又以同一的假文憑考進了北京師範大學，為的是不收學費。

學費雖然不收，住宿吃飯還是要錢。我和一位小學時就同學的好友朱景遠一起借住在香爐營的一家公寓裏，條件是每人房租伙食費九元。這是很重的負擔，對我們這些窮學生來說。

我經常不向父親要錢，生活是靠這個好友的支持，而他也是靠叔叔接濟的，一個人的錢兩個人分著用，當然不是長久之計。因此，千方百計，我想找一個職業。

正在這時，看到上海報上刊載一個廣告，是“日日通信社”徵聘北京通信記者。從廣告看，這個社的規模不小，總社在杭州，上海和南京、漢口都有分社。我便應徵，連寄了三篇通信，不久接到回信，說對我很滿意，並寄來了聘書，每月酬金暫定三十元，將來再看成績遞加。我當時的高興是可想而知的，不僅我不必向父親要錢了，我的好友也不必向他叔叔伸手了。

從此，我努力地寫，總是白天在學校留心看各種日報和晚報（我當然還不可能也無門路去直接採訪），晚上綜合一些見聞，撰寫通信常至深夜。第二天清早，為了趕上當天南開的火車，必須清早送到正陽門郵局，從香爐營到前門，總是步行來回，再趕到學校上課。有時，是我這位好友代我去送。

記得第一篇通信是寫的東陵盜陵案始末，即直魯軍閥孫殿英炸開慈禧太后的陵墓盜取大量古物財寶的經過。這篇通信，《申報》等各大報都登出了，以後陸續寄出的，大都也散見各報，但一個月過去了，二個月、三個月過去了，不見分文寄來。窮學生多受點累，多跑跑路倒無所謂，紙張郵費卻是一個不小的負擔，後來，只得停止寄稿了。停稿不到一個月，忽然接到該社上海分社寄來一封信，附來了二十元。信上說，總社經濟困難，今後，稿子請直接寄分社，每月準暫付酬勞二十元。這樣，我又繼續寫了一個時期，後來，這個分社再也沒寄錢，我的義務勞動，也就糊裏糊塗結束了。

若干年後，我才知道這個日日通信社，是一個杭州人殷再為創辦的，完全是買空賣空，此人後來辦了報，終於在“七七”抗戰後成了附逆報人。

2月7日 十二月二十　星期一　陰

上午上班後，聽傳達中央今年一、二號文件，是關於“工業學大慶”和實現農業機械化問題的。

我和《大公報》、國聞通信社和《國聞周報》這三個姐妹機構，最初發生關係的是《國聞周報》，大約在一九二七年底，正是我們經濟十分困難、千方百計想搞點錢來維持生活的時候。有一天，大概在青雲閣舊書店裏看到一大堆西文舊書在大拍賣，每本只一二毛錢，我們檢了半天，看到一本意大利作家鄧南遮的小說，篇幅不大，標價兩毛，就買下來了。鄧南遮這個名字，在《東方雜誌》等刊物中是看到過的。因此，我和我的好友就分頭嘗試了翻譯。大約經過一個多星期的努力，終於翻出來了。就署了我的名字（其實，我的朋友英文程度比我好，他譯得比我多），寄給了《國聞周報》。本來是姑妄投之的，沒想到不久就登了出來，彷彿記得還分登了兩期[1]。總之是寄來了二十元稿費，因而大大緩和了我們和公寓老闆之間的矛盾。這位老闆的討債本領是很高明的，如果到月的房飯費沒有給他，他必然在你忙於功課的晚上，忽然跑進房來，坐在矮凳上，"和顏悅色"地說："徐先生，我是實在沒法可想了，您借幾塊錢給我應應急吧。"非等你說出付錢的確切日期，(不然)他會把"苦經"無盡無休的嘆下去。

就在這一年（一九二七年）年底，我生平第一次跨進了職業的門檻，也就是進入了我以後先後工作了十八年的《大公報》的大門。

上面提起過，我有一個極其潦倒的舅父，住在破雜院裏，他在華洋義賑會工作，後來不知什麼機緣，在國聞通信社兼任編輯，兩處的薪水大約合起來有七八十元，但因為他抽鴉片，真可說是家徒四壁，天天打著饑荒。

有一天，他寫信給我，說國聞通信社要添招一個抄寫鋼板的人，每天晚上工作二三小時，如果我願應徵，他可以介紹。

過一天，我隨他到了蘇州胡同附近船板胡同的國聞社，講明了每天下午四時到六時為工作時間，薪水是二十元，另外，還免費供給一頓晚餐。從此以後，我算找到了半工半讀的機會，能不能度過經濟難關的焦慮算是暫時解決了。

工作是簡單的，練習了幾天，寫的蠟紙便比較清楚了，也不影響學習，下午三時後，學校向例沒有課了。特別滿意的是工作後的一頓晚餐，四碗一湯，冬天還是火鍋，白米飯、花捲，自從離開清華後，久久未有這樣的享受了。

---

1 這篇小說名為《賴婚》，美國 Bornha M. Clay 著、徐鑄成譯，分兩次連載，先後刊於 1928 年 1 月 8 日上海《國聞周報》第五卷第二期和 1928 年 1 月 15 日上海《國聞周報》第五卷第三期。

2月8日 十二月二十一　　星期二　　陰

國聞社北京分社設在蘇州胡同拐進去一條小胡同——船板胡同裏，紅漆大門，外面是門房間，還有一個馬車間。第二進就是辦公室和餐廳兼會議室。第三進是“上房”，住著胡政之的眷屬。整個房子的格局，彷彿是當時北洋政府處、司級官僚的標準型住宅。

除主任外，有兩個編輯，兩個記者，另外就是我們三個抄寫員，其中一個相當老邁，是那位主任的舅老爺。另一個姓陳，三十掛零，抄得一手好鋼板字，寫得也相當快。不久，我們就熟悉了，成了“忘年之交”，我有時把蠟紙劃破了，或是字抄錯了，他教我補救的辦法，有時稿子多了，他搶著趕抄，而又沒有一點向主任獻殷勤的表示。輕易不說話，工作告一段落，摸出“大英牌”來抽一支。一晃五十年——半個世紀了，我一九二九年調到天津工作後，就沒有再和他見過面，而他善良的形象，迄今還留在我的記憶裏，他是我生平第一個真正的同事啊！

通信社稿子是每天五時半前後寫好印出，由幾個信差騎自行車分送到報館。六時左右，就吃晚飯。除了上面提到這些人外，國聞社還有一個英文部，實際只有一個編輯，還有一個燕京大學剛畢業學生作為助手，兩人的工作，主要把中文稿譯成英文打兩三份，分送北京、天津的三家外文報紙。他們的薪水特別高，中文部主任月薪是一百二十元，編輯記者只有四十至六十元；英文部的那位編輯是每月二百元，助手是一百元。

後來我聽說，英文部是一九二五年才添設的，那時段祺瑞當“執政”，邀請庚子賠款各國代表在北京舉行的“關稅會議”，企圖乞求各帝國主義“准許”中國的海關進口稅率從百分之五提高到百分之七點五。胡政之和安福系[1]有較深的關係，聽説執政府為了加強對外宣傳，津貼了胡一筆錢，辦起這個英文部。到我進國聞社時，英文部已失去原有的作用，奄奄一息，成為告朔的餼羊了。

我進了國聞社不到兩個月，就碰到一件意外的事，我的這位舅父不知為什麼和那位主任先是口角，後來發展到彼此拍桌對罵。雖經勸開了，但我的舅父從此就被辭退了。據説胡政之有一條管理條例，幹部間發生衝突，不問是非，處分職位較低的。後來的事實證明，他在《大公報》裏，也是一貫貫徹這條幹部處罰原則的。

我的舅父從此家境更困難，自不待言。我這個剛剛吃了四五十天飽飯的窮學生，靠山一倒，立刻就有失去這飯碗的危險。我擔心受怕、戰戰兢兢地做到月底，拿到了二十元。幸好，事務主任沒有給我停職的通知。大概這位主任[2]還是寬宏大量的，不想斬草除根。

十二年後，我和這位主任又在香港、桂林《大公報》同了四年事，他當經理，我當編輯主任、總編輯，我們相處得很好。他從來對我不擺老上司的架子，也沒有因為我曾在他手下當過抄寫生而看不起我；相反，對於社內有些問題的處理，他總是尊重我的意見的。

那時，正是國內政局大起大落的時期，段祺瑞執政府垮台了，佔據北京控制北洋政府的西北軍馮玉祥部被張作霖的東北軍趕出了北京，退往太原，北京成立了張作霖的“大元帥府”。一時，北京成了“關外”的天下。但為時不到半年，國民黨軍北伐佔領了京津，閻錫山成為北方的實際控制者。

1　安福系，是中國北洋軍閥時期依附於皖系軍閥的官僚政客集團，徐樹錚、王揖唐為該系核心人物。因其成立及活動地點在北京宣武門內安福胡同，故名安福系。

2　這位主任是金誠夫先生。

記得大約在一九二八年的六七月間，天安門開了一個北伐勝利大會。那時的天安門廣場，不到現在的四分之一，市民參加的稀稀拉拉總共不到一萬人，我和我的朋友也去觀光了。在會上發言的有桂系軍閥白崇禧，馮玉祥的代表郭春濤，代表蔣介石第一集團軍的是方振武。此外，還有老而不死後來被魯迅稱為“大觀園的劉姥姥”的吳稚暉。他慣於打諢插科，記得那次他說的最中心的話是“你不好，打倒你，我來，幹！”意思是說改朝換代了，要好好幹，但事實上，北京“底定”不久，國民黨各派新軍閥間，就真的相互“幹”起來了。

另外，記得一個插曲是在正陽門外搭台舉行了“總理銅像奠基典禮”，在這會上，我看到了後來做過國民黨政府主席的林森。據說他剛從海外歸來，銀髯飄飄，儼然有“年高德劭”的神氣。可是，這個銅像只奠了基，國民黨政府從此再也沒有提起過這件事。

2月9日 十二月二十二　　星期三　　雪

今天又下大雪。因為昨天約好安徽編寫組來的同志來談《南史》選詞、製卡問題，只得冒雪前往上班，好在天不太冷，路不算太滑，安然來去。

這幾天市場蔬菜特別少，加之女保姆已三四天沒來了。昨晚出去吃了麵，今天中午，把僅存的一罐紅燒肉罐頭開了，加上一個白菜湯吃飯。

今天再回憶一下在國聞社初期的經歷：

國民革命軍“底定”了北京時，南京早已成立了國民政府；在北京佔領後，即宣佈取消北京的政府，北京改為“北平”。設立了以西山會議派頭子張繼為首的“政分會”，而實際上華北包括河北、山西、察（哈爾）、綏（遠）及平津兩市的最高權力者都是閻錫山。

許多北洋政府的老官僚都活動南下，參加了南京政府，當時所說“軍事北伐，政治南伐”，即指此。

北平成為一個文化古城，頓時蕭條起來了。

有一天，我給胡政之寫了一封信（也算是“條呈”吧），認為北平已不再是政治中心，國聞社的新聞重點如果還放在政治方面，就沒有出路了，應該在文教及社會生活方面開闢新的採訪途徑。

那時，胡政之的主要精力雖放在天津的《大公報》上，但他每星期必回北平一二天，照料家務，並佈置在北平的新聞採訪。

我的信送出幾天，他就接見了我（這是我第一次和這位社長談話）。説我的意見很好，他也這麼想。問我學校的功課忙不忙？能不能抽出時間採訪採訪。我説可以試試。最後他希望我先採訪體育新聞，並説：“以後你不要抄寫了，我已關照事務員，你的薪水這個月起改為三十元。”

從此以後，我就算是新聞記者了。

體育新聞從哪裏“跑”起呢？恰好師大一位體育教授郝更生兼任華北體育協會的總幹事，我採訪了他，他熱情地表示支持。因為歸根到底，我從這方面多寫稿，等於為他的工作做了宣傳。所以，以後凡遇重要比賽，或有關體育運動的重要活動，我從他那裏都是先獲得了綫索。

其次，我的採訪範圍還包括新成立的“抗日會”和“總工會”。“抗日會”是因為日本軍閥在濟南屠殺我國軍民而激起各地各界人民組織起來的，一時曾轟轟烈烈，不久，就因為國民政府的對日妥協而逐漸煙消雲散了。

有一天，我在總工會聽到電車罷工的消息，立即趕到電車工會，了解到罷工的經過和規模，然後，去電車公司管理處詢問了資方的態度，回到通信社已五時了。那天胡政之正在北平，聽說我已採訪了罷工的情況，就立即叫我趕快寫，同時通知“慢些截稿”，我筆不停揮地寫，他立在我旁邊，我寫好一張，他拿去看了，就直接交給抄寫員，大約有一千多字吧，六時就全部印出發稿了。

還有一天，總工會請來一個外國工人“領袖”來演講，這個人叫樊迪文（後來我看《聯共黨史》，才知道他是第二國際的一個頭目），我把他的演講較詳細地記下了，回到通信社，也恰好胡在北平，他聽說是樊迪文的講演，希望我詳細地寫出來。

那時，北平到天津最後一班車是下午四時半，以後得到新的新聞，只能用長途電話。

我那天是四時半後回到通信社的，當我寫完這篇新聞已五時許，他看後，立即叫長途電話，逐字逐句由他自己傳到天津報社。然後，他用點勾去幾段主要內容，作為國聞社的稿子發下抄寫。（這當然是搶新聞的一種方法。即使各報都有這個新聞，而《大公報》特別詳細。）

大概從這兩次，他考查出了我的採訪能力和寫作水平，有必要加緊“培養”我了。

今天雪止天晴，但溫度降至零下三度左右，馬路凍滑，車輛擁擠，沒法去上班。因此在家有時間把回憶寫得較詳細些。

昨天談到我當了練習記者在採訪中初步博得胡老闆“青睞”的兩件事。而我為《大公報》建立的“初出茅廬第一功”，卻是太原之行。

一九二八年八九月間，華北籃球比賽在太原舉行，胡政之派我作為《大公報》記者前往採訪。

當時，比賽是以學校為單位的，計有男子甲、乙組和女子三項錦標賽。在此以前，男子甲級錦標一向是北京師大的“囊中物”（因為師大設有體育系）。那年，南開（大、中學）異軍突起，在天津已成為無敵的勁旅，這次決心要和師大決一勝負，“問鼎”太原。

果然，比賽到最後階段，只剩下師大和南開兩隊爭奪錦標。

在他們決賽的第一天，我去太原電報局打聽，知道從太原發往天津的電報，至少要四五小時才能收到，長一些的，如傍晚發出，要第二天才能收到。

那場決賽是下午四時半開始的，我預先作了佈置，請《大公報》的駐太原記者派一個勤務員帶了自行車等在球場大門口。

比賽十分緊張，到五時半結束後，我立即將比賽結果——南開勝了，和比數簡明地寫了，馬上請那位勤務員送去打了加急新聞電。然後，回到住處，再寫了詳細的比賽過程發了出去。

事後，據天津的同事告訴我，南開的學生得知該校籃球隊已得決賽權將於那天和師大進行決賽的喜訊，就由學生會派了三個隊分別到《大公報》、《益世報》、《庸報》三個報館去守候消息。

他們對《庸報》的希望最大，因為《庸報》派去的記者是南開隊的顧問，一定對這新聞最重視。

到晚上十二點鐘，各報都未得到太原來電，大多數派出的學生代表都回去睡了，各報留一個人等候最後消息。直到午夜一時許，《大公報》收到我的加急電，趕上版面，那位同學等著第一批報紙印出，買了三百份，馬上趕回去，把同學叫醒，分發報紙，學生會立即召開了"慶祝大會"。而《庸報》和《益世報》卻沒有收到這消息。

原來，南開勝利了，這位顧問先生也高興得同全隊一起去酒館舉行"祝捷"歡宴了，酒醉飯飽才去電報局發電。而《益世報》的記者，為了滿足天津讀者的希望，盡力描寫這份比賽的過程，電文太長了，當天沒有及時發到。

據說，從此以後，南開師生原來訂閱《庸報》、《益世報》的，紛紛改看《大公報》。

第二年春天，華北田徑賽運動會在瀋陽舉行，《大公報》自然仍請我去當特派記者，同時派副刊編輯何心冷協助我。

我有了上次的經驗，到瀋陽後，立即去電報局打聽拍往天津的新聞電至少要幾小時送到？回答說，至少要四五小時，加急電也沒把握。經我一再詢問，電報局的人說，只有剛試行的長途電話可以用。

會場設在北陵東北大學新建的大操場，北陵離當時的市區相當遠，我和何君約好，他在國聞社瀋陽分社守候，我每天分幾次把比賽結果儘快派人送到分社，由他掛好長途電話發到天津。

我還作了另一些準備工作：一是向比賽組要了兩本運動員名冊，我把運動員都編了號碼，一式兩份，一本先寄給天津。這樣，哪個運動員在哪項比賽中得分，報道便簡單得多了。二是我預先了解到哪些運動員成績較好，就請他們在開幕前兩天做了比賽的姿勢，由我拍了照。比如，在這次運動會初露頭角的男女短跑健將劉長春和孫桂雲，我都事先照好了他們的照片，寄往報社。

天津《大公報》那時每天出版兩紙，教育和體育版本來只佔半版，運動會期間，每天出了一整版特刊。幾乎每天所有比賽的結果，加上“花絮”，第二天都見報了。特別使讀者驚奇的，是每項比賽的優勝者都附有照片，因為當時對於電傳照相是聽也沒聽到過的。

據說，天津其他報紙和北京的《晨報》都在大會期間向派去的記者發了指示，說如果消息不能加快，立即停止發電。《庸報》的總編輯更生氣，寫信給該報記者說，收到你的電訊，還不如抄當天的《大公報》，反而更詳盡些。

在西方的新聞學範疇裏，“搶新聞”是採訪的第一要素。何況在公開的新聞中要爭到獨佔，更是難得的了。

大約我這次為《大公報》賣的氣力，實在使胡老闆滿意，當我乘著運動員的列車回北平路經天津的時候，胡派事務主任在車站迎接我，說要我在天津休息幾天。

這是我第一天到《大公報》社，也是我第一次見到欽仰已久的總編輯張季鸞。報館大張筵席慰勞我自不必說，胡、張還分別請我在家裏吃飯（那時，胡的家已搬往天津）。有一次，胡找我到他的辦公室密談，說《大公報》純是民間報，是文人辦報，不同於《申報》、《新聞報》的純為營利，希望我把《大公報》當作終身的事業來參加。顯然，他和張季鸞都已認為我是可以培養的“人才”了。

我離津的前一晚，胡還再一次找我個別談話，並送給我一百元，說是報社的慰勞金，“你拿去添補些衣服吧”。

一百元，在我這個窮學生眼裏，是多大的財富啊！我寄了三十元給父母親（那時，我母親和妹妹已離開故鄉，遷居保定），做了兩套衣服，還清了公寓的積欠，還買了點禮物寄給我的未婚妻（她是我這位好友朱景遠的姐姐）。

我們還破天荒上了北京的一個小館子。自從我有了職業後，我們就不再吃公寓每月九元的伙食，而按照老闆的規定，每人給他三元的房租。從那時起，我們總在極便宜的小食鋪吃“火燒”掛麵，有時去山西小館吃刀削麵，有時到掛著黃紙條圈的拉麵鋪去吃半斤炸醬麵，總之，每人每頓花不到二十個“大子兒”。當時，北京通行“銅子兒票”，一個“大子”等於二十文，一元大洋可以換二百多個“大子兒”。

2月11日 十二月二十四　星期五　晴

今天放晴，溫度高達十度。精神為之一爽。今後肯定還有較長的春寒，氣候還要有多次反覆。可是，第一個春天氣息，總是可貴的。

昨天傍晚上街，想買些熟菜佐餐，結果空手而回，去過兩個熟食店，櫃檯都像水淹了的一般乾淨，再去“川湘”食品店想買些辣醬，看到幾條“長龍”，望而生畏，只得退而求其次，排了較短的隊，買了八塊辣腐乳回來。

目前上海的副食品供應，是解放後的最低點了。甚至蔬菜也買不到，買鹹菜也要排隊。相信，經過一段時間，今後一定會逐步好轉過來。

讓我把筆鋒再回到一九二九年上半年吧。

從瀋陽採訪回來不久，忽然接胡政之來信，說：“張先生擬請兄出差一行，望即來津面洽。” 第二天我到了天津，張找我作了長談，先給我們分析了國內大勢，說經過了蔣桂、蔣馮戰爭，蔣取得了勝利。但內戰正在重新醞釀。目前，反蔣的重心在太原，馮玉祥已被閻錫山接到山西去了，葫蘆裏賣的什麼藥，還不清楚。聽說各方代表已雲集太原。想請你到太原去看看。你在採訪上是會動腦筋的，寫得也還可以，這次是讓你去採訪政治新聞，可不比體育新聞這麼簡單啊。但相信只要肯鑽，會做出成績來的。然後，他開給我兩個地名，是李書城和劉治洲在太原的住址。他說：“他們都是我多年的老朋友，李是這次馮、閻合作主要的拉攏者，他會把太原有些內幕告訴你，但哪些可以發電，哪些可以用通信委婉透露，是你自己決定，但人家告訴你不能發表的，一定要守信用。可以寫信給我作為參考。劉是馮的總參議，凡關馮和西北軍的事他知道得多些。”

當天晚上，我就回北京，沒兩天就乘平漢車轉往太原，開始我的首次政治採訪。

後來我才知道，張季鸞本和西北軍有一定的淵源，在國民二軍於一九二四年控制河南的時候，他曾短期任過隴海鐵路的會辦。自從這次馮玉祥到了太原後，他自己打算去看看，但他自己出馬，怕引起外界特別是南京當局的注意。因此，曾讓當時的國聞社北京分社主任〔不是我前面提到的，那一位已被調到新成立的《大公報》駐京（南京）辦事處當主任去了〕去太原採訪了一周，沒有搞到什麼新聞。因此，他想到我這個新兵，既不會引人注意，也許會搞點奇跡出來。

李書城是一個老政客，又是一個軍人。在辛亥革命後，曾擔任黃興的參謀長。二次革命失敗，他被袁世凱軟禁多年，袁死後遷居上海。李漢俊是他的親兄弟，一九二一年共產黨的第一次代表大會，就是在他家裏開的。

自從蔣介石背叛革命後，歷次的反蔣運動，都是他在幕後牽綫。在蔣的二十多年反動統治時期，他只在張群任湖北省政府主席期間，被拉出來擔任過短期的建設廳長，其餘時間，他一直站在反蔣方面。一九四九年武漢迅速解放，他和張難先在國民黨內部起了作用。所以，人民政府初成立，他任農業部長，後因年老，改任人民政府委員，大約在一九六五年前後去世，這是後話。

我到太原後，就在一天晚上去找他。他有口吃的毛病，但對國內局勢和黨派間的關係，真可說是了如指掌。他用幾句話就把蔣馮閻當時的關係說清楚了。他說："閻百川把馮煥章請來，表面上要和馮一起反蔣，其實是把馮當一隻老虎，關在籠子裏，指著對蔣說：'你要不買我的賬，我就把它放出來。' 看來，這局面要拖一個時期，但當蔣或馮到忍無可忍時，局勢要起大變化的。" 後來的局勢發展，證明他的估計是相當正確的。

除此之外，我還訪問了拉攏馮閻關係的另一個人，王鴻一，他是在山東當過省議會會長，辦過學，搞過什麼村治運動的。

這時，太原麇集的地方軍閥的代表，如韓復榘的代表韓多峰等，都成為我採訪的對象。還有汪精衛的代表李錫九和何民魂，我也接觸過。

有一天，我還通過劉治洲的介紹，在太原以南古跡名勝區晉祠，訪問了正在此寄居（實際上被監禁）的馮玉祥。

記得這次初到太原的一周間，每天發出了幾條新聞電，還寫了幾篇通信，其中一篇《晉祠訪馮記》，近乎後來報紙常見的"特寫"。大概張季鸞對我的初次嘗試是滿意的。我到太原一周後即接到他的來信，大加誇獎，大意說："自我兄到任，我們希望的新聞、電、信，應有盡有，殊深佩慰。" 對我這樣一個初出茅廬的二十二歲的青年，精神上的鼓勵，當然是很大的。

2月12日 十二月二十五　　星期六　　晴（13℃）

天氣晴暖，儼然初春氣息。

那次在太原逗留了約兩周，完成任務回到北京。隔了不久，張季鸞又寫信給我，説太原又在醞釀新的變化，要我再去看看。我到了那裏，才知道蔣又對閻封官許願，封他為“陸海空軍副總司令”，並給了他一筆當然不小的錢。這正如李書城所分析的，閻的開閘放虎的騙嚇伎倆，又一次得逞了。

一位太原當地的同業對我說：“您的採訪技術很高明，但無論如何神通廣大，要見到閻老西（閻錫山的通稱）怕不可能。”這分明是用的激將手法。我説：“難道你們都沒有訪問過他？”他説：“豈但我們，就是外面來的中外記者，從沒有一個人被接見過。有一次一個日本記者到了太原，指名要訪問閻，跑了‘督署’十多趟，一直沒達到目的。這個記者發火，就使出帝國主義的威風，給閻寫了一封信，大意説：‘我這次是奉報社派來專門訪問你的，完不成使命，不能回去，因此，決定在這裏等著，你一年不見我，就一年不走。但是，我的一切開銷都要由你負責。’這一手無賴手段，果然打中了閻的‘一錢為命’的弱點。第二天，他派了一個秘書找這個記者説：‘總司令實在忙，沒法接見你。你有什麼問題，可以寫給我，讓總司令書面答覆，這樣，你也就完成使命了。’這位記者無奈，就照辦了。他到底還是沒有見著咱閻老西呀！”

我本來並無訪閻的打算，但出於年輕好勝，動了腦筋。正好這時，蔣除了派閻為副總司令外，還派他兼任國民黨山西省黨部什麼委員。

在他“宣誓就職”的那天早晨，我先一小時到了省黨部。這些委員們看到《大公報》的特派記者忽來採訪，十分希罕，殷勤地接待我，我故意問了些他們愛吹的問題。談了半點多鐘，然後漫不經心地說："聽說閻百川就要來就職，是麼？""是的，快要來了。""那真湊巧，我還沒見過他，見面時請介紹介紹。"這樣過了一陣，果然通報閻到了。一一握手後，閻坐下和大家敷衍，他大概以為我也是他們中的一員了，未加特別注意。我開始問他準備什麼時候就任"副總司令"。那時，省黨部的一位常委好像叫李嗣璁的忙說："呵，忘了介紹了，這位是天津《大公報》的特派記者徐某某，剛剛來黨部採訪。"閻聽了很尷尬，但又不能不談下去。這樣，我至少抓住了二十多分鐘的時間（因為外面還要忙著作"宣誓儀式"的佈置），擺出了幾個單刀直入的問題，如馮玉祥最近見過面沒有？是否還準備共同出洋（這是閻騙馮到山西的口實）？閻雖然不願談這些問題，但他就是避而不談，在我也是一個"新聞"。

這個在太原新聞界認為破天荒的"新聞"，雖然滿足了我的"好勝"心情，確也帶來了不少麻煩。剛回到旅舍，"總署"的一位機要秘書就來"訪問"，很客氣地說："聽說總座和閣下談了話，我們很想先看看記錄。"我說："我一向是不當場記錄的。""是，是，您年富力強，記憶力好。那末，請記下來讓兄弟看看吧。"我已明白這是一種必不可少的檢查，只是形式客氣些罷了。就把我準備發的談話發電稿寫了出來。他看後又進一步說："是否可以讓兄弟帶回去看看呢？"顯然，語氣中是帶有強制性，不通過這一關，電報也不可能發出去。這樣，過了一天，原稿送了回來，就作為電訊發出去了。

當時，平津有幾位記者也來採訪，其中有一位是北京《京報》的社長親自出馬，就是邵飄萍的夫人湯修慧。她自然注意了各報的太原電訊，也可能聽到了上述的故事，親自到旅舍來看我，並約我吃飯。席間，她表示希望我兼為該報發些電訊。她看到我很為難，就說：“我知道《大公報》是不會允許兼為別報工作的。但我們不要你的‘獨家消息’，一般比較公開的新聞，隨便給我們發幾個字就好了。”說完，她就給了我一百元，並希望我回北京後到《京報》去看看。

以後，我幾次去太原，只得照她的希望，陸續給該報發了電訊，而《京報》在魏染胡同，離我住的香爐營公寓不遠，卻一直沒有踐約去訪問過。

這一百元的意外收入，我製了一套西服，買了一隻手錶，作為即將結婚的準備。

一天晚上，忽然接到胡政之從北平發來的電報，很簡單：“要事速回”。我接電後很納悶，什麼“要事”呢？百思不得其解。既要“速回”，那就速回罷，好在那時正太路的頭、二等票是隨時可買到的，我住的正大飯店可以代訂，第二天清晨就動身了。

原來，國聞社的那位主任丁“母憂”回江蘇老家去了，胡自己在（北）平代為主事。我見到他，他簡單的交代幾句，說：“以後請你暫時主持。”不容我還價，當天他就乘早車回天津去了。

我照例出去“跑”了幾條新聞，回到通信社，辦公室裏只坐著三位抄寫員，那位老同事陳先生低著頭在抽煙。我把幾條新聞寫出後交給他們，左等右等，編輯、記者這三四位同事一個也沒回來。最後那位事務員，大家背後叫他“邵聾子”的回來了。我問他：“這幾位怎麼沒來。”他奇怪地說：“你還不知道呀？他們都辭職了。我已給天津打了電話了。”我連忙搜索枯腸。把記憶中的“存貨”隨便加湊了幾條，勉強把當天的稿子發出去了。

吃完晚飯，胡的長途電話打來了。先問我今天發稿的情況，我說了大概，並說：“他們的辭職是完全可以理解的，我年輕，經歷最淺，能力不夠，您還是派別位主持吧。”他說：“我不問這些，我只想知道，你自己能不能挑起這副擔子。”我說：“您要一定讓我挑，我想是可以的。”“那就好，你馬上寫一個廣告稿，送《晨報》請他們明天登出，招聘練習記者，我在報館抽一位助理編輯，明天就到平協助你。”他把廣告稿的主要內容談了，我照寫下來，當晚送到《晨報》去。

這件事的結果是：國聞社公開招考錄取了三名練習記者，我在那位主任未回平前，暫時做了“草頭王”，敷衍發了近一個月的稿。可憐我那幾位前輩的同事，卻因此失業了，在當時人海茫茫、災荒遍野的北平古城，另找一個飯碗可不容易啊！“我雖不殺伯仁，伯仁由我而死。”今天想來，還是內疚的。

這件事，很能反映胡政之的本質，我僱用你們，就得聽話，要以辭職要挾，休想。另一方面，他看準我這個年輕幹部，認為可以培養，就放手給以“嘗試”的機會。應該說是有一定的魄力的。

那位主任回來後不久，我預定的婚期近了。一九二九年九月間，我請假一月，回宜興原籍結了婚。結婚以後，父母給我借籌的錢都用光了。就寫了封信給胡政之，說我本想立即回京，但旅費分文無著，只能在南方另找職業了。我估計他不會對我放手。果然，他立即寄來了一百元，並說，決定請我到天津報社工作。“但天津房子不好找，尊夫人是否暫往保定住一時期，再作安排。”

那年十月，我到《大公報》擔任了教育新聞版編輯，月薪改為六十元。不久，我把妻子接來天津，寄居在河北一位同鄉同學家裏。過了二三個月，才在報館附近找到了房子，建立了我生平第一個“家”。

湯修慧知道我在《大公報》的待遇不高，想拉攏我去《京報》工作，寫信暗示他們想請一位採訪主任，我沒有答覆。以後她又請我兼做《京報》的駐津記者，隨便寫寄些通信，每月津貼五十元。《大公報》的“社章”，是不許職員兼任“有給職”的，但我新成了個家，經濟上相當拮据，不管這些，就答應了《京報》的聘請。雖然我是秘密著的，但胡的“嗅覺”實在靈，就在那年快過年的時候，他找我談話，和顏悅色地說：“聽說你的生活很清苦，我早打算定了，明年一月份起，你的月薪改為九十元，希望你安心工作。”我知道他這次忽然加我的薪給，不是沒有原因的。馬上就寫信給湯修慧，婉言把這個“兼職”辭退了。

2月13日 十二月二十六　　星期日　晴到多雲（4℃ — 14℃）

我在天津建立了小家庭不久，又被先後派到太原去採訪了兩次。

第一次在一九二九年隆冬，那時平漢路殘破得不成樣子，軍車擁擠，客車沒有準時開出。從北平到石家莊大約只有三百多公里的路程，我那次乘的車停停開開，十足走了二十四小時，車頂上全爬滿了旅客。那天是大雪紛飛，聽說一個販賣雞的商人，一夜間，二三百隻雞全凍死了。

到了太原，知道局勢略有變化：在閻老西的天秤上，“蔣”的籌碼抬高而“馮”的壓低了，新改組的省黨部，成為蔣偵察馮閻關係的有力機構，蔣並在太原設新的特務機關。馮玉祥成了落在井裏的青蛙，任閻擺佈，他被從晉祠移住到閻的老家五台縣的河邊村。

經過劉治洲的聯繫，我乘了一輛便車出發往河邊村。那是星月還當空的清晨，大地蓋滿著白雪。晉北高低不平的公路，車子坐在上面東西晃蕩，時而車輪又打轉不前。直到中午，才到了河邊村。經過了幾道崗哨的盤查，最後才進入馮的住所。馮的隨從秘書姓雷，是師大畢業生，前次接觸時，曾攀過老同學的關係。因此熱情地接待我，把我引去見馮。那時馮正準備吃飯，就請我一起入席。

當時，馮的舊部劉郁芬、石敬亭在陝甘又揭起新的反蔣旗幟，西北又展開了新的軍閥混戰。我在吃飯時，問馮前綫的勝負如何？馮爽朗地笑了笑說："我在這裏什麼消息也得不到，知道的可能還不如你們新聞記者多。" 然後，他用箸指著台中心的火鍋說："我的消息，是會從這裏面得到的。" 他看我頗為愕然，就解釋說："要是他們（指劉、石）打了個勝仗，我的火鍋裏肉丸、肉片就多了；要是火鍋裏盡是粉條、白菜，那準是他們打敗了。這是我屢試不爽的。你看，今天這火鍋裏肉丸、肉片之外，還有海參。可見打得不壞呀！" 他這一番幽默話，也逗得我不禁大笑了。

這一段簡短的即席談話，把我想採訪的新聞，全說明了。馮那時的處境如何，閻馮間的微妙關係，乃至閻這個殘酷無情、投機取巧而又目光短淺、一錢為命的本性，不是都刻畫得一清二楚了嗎？飯後，我和馮又談了些無關緊要的話，為了趕在天黑前回到太原，就告別河邊村，欣然命車駛上白皚皚的歸途。

第二次是轉年（一九三〇年）二月初，我仍住在正大飯店內。那時，馮被接到太原，住在傅公祠（紀念山西有名的文學家傅山）內。我曾去傅公祠附近察看，看到軍警層層戒備，知道進去採訪是沒有希望的了。

事有湊巧，有一天清晨，我去山西大飯店（正太鐵路附設的飯店，是太原當時最現代化的旅社兼交際場所）串門，走到上面談到的那位老同學雷先生的房間去，忽然見他正和幾個朋友在打牌，心想：馮一向對部下管理很嚴，今天，雷在這裏悠閒地賭錢，大概馮又回到河邊村去了吧。我和雷敷衍了幾句，出門馬上僱車到了劉治洲家裏。見了面，我就問："馮先生走了吧？"

真是言者無心，聽者有意，他聽了這句話，像觸了電似的，馬上站起來說："你怎麼知道這消息的？"我知道裏面有文章了，故意不在乎的說："我是新聞記者，當然知道。"他鄭重地說："你可不能把這消息漏出去，關係重大啊！"我答應了，知道從這位老實人嘴裏問不出多少底細，坐了一歇，就告辭出來，立即到了李書城的家裏。

李每天早晨要"打坐"（據說他不是信佛，是為了練身治病），我在他客廳裏坐了片刻，他出來接見我。

我說："我知道馮先生已走了，也知道關係重大，不可發表，但想了解經過的詳細情況，請告訴我吧。"

他聽了先也很愕然，後來聽到我不準備發表，就放心談了以下的話：

"時局已發生極大的變化，因為閻百川伸手要這要那，貪得無厭，把蔣搞煩了。同時，西北軍將領因為馮煥章一直被關在山西，憤憤不平，對閻咬牙切齒。蔣便派人到潼關去見鹿鍾麟（當時代二集團軍總司令）雙方談妥了蔣馮合作反閻的條件，講明由西北軍出兵打山西；劉峙（蔣的河南省政府主席）從平漢路出兵，韓復榘（時任山東主席，他原是馮的部下，被蔣收買了）從津浦路出兵，會攻閻控制的平津河北。蔣答應把閻打敗後，把河北、山西的地盤交給西北軍。

"閻聽到這消息很震恐，就在昨天晚上，親去傳公祠見馮。說：'大哥，我要垮了，蔣介石這小子也不會輕饒你呀！'馮說：'這個我比誰都清楚，我和蔣是不共戴天，是你拖延不肯動手呀。''那末，你看還有辦法挽回嗎？'馮直截地說：'有，只要你拿出五百萬元，讓我自己到潼關去，就可以馬上拉轉馬頭，咱們一起打這個小子。'閻欣然同意。昨天深晚，為了避人耳目，用閻的車子，秘密把馮送往潼關去了。

“當時在場的只有我和劉定五（治洲），還有閻的秘書長賈景德。此外，誰都不知道，太原有南京的不少耳目，如果讓蔣知道，那他一定要改變部署，這樣，雙方的主動、被動形勢就改變。所以，消息千萬不能泄露。”

我出了李公館，一路盤算，新聞是不能發表，但不可不讓張季鸞他們知道，否則，《大公報》採編時，會上南京所發新聞的當。

太原電報局有一位姓楊的發報員，是無錫人，我曾在一次朋友席會上會見過，當時太原的外省人不多，“下江”[1]人更少，因此，我們攀了同鄉，我請他吃過飯。

那時已是上午十一時許，我打了個電話給他，約他到正大飯店吃西餐，他答應了。

我問他近來電報檢查的情況。他說：“今天起，檢查特別緊，加派來一個少校秘書，就是一般商電，非經這個秘書檢查簽字，也不准發出。”

我為難地說：“我不是自己想發什麼消息，是一個朋友家裏死了人，想通知他在天津的親屬，你能不能瞞過檢查員趕快發出去？”他想了一下，說：“可以，你把電稿交給我，他下午要到小房間去抽幾次鴉片煙，我就抽空發出去好了。”

我就立即寫了如下的電稿：“天津四面鐘對過胡霖表兄鑒：二舅真晚西逝，但請勿告外祖，免過悲。”胡霖就是胡政之，估計別人是不知道的，二舅暗指二集團的馮玉祥，“真”是韻目代號十一日，“勿告外祖”即勿公開發表。年青時的記憶力強，而那次採訪，又是過去認為是生平的“傑作”，所以，現在還能記住這電稿的全文。

1　廣義泛指長江下游地區，包括安徽、江蘇、浙江等省；狹義一般指江蘇省。

張季鸞是很聰明的。從那天以後，南京以為蔣馮合作的局面已水到渠成了，中央社天天偽造太原電訊，說馮被囚禁，如何如何不自由。而太原方面，閻錫山也發出許多煙幕，說馮哪天和誰談話，哪天參加閻的宴請。

我留心看以後寄來的《大公報》，對這兩方面的"新聞"，全沒採用，當然也沒有把馮離開太原的新聞公佈，卻在頭條時局消息前，用小字登了一條消息："《北平電話》：據太原來人談，馮玉祥於十一日晚起，不見客。"沒有另標什麼題目，他這是向讀者"備案"。當這個時局之謎最後揭開時，廣大讀者會想："《大公報》固然沒有登這些胡說八道的謠言，怎麼沒有一點真消息呢？"翻看到十二日報上登這一條短訊，會說："啊，《大公報》早知道馮玉祥走了，不好明說。"這樣，《大公報》消息靈通的"聲譽"自然就更高了。

我回到天津，張特地請我到他家裏吃便飯，他得意地說："那天晚上接到你的電報，我即到二集團駐津辦事處串門，我問老林（辦事處主任）：'太原有什麼消息來麼？'他說多天沒來電了。我說：'馮先生已去潼關了，你們還不知道？'他說怕沒有這事，直到十三日馮在潼關召集會議，發佈了動員會，十四日他們才收到來電。老林見到我，翹著拇指說：'你們《大公報》的記者真是神出鬼沒。'"

張講得很得意，也暗示對我的表揚。

這是我在《大公報》的七年採訪生活中（從一九三六年起，就專任編輯工作了）最得意的一次，所以迄今還能寫出詳細的經過。也算是我生活史上的一頁吧。

2月14日 十二月二十七　　星期一　　陰

今天溫度驟降八九度，氣象台報告，明天最冷將達零下三到五度。

買年貨緊張，今晨安家、琪琪代我們去買魚等，連他家的兩張小菜卡都被偷走了。最受影響的是下旬買不到香煙了。

今天上班，開全體會，上面佈置發動群眾查閱張、江、姚從一九三三年到一九六六年在報刊發表的文章。我們組分到天津《大公報》。我分看的第一本是一九三四年八月的《大公報》，看看舊報，對我目前寫的回憶是有聯繫的，但我現在還只寫到一九三〇年，"落"在時間的後面去了。

我還是把回憶拉回到一九三〇年罷。

從那次太原回津後，有幾個月沒出去，每天編教育新聞，後來，一位燕京新聞系的畢業生來當了我的助手。再後來，胡讓他接編教育新聞版，我則改編多地新聞版和經濟新聞版。當時，《大公報》的規模並不大，除張、胡及吳鼎昌分別寫社評外，兩個要聞編輯（重要標題一般由張自己動手），一個國聞新聞編輯，各地及經濟新聞一人，教育一人，副刊《小公園》一人，英日文翻譯各一人，外勤記者四五人，一共不到二十人，編兩張報，組織算是很緊湊的了。

張季鸞名為總編輯，但他只管寫文章，統籌版面、進退和調度人員，都是胡政之掌握的。他以前曾任安福系王郅隆時代《大公報》的經理兼總編，又曾任林白水的北京《社會日報》總編，對編輯也很內行。在我後來接觸過的舊中國報人中，沒有一個能及得上他那樣的"多面手"的。

在我蟄居天津的幾個月，時局經過了一番驚濤駭浪的大起大落，在太原醞釀的反蔣大聯盟，終於表面化了，以閻、馮、汪（精衛）等聯名的反蔣通電為第一炮，接著雙方筆戰，記得“劉姥姥”吳稚暉也打電報給馮，為蔣幫腔。馮的覆電中有“蒼髯老賊，皓首匹夫”這樣淋漓盡致的辱罵。接著是一面展開了辛亥以來最大規模的軍閥混戰——中原大戰，一面在北平召開了所謂國民黨中央的擴大會議，成立了也命名為“國民政府”的政府，包容了閻、馮及不少地方軍閥以及國民黨內的汪派和西山會議派。

這個政府成立大約不到一個月，由於蔣介石收買了張學良，東北軍入關佔領平津，就垮了台。

於是，我又奉派前往太原，看看這個殘局最後如何收場。我到了那裏，看到的是一片淒涼景氣，像抄家後的大觀園一樣。蔣介石還派飛機轟炸太原，我親眼看到炸坍的一幢平房，只有一兩公尺大那末一個坑，可見破壞力是很小的，但已經把逃集在太原的各路英雄嚇得雞飛狗跳了。

這次，我曾去訪問汪精衛。這個後來當了漢奸的國民黨首領之一，當時給我的印象是儀表堂堂，雖然年近半百，但正為魯迅所描繪的“大觀園裏人物”一樣，還是“半老徐娘”風韻猶存。他能言會道，儘管我和他是初次見面，而且我當時還只是二十三歲的青年記者，但他談起來滔滔不絕，像和老朋友談話一樣。

我訪問他的主要目的，是想了解一下他們的所謂國民政府能否將在太原掛出的牌子，堅持下去。所以，我最後委婉地問他：“今後你是否準備在太原繼續主持政府工作？”他答得也很聰明，說：“我們黨（指國民黨）的歷史，秘密的時間長，公開的時間短。”我聽出了他們不會在太原再掛起中央政府的招牌，而他自己，也不準備在太原耽擱下去。在這點上，他比當面撒謊的蔣介石似乎還勝一籌。他沒有騙我，在我們談話後三四天，他就秘密離開逃往國外去了。

我和他談話時，他還拿出了一張打印好了的稿子，原來是擴大會議剛剛初步議定的所謂“憲法草案”。他說得很客氣，“請您指教”。我把它寄往天津，不久，《大公報》作為一個“歷史文件”刊出來了。

2月15日 十二月二十八　星期二　晴

雖說又來了寒潮，出門並不感到瑟縮，畢竟初春季節了。

今天已是農曆臘月二十八日。家鄉有句俗話：“十二月廿八，有法升到無法。”那時窮人欠了賬，欠了債到了難於混過去的關頭。記得幼年時候，往往到這時候，代母親到“當”房去當“當”，挾了件破皮襖或媽媽僅有的首飾，去到當房，正為魯迅所說的，舉著雙手，把當的東西托上比我高二分之一的櫃檯，然後，在夥計鄙視的眼光中，接過了錢和當票，交給母親，去還債或買些必不可少的菜蔬和花生之類。想到這些，今天的生活是幸福了。

我最後一次當“當”，是在一九三〇年我的大兒子出生以後，為了應付接生費和添置孩子的衣服，把妻子陪嫁的金鏈條和鎖片去當了。直到一九三一年底離津時，一直沒錢去贖。

我大兒子出生前，有件趣事。正當我妻分娩期近，報上說英國皇后也快生孩子了。按照英國憲法，不論男女，第一胎將承繼王位，我兒子出生前幾天，英王喬治六世果然生了個女兒，就是今天的英國女王，前幾天《參考消息》說，她已加冕三十年，正在進行慶祝典禮。所以，我可以肯定，我的大兒子是和當今英國女王伊麗莎白二世同年的，只是比她晚出生幾天而已[1]。

一九三一年初夏，我又奉派赴廣州採訪，因為那時廣州又在醞釀新的反蔣高潮。因為蔣在中原大戰打垮了閻馮之後，志得意滿，把一向忠於他的"元老"胡漢民囚禁在湯山。這就激起了國民黨內各派的不滿，盤踞廣州的軍閥陳濟棠成為核心，聯合桂系的李（宗仁）、白（崇禧）和汪精衛的改組派，以鄒魯為代表的西山會議派，再加上追隨蔣多年的"太子派"孫科，共同聚義於廣州，召開所謂國民黨中央非常會議，也成立了國民政府。模式幾乎和一年前北平的擴大會議差不多，只是前者重心是北方舊軍閥，後者是西南新軍閥這一點不同而已。

臨行前，張季鸞交代任務，主要是看看那裏的局面成不成一個"氣候"，會不會出兵北伐因而發生新的內戰。不知是巧合還是以前安排好的，那天我已在一等車廂裏安排好了簡單的行李，忽然報社的事務主任來找我，說吳社長（鼎昌）也在車上，要我去見他。吳見了我，說："你的車票給我，讓他們換一張，咱們一起，路上可以談話。"在此之前，吳雖常常來報社，但他只和張、胡二人高談時局，我是從未和他交談過的。現在，他以社長之尊，對我如此親熱，真使我有受寵若驚之感。他那時還是"在野之身"，並沒有帶隨從秘書之類，只有一個侍役坐三等車，照料他的行李。那次我和他同坐一個當時津浦車有名的"藍鋼車"包房，設備是富麗堂皇的。從此以後，我也沒有機會再坐這樣的車了。一九五七年春在蘇聯訪問時，遍歷九個加盟共和國，一直坐的是飛機，只有從列寧格勒回莫斯科時坐了火車，聽說這個頭

1 此處作者記憶有誤。1930 年 8 月，英王喬治六世與伊麗莎白皇后所生的女兒為瑪格麗特公主。瑪格麗特公主為當今英女王伊麗莎白二世（生於 1926 年）的妹妹。

等車在蘇聯也是最考究的，但比起這“藍鋼車”還是相形見絀的。

在車上，他和我談起他留學日本的經歷，他説他很早就參加同盟會，後來所以退出，是孫中山先生決定的。據他説，孫先生認為搞經濟金融工作的，最好超然於黨派之外。他還説，民國元年，孫先生當臨時大總統，他那時在剛成立的中國銀行裏工作，有人主張把孫先生的像作為中國銀行鈔票的圖記，他卻主張用周公的像。他曾對孫先生説，鈔票的圖記只是一個標誌，並不表示尊敬。周公是我國歷史上最早注意貨幣交換的人，用他的像作為標誌可以傳之久遠。孫先生很贊成他的意見，所以最初的中國銀行鈔票就是採用周公像的。諸如此類的“掌故”，他一路談得不少，現在很多已記不起來了。總之，他後來如何參加安福系，如何發財致富的經歷，他是沒有談的。

第二天到了浦口，有一大群銀行界人士在站台歡迎他。我自己提了行李，在人群中溜到了碼頭，剛坐上渡輪。他的侍役氣急敗壞地趕來説：“總理到處找你，專輪等著你開船。”我只得又陪著他過江，陪著他進城，在南京金城銀行裏吃了午飯，又在銀行界恭送如儀中一同乘上滬寧快車。到上海下車分手前，他一再囑咐我，第二天到四行儲蓄會去找他。他説：“你到廣州，吃住可能不方便，我介紹你到廣州鹽業銀行的分行去住，明天我寫好介紹信給你。”第二天上午我到四川路四行儲蓄會去看他，他正在會客，先由錢新之出來招呼。他隨後才出來，給了我兩封給鹽業香港和廣州分行經理的介紹信。後來，他彷彿不經意地對我説：“有一件小事情託你，你到廣州，打聽到海關何時接收，打一個電報給我，只要寫‘款何日收’，下面署上你的姓，交給我們分行經理發就好了。”

從上海上了開往香港的輪船，像到了外國一樣，旅客和“茶房”幾乎全是廣東人，我當時對廣東話一竅不通，和“茶房”交談只好打手勢。

下船的第一天，吃晚飯時，到處聽到的是“丟那”之聲，我悶頭吃完了飯，到甲板休息，只聽得鄰座一對年輕夫婦在喁喁密談，話音飄來，不僅不是廣東話，而且是我們故鄉的土話。我像沙漠裏看到了綠洲一樣，連忙上前打招呼。他們也以在這場合遇到同鄉而欣慰。

他們知道我首次去港粵，就熱心地教我應急所必需的幾句廣東話，以及當地的風俗習慣。他們是在南洋山打根[1]當教員的，到了香港，還要轉船到南洋去。

我在香港停留了兩天。和吳鼎昌介紹的鹽業銀行分行經理聯繫，請他在生活上予以照顧。我這兩位同鄉夫婦，在香港等候船期。

看報紙廣告，中國第一部有聲電影《歌女紅牡丹》在香港放映，我請他們一同去看。這電影雖說是有聲的，實際還是用留聲機配音的，但演員能開“口”，畢竟是破天荒的了，主角是當時的“明星皇后”胡蝶，劇情也還緊湊。

看到一半，我正看得出神，我那位女客人卻飲泣而出聲了。後來，我請他們吃飯，他們才告訴我，原來他們在家鄉從認識到訂婚，雙方家庭都堅決反對，他們約定逃離了故鄉，同到南洋教書。這次回來，是把一個孩子送給外婆撫養，但不敢回宜興，只得請她的老母親到無錫見面。匆匆聚了二三天，就把孩子留下，重回南洋。

她的經歷，和歌女紅牡丹並不完全相似，但同是天涯淪落，同受社會壓迫吧，因而引起了我這位同鄉的傷感，我當時是很感歉然的。

香港包括九龍當時只有四五十萬人口，馬路上一點沒有擁擠的現象。“拔士”（公共汽車）常常只坐滿一半座位，過海的“電

1　即 Sandakan，又譯作仙那港，是馬來西亞沙巴州第二大城市。

船”也是個個有座位的。

我在香港還碰著這樣一件啼笑皆非的事。在上海時，一個廣東籍同業介紹他的朋友香港《工商日報》的總編輯，説他對粵港的情況很熟悉，可以供我了解。我到香港的第二天，即去訪問，賓主握手剛要開口，忽然窗外闢闢拍拍，鞭炮聲震耳欲聾，原來，隔壁一個鋪子新開張，兩掛鞭炮從四樓屋頂直掛到地下，足足響了半小時才停。

2月16日 十二月二十九 星期三 (-5℃ — -3℃)

今天又嚴寒，上班時手可都感到凍痛。

到處搶購年貨。中午步行回家，買到了六塊豬油年糕，一斤什錦糖果。

到了廣州，寄居在西堤二馬路鹽業銀行裏。這位經理是北方人，因為吳鼎昌的介紹，待我為上賓，除在酒家盛筵招待外，還經常約我到他家裏吃便飯，還領我到廣州最大的大新公司遊樂場去玩。

到廣州沒幾天，適逢端午，這位經理特約我到面臨珠江的銀行公會大樓屋頂吃飯，一面欣賞龍舟競賽，有十幾龍船分各種顏色（船、旗和船手的衣服均各為一色），兩岸人山人海，江中小船如梭，一片鑼鼓聲、爆竹聲，極為壯觀。

我也曾到珠江南岸巡禮過，那裏是另一世界，據説是土著軍閥李福林的防區，廣州幾次改朝換代，但李始終控制著南岸。最顯著的特點是到處是賭場和鴉片館，而且門面裝潢富麗，多以大玻璃球燈點綴招牌，爭奇鬥豔，招徠顧客。

我先去訪問一位在廣州據說是消息最靈通而筆頭也最好的老記者，此人姓譚，是香港《工商日報》的那位總編輯介紹我去的。他和我談了一會兒話，就道了聲歉躺到鋪上去吞雲吐霧了一陣。和他談廣州新政局，我聽來聽去，也聽不出有什麼獨特的看法，精闢的分析。據他說，他兼任了香港八九家報紙的廣州特約記者，每天每報要寫一篇通信，他還背出了他所擔任通信的這些報名。對我來說，真是聞所未聞。香港的報紙，五花八門，除一二家老報，如中國第一家華文報紙《華字日報》（比上海《申報》創刊還要早幾年）和晚清才子王韜曾主持過的《循環日報》外，大都有英當局及國民黨各派軍閥的背景。所以，國內發生了一件事，香港各報的記載往往是完全不同的。這位老記者門口掛了一塊通信社的招牌，僱了一二個青年給他跑新聞，他經常躺在煙鋪上構思，從記者跑來的新聞上加上各種適合該報紙口味的調味品。誰能相信，同一新聞，這張報是歌頌備至，那張報是戟指怒罵，另一張又是冷嘲熱諷，而所有這些，都出於同一個人的手筆，而此人又是從不出門的"秀才"呢！

到廣州的第三天，適逢"非常會議"中央舉行"紀念周"，我去旁聽，看到汪精衛、鄒魯等人都在，這都是在太原會見過了的。另外，如孫科、古應芬、陳濟棠、李宗仁等，雖未晤過面，早在報紙的圖片中認識了。我乘還未開會之際，先去和汪招呼，大概因為《大公報》曾登了"擴大會議"的"憲草"吧，他對我表示歡迎。我說想單獨和他談談，他立刻說："好啊，我住在東山三號，後天早上九點請光臨吧。"他還給我介紹了站在身旁的孫科，我也和孫約定了訪問的時間和地點。

恰巧那天紀念周的主席是孫科，行禮如儀後，孫講話，談了一通後，竟把我也扯上了，説什麼“我們的政府成立，引起了全國民眾的重視，連遠在天津的《大公報》也特派了記者來採訪了”，等等。可見這位“太子”，實在淺薄得可以。

我如期去訪了汪，他所住的東山，大概是當時廣州要人的住宅區，每隔一段路，矗立一幢獨立的洋房，四周林木修翳，十分潔淨。

他的秘書曾仲鳴把我請入客廳，汪出來後，他就退出了。

汪對我談了些離別出國後的經歷。這人有一種吸引人的本領，當你沉默時，他可以引出各種話來滔滔不絕地談，等你一開口，他便停下來彷彿聚精會神地聽著。我牢記著張季鸞交給我的主要任務，就轉了個彎問他：“這裏的政府成立後，是不是馬上準備再一次的北伐？”他也領會我的意思，説：“政府的方針已確定是：以建設求統一，以均權求共治。”這兩句簡單的話，我聽出言外之意就是和平共處。顯然，他們衡量兩廣的力量難以和蔣武力抗衡，何況當時的李、白和陳濟棠也並不真正合作，其他各派也都是同床異夢。

我對他的答覆很滿意，解決了我這次採訪的首要任務。談了約半小時，即欣然辭出。

若干年後，我看到不少描述這個大漢奸的文章和史料，説這人善於兩面三刀，表面很謙恭下士，背後卻很陰險。這一點，我也有親身體會。那一次，他不僅送到我門外，而且親自給我拉開車門，把車門關好才揮手告別，對我這樣僅僅見了兩次面的年輕記者，禮貌上也太過分了。

但是，我還要再説一遍，他比當面撒謊的蔣介石還略勝一籌。他當時並沒有騙我，高唱要派兵直搗南京，而是説了比較老實的話。

比較起來，孫科就“草包”得多了。記得他住在“葵園”，我去訪問時，他也熱烈表示歡迎，他當時名義是“國府委員”兼任財政部長。我問他：廣州的海關是不是馬上要接收（這是吳鼎昌託我打聽的）。他義正辭嚴地說："當然，南京所有的機關，我們中央都要接收。我們明天就要去接收海關。" 接著就破口大罵蔣介石如何不是東西、混賬，以及他們的非常會議政府如何精誠團結等等，滔滔不絕大約談了十分鐘。可惜這些話，我都沒法作為打電報和寫通信的資料，因為天津雖有租界，《大公報》主要是銷行在蔣所管轄的區域的，我只能摘其一部分作為廣州的見聞記。

我回到鹽業銀行，就如約打了一個電報給吳鼎昌。我當時的確還不知道吳鼎昌為什麼要打聽廣州海關接收的消息，也不清楚我這個電報對他起了什麼作用。後來回津經過上海時，有一位朋友告訴我，孫科這次到廣州以前，故意放出就要回南京的空氣，公債因而天天回漲，他暗中叫國華銀行大做空頭，後來他突然赴粵，公債大跌，國華銀行發了大財。我說："為什麼他的行動這樣關係到公債的漲落呢？" 這位朋友說："南京政府的公債，主要是以所謂關餘、鹽餘（關稅、鹽稅撥還外債後的餘款）作擔保的，孫科南行，說明廣州反蔣局面一定開張，廣州等處海關一定接收，關稅一定截留，公債怎麼會不跌呢？" 聽了這席話，我才恍然大悟。

我和吳鼎昌的交往接觸，這是最主要的一次。

這次我在廣州盤桓了一個多月，中間還曾到香港去玩了三天，後來看看廣州的新局面不死不活，不像會有多大的變化，就離穗北歸。

我這個人大概真是年輕不通世故，回津後，吳鼎昌有一天晚上來報館，見了我特地問我什麼時候回來的，我簡單地答了幾句。後來，胡政之責怪我說："吳先生對你很器重，特地寫信給鹽業的兩個分行好好招待你，你也該寫信謝謝他呀。" 但大約出於倔強和自傲的本性罷，這信終於沒有寫。

2月17日 十二月三十　星期四　晴（-8℃ — 0℃）

今天氣溫又下降到零下八度。今年各地都奇冷，北美、歐洲、日本多遇著數十年罕見的冷天。我國也如此，黑龍江最低達零下六十度，福福來信説，西安曾達零下十六度，聽説湖北山區達零下十八度，往年，在一般情況下，上海難得下降到零下六度，而且冷了幾天，總要回升。今年，則最低至零下十度，但去年十一月初就開始冷起，進“九”以後，往往一連十幾天在零下九度左右。空前的大雪下了兩場。

今天已經是夏曆除夕了。值此令節將臨，總會引起童年的回憶。

我們是破落戶人家，父親十六歲時就當私塾老師，以後在宜興農村當小學教師十幾年，月薪從十六元到廿四元，一家五口，全靠這些錢生活，還要供養曾祖母和祖母。

新年時，照例要給孩子們壓歲錢，但姑母、姨母等等給我的壓歲錢，總是被母親“沒收”了的，為的是她也要給她們的子女。其實這是一次“等價交換”，比如，我們姊妹三人，姨母各給我們二角壓歲錢，而姨母只有一個孩子，媽媽就得封了六角錢的紅封包。

只有太婆（曾祖母）和祖母給的壓歲錢是“乾”得的。太婆每年總會給小洋兩角〔那時一元大洋（銀元）大約可換十二角小洋〕。媽媽每年把這錢給我買一頂新帽子過新年，五六歲時是扁平的瓜皮帽，近十歲以後，改為尖頂的瓜皮帽，上面的“頂子”總是紅的。

祖母一向手頭很緊，沒有收入，每年給我十個銅元（不到一角小洋）壓歲錢，一定是平時一個錢一個錢地積聚起來的。我是她的最心愛的大孫子，總得多給點，其他的孫兒孫女外孫等等，她就不一定給了。

這十個銅元，是母親照例批准給我過年零花的。這是整個新春可以自由支付的寶貴財富。一個制錢（也就是南北朝時就被人歌頌的"孔方兄"，一個銅元換十個制錢）一塊糖（就如今天上海的"糟子糖"），二文錢的，就夾了些花生。三文一碗豆腐花，五文的稱為"雙料"，加上些蝦米之類，也更大些，糖也加多了。總之，十個銅元對我來説，是整個新年快樂的源泉。因為過了新年，十個銅元用完了，媽媽就再也不給零用錢了。

祖父活著的時候，每天早晨總帶我去上茶館，可以吃到燒餅、饅頭（即包子）之類的點心，也給我買過整筒的染了各種顏色的白果（這是那時小孩子最通行的跳白果遊戲用的，彷彿近來孩子玩的玻璃彈子），還買過不少玩具。祖父是六十一二歲時背上發了"瘤珠"（即古書中的"疽發於背"）而去世的，我那時才六歲。從此以後，我就失去了快樂的童年，再也沒有人給我買過任何玩具，看到夥伴們放紙鳶，有的是蝴蝶，有的是蜈蚣，五彩斑斕，心中只有羡慕，自己連一個"豆腐乾"鷂（用三支草絲紮糊上紙成一長方塊，掛上些紙條）也沒有。

我的童年生活，大抵就是這樣苦熬過去的。

一九三一年，是我在天津過的最後一個新年，那時，我們已有了第一個兒子，母親和妹妹為了照顧孩子，也早趕來天津，家中可熱鬧了。

那時，我唯一喜愛的消遣是"聽大鼓"，也就是天津人説的上"落子館"，當時最有名的"鼓王"在法租界泰康商場遊藝場演出，票價是二毛錢，還有一杯茶。除"鼓王"劉寶全最後壓軸外，前面有榮劍塵的單弦，以及古彩戲法，靠山調等等十幾檔。最吸引聽眾的當然是劉寶全，他那時中氣還很好，他一出場，把桿子在鼓上一點，全場便鴉雀無聲。大概已有近六十歲了吧，開場前照例有一段“引言”。“⋯⋯換上學徒我上來，給各位換換耳音。今天，伺候您們一段鬧江州。唱得不好，請多多包涵。”我最喜聽他的“遊武廟”和“大西廂”。前者描繪明太祖、劉伯溫君臣間的勾心鬥角，後者則細膩地描繪紅娘的乖巧玲瓏。他所有的“段子”只有這一段是唱兒女私情的。據説，因為觀眾説他只會唱帝王將相，而唱西廂、紅樓等才子佳人則數另一個名角白雲鵬。因此，他編了這段大西廂出來，表示他也能唱才子佳人。這段大鼓，果然十分清脆細膩，娓娓動聽。

在劉寶全、榮劍塵前面，有一檔相聲，是張壽臣説的，下手是陶湘如。這也是最吸引我的一檔。張是侯寶林的老師，也就是馬季的太老師。他説的內容，當然沒有今天這樣富有現實教育意義，但技術上，我認為是很高的，很冷雋，聽了不是哈哈大笑完事，而是讓聽眾越想越可笑，往往是生活中的瑣事，被他抓住矛盾，加以藝術加工，成了典型性。

每到除夕，在天津南市有一場落子的大會演，所有唱大鼓的女名角，全都穿了大紅緞的襖、褲登台唱拿手的一段。那年除夕夜，我也趕去看了。

一九三一年是我在天津工作最後的一年，從一九二九年十月到一九三一年十二月，我在天津共工作了兩年多，除前面所寫過的以外，還有幾件瑣事可以一記。

一是剛到天津不久，遇上《大公報》一萬號紀念（從英斂之光緒年間創刊起算），胡政之派我幫助編發紀念增刊稿。記得打電報或寄來題字祝賀的，除英、美、日本的有名新聞機關外，還有日本的政界名人犬養毅等人。增刊大約加了兩張。

二是有一次去看網球名手林寶華、丘飛海的比賽，座客中看到了宣統皇帝，他那時還“息影”張園、關著大門稱孤道寡。聽説，林寶華是他的網球指導，所以帶了一妻一妾來給老師捧場。他的老婆，也就是他在《我的前半生》中所寫的“婉容”，那時還年輕，富麗堂皇。這位姨太太，卻又黑又瘦，不那末好看。

還有一次是偶然遇著後來的“滿洲國”大漢奸鄭孝胥。大概是一九三〇年陝北大旱災，《大公報》發起陝北賑災，公開招募，捐款的很多，胡有一天請我幫助營業部收款。進來了一個長條子老頭兒，拿出十元作為捐款，我在登記時，問他姓名，他說“鄭孝胥”。我故意裝作聽不清他的話，取出一白紙請他寫出，他很精明，怕落筆（他是當時有名的書法家），摸出一張名片給我看了。

離開天津的主要原因，是發生了“九一八”事件。詳細經過，明天再談吧。說是明天，夏曆是明年了，虛年齡七十一歲了。

2月18日 正月初一 星期五 晴（0℃ — 10℃）

一九三一年以前，《大公報》館址在天津日租界四面鐘對過。這個四面鐘，是一幢大樓的屋頂，大樓裏開設一個旅館，名“德義樓”，是日本人開設的。名為開旅館，實際是公開的鴉片館。每當天氣暖和，我們編輯部的窗子開時，對面飄來的鴉片煙氣是很濃郁的。

日本人不僅在租界裏公開開設煙館，還有不少“洋行”，據說是販賣“紅丸”、“白粉”（即海洛因）的。此外，在比較偏僻的馬路上，開設不少旅館，大門兩旁掛著金字招牌，一塊是“什麼旅館”，另一塊是“五角隨便”。問了同事中的老天津，才知道“隨便”就是隨便污辱女性。換言之，這些全是蹂躪中國婦女的下等窯子。

當時，我的家也住在日租界，離報社只隔兩條馬路，路名小松街，獨立的一個院子，樓下住著一個同事，我住樓上四間，四面窗，空氣相當好。

九月十八日那天，我看完地方新聞版的小樣、大樣，已過了午夜十二時，沒聽說有什麼重要新聞。第二天看報，《大公報》一版下角有一條“最後消息”：“據瀋陽電話，日軍深夜向我駐北大營軍隊開釁，迄今晨槍炮聲不絕。”其他各報都沒有這消息。後來知道，這獨家消息是一位記者從北寧路（今京山路）局長那裏聽來的。

當時當然不會知道，瀋陽北大營炮聲，開啟了日本的侵略和中國的抗戰，四億人民陷於亡國的危機，也結束了國際間的苟安局面，從此一步步走入第二次世界大戰。

不久，就發生了天津暴亂，日本軍閥組織了大批浪人和漢奸流氓張璧等，在日租界交界處衝向華界，因而發生了衝突，日租界立刻戒嚴，出動日軍和鐵甲車到處巡邏，斷絕交通。那天晚上，我們被困不能回家，第二天的報紙也發不出去。

這樣停了幾天，張季鸞等一面與日方交涉，一面在法租界三十號路看定了新房子，立即搬到那裏去繼續出版。我的妻子空身逃到法租界的一位同鄉家裏借住，家裏的衣服、行李等，始終沒法拿出來。

十一月底，胡政之找我談話，決定派我去漢口當特派記者，設立辦事處，月薪改為每月一百五十元。

我先把妻子送往保定，然後隻身到漢口開創新的工作。

漢口原來設有國聞社分社，《大公報》復刊後，就成為《大公報》的分館，分館主任姓喻，是胡政之的老朋友。他寫信給胡，說年紀老了，不願再兼記者的工作，因此胡派我去"承乏"。

一九三〇年，漢口和長江中下游曾發生大水災，江水溢入漢口市區，居民多從二樓窗口出入。我初到漢口時，還看到各條馬路兩旁都寫著"船靠左行"的告示，疑心漢口人難道叫車為"船"嗎？後來，漢口同業指給我看屋裏的水痕，再仔細看看公路上，幾乎所有的房子都有一道水痕，大水灌入市區達三月之久，把牆壁下面的石灰都泡去了，當然，有些簡陋房屋早就沖垮了。

我在漢口初步了解一些政治和社會情況，租定了房子，就於十二月底到保定把家眷接來。

今天元旦，風和日麗，因為怕車輛擠，竟日未出門。

昨天，秀娟[1]、葉岡夫婦來，雖清瘦，病已好，為之大慰。送來菜油、花生等。

今晨，錫妹及表妹兩家來團聚，吃午飯。

晚，覺胃不舒適，只吃了些藕粉當了晚餐，晚上電視上海春節文藝晚會，極平凡，只有幾個久未露面的藝人傅全香、孫道臨出場，引人注意，到童祥苓出場唱"威虎山"，時已十時，就把電視關上上床休息。

1　秀娟，即朱嘉樹，作者妻妹。

2月19日 正月初二　　星期六　　晴到多雲

八時起身。近來，由於買了鐘控收音機，每天六時半即自動開放聯播節目，實為一種享受。

沒有預約有什麼客人來，在家休息，上午爭取多寫些回憶錄。

一九三二年春在漢口安排好家庭以後，即正式展開了採訪活動。

當時的漢口，是兩個中心，一是雜牌軍聯繫的中心，一是鴉片煙銷運的中心。蔣介石在中原混戰中戰勝閻、馮，其一個重要因素是因金錢和爵位拉住了許多雜牌軍。戰爭激烈時，京漢路南段主要集結的就是這些雜牌軍，如果他們倒向閻、馮，當時鹿死誰手，就未可知了。

為他收買、拉攏、指揮那些雜牌軍的是何成濬。

我到漢口時，武漢的軍政首領就是這個何成濬，名義是武漢綏靖主任。他自己沒有兵，靠的是駐在湖北境內的兩個雜牌軍長徐源泉和夏斗寅。此外，駐在四川、湖南、河南、安徽、江西的幾乎所有雜牌軍的編制、軍餉、升調等等，都通過何向蔣聯繫。當時漢口各處都看到某某軍、某某師的駐漢辦事處，據說總共不下一百多處。

有一位老國會議員韓玉宸曾對我分析當時武漢的形勢說：“何雪竹（成濬）像一個弄蛇叫化子，蔣把所收集到的蛇全交給他盤弄，養活他們，也要管住他們。但總有一天，他會被這些蛇攪死或咬死的。”這個簡單的比喻，很形象而概括。

鴉片稅是蔣政府的重要財源之一。武漢是川、漢、黔等處所產煙土運銷下游的重要口岸，“兩湖特稅處”就設在這裏。附帶產生的機關，有特稅緝私處、特商聯合會等等。而連帶發生了一些災害，一是黃埔畢業生到處橫行，大抵找不著正式軍官做的黃埔生，就在特稅處或緝私處掛個名義，吃館子胡鬧，逛堂子（妓院）不給錢，上賬房索勒，武漢人名之曰“黃災”，叫他們“黃蟲”。

另一個是新聞記者成災。當時掛著報館或通信社招牌的，據說有一百多家。因為，據說特稅處對每一個報館或通信社都分等級給予津貼，對記者、編輯也分等按月送錢。因此，有些失業的文人乃至目不識丁的也掛出通信社的招牌。有些報紙，每天只印二百多份，還有一家報館，出一份報，卻分印了兩個報頭，作為兩個報，可以領雙份津貼。也有些報紙或通信社，是專為某一個機關或某一個軍發宣傳稿的。

有一個中央社記者，月薪只有六七十元，而娶了兩個小老婆，成立了三個家。據說，他在幾十個什麼軍、什麼師的駐漢辦事處掛了什麼諮議的名義，加上特稅處、特商辦事處等一份特等津貼，每月收入以少積多，達一千餘元。當然也有些僅靠特稅處一份最低級津貼過活的小“記者”，那就不免由窮而濫，無所不為了。有一次，我同一個朋友到漢口最大的西餐館普海春吃飯，正好隔壁的大餐廳裏有某機關舉行記者招待會，看到那些上菜的伺者都十分緊張。我問端菜來的那位服務員：“隔壁是誰請客？為什麼你們這樣緊張？”他搖搖頭說：“又是請那些新聞記者。上一次，有一個機關也是請他們，賓主一百多位，我們沒注意，到收拾桌面時，少了幾十副刀叉，還少了二十多條圍布，老闆逼著要我們賠。這些新聞記者甚不要臉。所以，今天不能不特別小心。”我聽了只好苦笑，這個服務員，當然不知道他是當著和尚罵“賊禿”啊！

我初到漢口，住在宏春里一幢一樓一底的房子，住家兼辦事處。連我媽媽和妹妹一家五口，住得相當擠。到了熱天，真受不了。

漢口的夏天是夠受的，據説，是長江上的三個半“火爐”之一。到六月裏，窗子不敢開，因為吹進來的熱風受不了。晚上睡覺不敢翻身，室內溫度到夜間還是比體溫高，人睡在席子上，好不容易把身下的一塊溫“涼”，一翻身，就如掉進了新的火坑一樣。一般弄堂居民，晚上都把竹床架在屋脊上睡覺。好在蚊子不多，當地人説，到六月裏，漢口的蚊子也受不住這個熱，全飛到漢陽去了。

蚊子數量不多，“質”量卻不低，我母親首先得了惡性瘧疾，溫度最高時説胡話，神志不清達一星期之久，嚇得我們手足無措。好不容易她老人家有了轉機，我的不滿兩周歲的兒子又傳染上了。兩人先後病了兩個多月，醫藥費花了三百多元。

到了一九三三年開春，我的內弟（即我的同學好友）攜同全家來到漢口，任中學教師；加上我又新生了一個女兒，這房子當然擠不下了，搬住到市中心附近的欽一里一家醫院的樓上。計有住房三間，起居室連書房一大間，獨用衛生設備。

我在漢口，共工作了約四年，住的時間最長的是金城里，那是漢口當時最新式的公寓，每月租費六十元。因為後來兼任了上海、南京兩家報紙的通信員，我於辦事處外，還兼任了新成立的湖北總分館主任（也在金城里樓下的鋪面房子裏），天津總館規定營利收入百分之三十作為分館分紅。這家分館，除經銷全省《大公報》外，還附設代辦部，批銷上海各地新出版的書刊，經手《大公報》的廣告，營業相當發達。成員共有六七人，我只管總的每天收支，實際是坐享其成。第一年，按成我得到分紅近一千元。由於收入多了，家庭開支也闊綽了。家具原來是租用的，後來也買了全堂新式的，還添置了冰箱和花了三百多元買了一架當時新出的凱歌牌收音機。

實際上，我的經濟地位和生活方式，已從窮學生、小記者，上升到知識分子的上層，逐漸過著"資產階級"的生活方式了。

當時，漢口四周有兵災、水災不斷，而農產品跌落，雞蛋最低時每元可買一百二十個，米不過六七元一擔，農民生活之苦，可想而知。

我在漢口那幾年，正是我國民族災難日益深重的時候，日寇侵佔東北四省後，魔爪日益伸向華北。大約在一九三三年，日寇侵入熱河，熱河主席湯玉麟不戰而逃入關內，國內輿論鼎沸。蔣介石為了轉移國人的憤怒目標，準備犧牲張學良。張當時的名義是什麼委員長北平行營主任。

在張下台前，曾到漢見蔣，他到後，外界一直得不到任何消息。

那天晚上，我驅車去訪李書城。李當時任湖北省建設廳長。由於我在太原時頻繁和他接觸，他的家人和秘書、伺役也和我相當熟悉了。

我去時，他不在家。他的秘書告訴我："李先生到楊秘書長那裏去了。"我問："他不會回來很晚罷？"他說："不會，他一般總是回家吃晚飯的，而且睡前還必要'打坐'，您等等，他就會回來的。"他口中的"楊秘書長"，我知道就是蔣的心腹楊永泰，既然李去看他，一定會知道些重要消息。就安心坐下等候。

果然，不到半小時，李回來了。他和他的女兒和新結婚女婿馮乃超（李給我介紹，我當然很驚奇，馮當時是創造社的進步作家，想不到和李的女兒結了婚）一起吃完飯後，和我談話。我問他：

"張漢卿是否會下台？"

"那是難免的，恐怕要出洋去了吧。"

"那誰將繼任北平的行營主任呢？"

"可能是何敬之吧。行營的名義也許會改一個，比如，叫什麼軍分會之類。"

就談這簡單幾句，我就欣然告辭。因為看看手錶，已將八時，再遲發電報趕不到天津了。

我知道，李這個人很慎重，沒有影子的事不會隨便講的。他和我相識已有年，他更不會騙我。而且他從楊永泰那裏回來，一定這些變動都已決定了，雖然他說的是“可能”、“也許”，我判斷其實是肯定了的了。於是，我回家後，立即發了個加急電：“張將出國休養，北平將改設軍分會，由應欽任主任。”第二天，這個漢口加急電，就加了大字標題在頭條位置發表了。

這一獨家新聞轟動了平津，第二天的報上，登了“本報特派記者”北平電話：把北平局勢的將變未變的局勢，作了詳細的描述。開頭，還作了一段自我宣傳：“關於張學良氏行將出洋及北平將改設軍分會，由何應欽來平主持的消息，已首見於本報昨日漢口專電；據深知內幕者談，此乃在武漢於昨晚甫經最後決定。”表示《大公報》的新聞又快又準確。這個北平電話，顯然是胡政之親自到北平去採訪的。

事後，胡政之特地打一個電報給我，大意說：“昨電翔實，甚佩，此殆為吾兄到漢後最出色之表現。”這一“嘉獎”電，後面還帶了一個刺，表示他對我到漢後一兩年的工作並不滿意。

當時，漢口中央社的主任見了我也很不高興。說：“您得到這樣重要的新聞，一點聲色也不露，其實，告訴我，我們也不敢發表，但可以打個內部消息告訴總社。因為你這一電報，害得我們受到總社申斥。”我笑笑說：“我得知這消息也很遲，發了電就休息了。”

過了幾天，張學良又到武漢，大概是出國前還有些事要商量，蔣為了平息張的氣，特地把和張關係較密切的宋子文從南京召來漢口，和張周旋。

那天，武漢的幾個重要記者都到飛機場採訪張到漢的消息，張到後，蔣的副官長陳希曾特地鄭重地對記者們宣佈：“張漢卿來的新聞不准宣佈，誰發了消息，要嚴加追究。”我問：“要是外埠報紙從別方面得知了消息登了出來呢？”他說：“只要不是你們透露的，我們不管。”

回市區途中，中央社這位主任得意地對我說：“這一下，你有天大的本事也使不出來了。我們卻可以用自己的電台告訴總社。”我聽了很不服氣，回家後，就擬了一個電稿：“子文等今午分別抵漢，謁蔣後即同赴西商跑馬場打高爾夫球。”檢查員看到沒有提到張學良，就蓋了“驗訖”的印拍發出去了。當時大家知道，張學良是一向喜歡打高爾夫球的。

那天，《大公報》在我電文中“子文”二字，改補為“張學良、宋子文”。這樣，張到漢的消息，又由《大公報》獨家公佈了。陳希曾曾氣憤地到電報局徹查，看到我的原文確實沒有張學良，對我也無可奈何。這位主任先生，見了我也只有苦笑，說：“你真是要得！”

這是我在漢近四年最得意的兩次採訪。其他，不足一記了。也在我的回憶中留不下什麼印象了。

2月20日 年初三　　星期日　　陰雨

氣象報告記，強冷空氣南下，上午有小雨，下午轉多雲，結果是上午未雨，下午小雨。

一九三四年，曾從武漢至長沙小遊約一周。湖南建設廳首次發明了用木炭作燃料的汽車，邀請各地工程人員及武漢新聞界前往參觀。我乘機去遊了長沙，過橘子洲，登嶽麓山，瞻仰黃興、蔡鍔的銅像，並參觀了湖南大學。長沙給人的印象是寧靜、樸質，黃包車夫是一步步走的，不像別的城市那樣拉著跑。聽說，乘客要催快一些，車夫就放下車子不走了。這也可以說明湖南人的倔強精神。

在長沙曾看到一件非親眼目睹不會相信的事。有一晚，何鍵歡宴全體來賓，主客百餘人，用兩排長桌吃西餐。吃得差不多的時候，何鍵站起來說了幾句照例的歡迎詞後，接著說："我向各位介紹一位貴客。" 說著指著坐在他旁邊的一個鄉土氣十足的老頭兒說："這位是詹法師，能治各種疑難症。我的右眼下面生了一個瘡，吃藥、打針、照紫外綫，中醫西醫治了一兩年毫無辦法，這位詹法師給我動了手術，已經完全好了。各位中如有什麼難治的病，不妨請詹法師試試。" 當時，就有一個人站起來說："我姓楊，是湖北建設廳的技正。幾年前，我在法國留學的時候，夏天去海濱游泳，不知什麼原因，把手臂扭傷了，到現在，右手抬不過肩，也不能向後彎，詹法師是否可治好？" 那位楊技正恰好坐在我的旁邊，只見詹法師走到我們桌邊，把手中的一個小長包解開，裏面全是粗細的長針和寬窄不同的像刻花一樣的小刀，有些已經長了黃鏽了。他接著從口袋裏掏出一小包白色的粉，倒在杯裏，用冷開水調勻了，叫這位姓楊的喝了，然後叫他把右手臂全露了出來，然後他一邊用左手按著，一邊問痛不痛；當他摸準了部位，就用右手揀了一把小刀，也不進行什麼消毒手續，就從這部位刺進去，還左右搖了幾搖，右手拔出刀，左手一指就把刀口蓋住了，然後，他把這位技正的手臂像搖風車似地轉了幾轉，說"好了"，就從容不迫地收拾好針、刀，回他的座上去了。

我看這位技正的臂上，留了兩三分寬的一條細紅綫般的傷痕，我問他："痛不痛？" 他説一點也不痛，並抬抬手，説已經好了。

我當時很懷疑，既然稱為法師，可能是一種幻術，未必真能治好。

過了幾天，我和這位楊技正同乘湘鄂火車回漢，我問他："你的手真的治好了麼？" 他高興地舉起右手向上向左右搖了幾圈，説："真是治好了。"

2月21日 正月初四　　星期一　　陰（-3℃ — 3℃）

今天還不算太冷，據預報，明天又要下降到零下8度，這個冬天，可真是個寒冬了。

今天，沒有什麼親友預約的來往，可以多寫些回憶。

在漢口這幾年，還有一件較突出的事，就是幫助創刊了《大光報》。話得從頭説起。

在"九一八"前，哈爾濱出版的《國際協報》，是關外一份較有生氣的報紙，大概在東北算是影響較大的報紙，它的一個主要編輯趙惜夢，兼任《大公報》的駐哈爾濱記者，因此，這個報算和《大公報》有了些淵源。大約在張學良回國到漢口任"鄂豫湘皖四省剿匪總部"副總司令後不久，趙忽來漢，帶著胡政之的介紹信來訪問我。胡的介紹信寫得很鄭重，説趙是《大公報》的老友，這次準備創辦報紙，但人地生疏，"請吾兄大力協助"。

趙當面也向我說了許多希望“扶持”和“仰仗”的話。我答應盡力而為。從初次談話中，我聽說他的辦報計劃相當大，看來，創辦資金是相當雄厚的。看這個報後來的言論態度，它後面肯定有張學良的背景。有一個旁證是，胡政之一向禁止《大公報》的編輯、記者兼為別的新聞單位工作，這次一反常態，要我對趙“大力協助”，這也說明這張報和張的關係。胡和東北軍的張學良以及那時已經死了的東北軍將領韓麟春等，關係一向是密切的。

我在一九二九年採訪在瀋陽舉行的華北田徑運動會期間，首次看到這位“少帥”。那時他大概不過二十七八歲吧，而蓬蓬長髮，兩頰尖削，一臉煙氣，那時聽說已深深中上麻醉劑的毒了。

後來，他再度進關，任了華北的最高軍政首腦，因熱河淪陷而被蔣犧牲到漢口謁蔣時，我在飛機場又見了他一面，那簡直像個“人乾”，或者說像個活了的“木乃伊”，和他的一身筆挺的軍裝，簡直是鮮明的對照。

不久，他就出國到意大利去了。據後來聽他左右的親信說，他出國前，曾經歷了一番痛苦的過程，他決心戒了毒出國，在上海進入宏恩醫院，請了一位有名的西醫主治。據說，那時的張不僅骨瘦如柴，而且脊背兩旁，由於長期打嗎啡針，看起來像兩行鐵軌一樣。從進醫院到治癒，花了近兩個月，聽說在他最難受的幾天，把床上的被單撕碎，把茶杯茶碗等等砸碎了很多。

他出國不到兩年，蔣又想到要利用他了，把他召回了國，並立即任命他為漢口總部的副總司令，代行他的職務。

張在漢口公開露面，我再一次見到他時，簡直像換了一個人，真要刮目相看了，胖胖、壯壯，而且兩目也像炯炯有神了。

回頭繼續談《大光報》的籌備工作，我先協助趙惜夢在漢潤里租到了二幢相當大的房子，一幢作為館址，上面是編輯部，下面是經理部和排字房。另一幢下面是印刷廠，上面住著成員的眷屬。那時，哈爾濱的《國際協報》早已停刊，成員移居北平，《大光報》的主要成員，幾乎全是《國際協報》的班底。漢潤里和我所住的金城里只隔一條馬路，趙把館址設在這裏，一個重要原因就是可以隨時找到我幫忙。

不久，《大光報》的主要班底紛紛到了漢口，機器和鉛字也陸續運來了，忙於僱工裝修門面，修製一切用具。

這些人到後，曾在館子裏聚了一次餐，也請我參加，趙一一給我介紹。迄今留在我記憶裏的，預定當總編輯的叫王星岷，人很開朗，談吐也風趣而不流於庸俗，不像趙不時流露出來的那股官僚氣息。趙的名義是社長。至於其他的人，雖說同是出身於《國際協報》的，但思想面貌好像很不相同，不像《大公報》幹部大體上有一個體系，彷彿屬一種"模式"。從以後的事實，也更說明他們雖說是一個隊伍，卻是"雜牌"的。比如，兩個副刊編輯（《大光報》一開就以漢口空前的大報姿態出現，日出三大張，有兩個副刊，一個是文藝性的，一個是消遣性的，適合小市民口味的）。前一個編輯孔羅蓀當時給我的印象就很好，年紀輕，思想進步。這人解放後我才知道他原是地下黨員，有一個時期還參加領導過上海作協的工作，我們不斷有所接觸。編消遣性副刊的那位，卻很庸俗，生了一面痲子，卻頗以才子自居。他還和我攀"同事"關係，原來，在此以前，他曾在《大公報》代理過一段時期"小公園"的編輯工作。不知是故意惡作劇呢，還是騙取稿費，有人把《西廂記》中的一段詞寫成了新聞的形式作為投稿，這位姓陳的才子居然大為欣賞，當作優秀創作加了花邊刊登出來了。結果是可想而知的，讀者紛紛寫信或打電話來指責，甚至冷嘲熱諷，胡政之就把他辭退了。

這些人中，有些後來當了國民黨政府的立法委員，有的卻參加了西安事變捉蔣的策劃工作。還有一個記者，幾年後，當我主持《文匯報》編輯部，日夜處在敵偽恐怖威脅的時候，忽然來編輯部訪我，偷偷地對我說，他曾看到一張敵方準備處置租界抗日人員的名單，第一名是當時公共租界的教育處長陳鶴琴，第二名就是我。承他的情，趕來告訴我，叫我早日躲避。我雖終於未曾躲避，但他的情意是極可感念。我今天只記得他姓朱。他當時並未向我暴露自己的職業、身份，但是，至少是一個地下工作者，大概是無疑的。

至於那位“熱愛”《西廂記》的痲皮先生，後來成為國民黨反共“文壇”的健將。前幾年在《參考消息》上看到，他儼然是台灣什麼文聯的主席了。

王星岷先生大約很有些氣度，對這各式各樣的編輯、採訪幹部，很能兼收並蓄，各得其好，這些人對他好像也很尊重。

一切籌備大體就緒了，宣佈了創刊日期，在各報上大登廣告，招貼露佈。出版的最初一星期，我很忙了一陣，趙惜夢事事請教我。我曾給它寫過幾篇社論，最初幾天還主持編輯了要聞版。這些，在我都還是缺少經驗的。但趙、王等既然這樣問道於盲，我也只好憑平日對《大公報》社評及報紙編排的留心體會，在這次幫忙中加以實踐。這一短期的實踐，也可以說我的一次預習，以後，我調到上海《大公報》當要聞編輯，不久獨力主持《文匯報》的言論和編輯工作，能夠勉力盡職，得力於這一段的實踐是不少的。

《大光報》在漢口站定後，我就少去了，我幫了這段忙，沒有接受該報任何報酬。在漢口這幾年，我沒有像其他同業那樣，接受過分文津貼。當蔣介石駐漢的時候，有一次曾派他的總務處長陳希曾去“徹查”兩湖特稅處和特業公會的賬目，陳曾公然在記者招待會上說：“我有憑有據，各位都是吃鴉片飯的。”我聽了很生氣，站起來說：“難道沒有一個例外嗎？”他聽了馬上說：“哦，對不起，你是例外。可惜只有你一個。”

當時《大公報》給我的待遇相當高，足夠維持我一家生活，加上還兼了京滬兩家報紙的通信員，增加了每月八十元，這也是

《大公報》所允許的。《大公報》社章明明規定，職工不得兼任社外任何有給職務，但有一個“但書”，即如經本社（即胡、張）認為必要而允許的例外。什麼必要呢？比如，當時駐南京的特派記者兼任了《中央日報》的編輯主任，駐上海的特派記者兼任了《民報》的編輯，“必要”就在於從這些職務中據說可以獲得新聞的綫索。我的兩個“兼職”，就是這兩位同事介紹的。他們既有“必要”，我的兼職當然也有“必要”而被默許了。

其實，張季鸞自己也有這樣的兼職。他在一九二六年和吳鼎昌、胡政之接辦《大公報》以前，曾長期任上海《新聞報》駐北京特派記者，《新聞報》刊載署名“一葦”的特約通信，就是他寫的。他主持《大公報》筆政後，有相當長的時期，還兼任了《新聞報》特約記者。在《大公報》接辦初期，他和胡政之名義上的薪水每人每月二百元，比幾個主要編輯高不了多少，而吳鼎昌為了拉住這兩個人（三人訂有合約，三年內不得離社從事其他活動），給他們在鹽業銀行掛了個稽核的名義，每人每月給三百元。他們當時的收入，實際比大學校長還高。等到二三年後，《大公報》盈利年有增加，他們就享有在館內無限透支的特權。一九三六年在籌備創刊上海版《大公報》的短短幾個月期間，他一連娶了兩房如夫人，在上海組織了三個“公館”，到“八一三”上海抗戰爆發後，他才不得已“編遣”了一個。

2月22日 正月初五　　星期二　　晴

氣象預報説將大冷，溫度降至零下七度，其實並不如此。今天春節後首次上班，早晨略有寒意而已。

除一度赴長沙，我在漢四年左右，還曾一度返津述職。一次赴沙市旅行，並曾同妻遊歷了滬杭蘇錫等地。

赴津的目的，主要是為了向胡報告湖北分館和代辦部籌備經過及營業情況，住了三五天就回漢了。但這次在離別兩三年後重回“老家”，不免有些感觸。第一是報館搬家後辦公室的氣派大了，胡、張和幾個重要編輯的生活也闊綽多了。“麻將”已成為編輯老爺日常的消遣，他們也不再像以前那樣怕胡知道了。我在漢口這幾年，雖然談不上認真讀書，但新出的文藝書和雜誌，總是關心閱覽的，特別是魯迅的書（當時魯迅正在領導文化界的反圍剿，《三閒集》、《二心集》、《南腔北調集》、《花邊文學》、《故事新編》等不斷出版），我是爭先購買，如飢似渴地反覆閱讀的。在那時，我思想上最受影響的，除張季鸞外，就是魯迅，我在《大公報》這個環境裏，終於還不至完全沉溺，不能不感謝魯迅在思想上的啟示。

《大公報》自命為輿論界的權威，以中國的《曼徹斯特衛報》自居，一心想指導文化界及其他各界，而那些主要編輯，從不認真讀書。“麻將”可算是舊中國的“國賭”，也是《大公報》的“社賭”，除掉香港和桂林兩館不那末盛行外，從天津到重慶，從國難到抗戰，可以説天天在“麻將”聲中過活。當然，也有一些青年同事是不沾染的，也有的是很努力讀書，追求真理的。

這次回津，還有一件事，説明我的書生氣，不懂世故，不合時宜。離漢前，早就聽説張季鸞已不吸香煙，改吸“煙袋”（水煙）了。當時漢口出的銅器是全國有名的，我買了兩個白銅的，準備送給他。但在天津行留期間，幾次見到他，有一次還單獨和他談話，但總是躊躇地沒有拿出來，最後還是原封帶回漢口了，還不是怕同事見到說我拍馬屁，是有一股書生的傲氣在壓著我。

在沙市時間極短，留有印象的是沙市附近的荊州等地，大多是《三國演義》上看到過的地名，而古城寂寂，荒草萋萋，除憑弔外，沒有任何值得欣賞的。

一九三四年冬，我三歲的小女夭亡了。她患的是肺炎，病了二十九天，雖然請了當時漢口最有名的名醫，花了幾百元，沒有能挽救她小小的生命。我夫妻都非常悲痛，親友們勸我們出門散淡散淡。因此，第二年，一九三五年春，我們作了江南之遊，先乘船到了上海。記得住在東方飯店（即現在的上海工人文化宮原址），還曾看過一次馬戲，地點彷彿在大世界以西，那時還有一片廣場，不巧有名的海京伯馬戲團已演畢離華。我們看的那個馬戲團，雖然仍在原地演，也有什麼獸苑之類的展覽，但聽說規模之大，節目之精彩，是遠遠不及海京伯的。

從上海到蘇州、無錫各遊了三天，然後回我的故鄉宜興，省視我的近八十歲的老祖母，看到她老人家還康健，極為欣慰。她怪我們沒有把曾孫帶來給她看看。我們答應一兩年內一定把孩子帶來。除祖母外，我在故鄉再無留戀。我的兩個姨姊妹都還在宜興，因此，我妻手足情深，多住了幾天。

乘當時通車不久的京杭國道到了杭州，這是我們首次遊歷這個人間天堂。記得兒童時代，我們故鄉的有些善男信女，每到三四月間，總要結伴僱了船，身掛黃皮袋，手提被褥及食品，“漂”太湖到杭州“進香”。我曾祖母就曾“進香”過三次。她每每以此自豪，說到過三次天竺，過世（輪迴轉世）一定不再吃苦了。

我們到杭州時，在靈隱，在岳墳一帶，就看到不少成群結隊的善男信女，還像當我兒時看到的那樣裝束，轉山拜廟。作為遊春，這也是中國式的經濟旅行團罷。

2月23日 正月初六　星期三　晴

今天溫度又回升，最高達十二度，我上班沒有穿大衣。

上午全室大會，戚銘渠同志報告社、室領導對下一步深入揭批“四人幫”的部署，號召深入學習文件，深揭狠批，大鳴大放，首先揭發“四人幫”及其餘黨如何利用工宣隊，以幫代黨，打擊老幹部、陷害知識分子的罪行。

一九三五年秋，就聽說從《塘沽協定》、《何梅協定》先後簽訂後，日寇魔爪步步深入華北，天津已在敵氛包圍中。《大公報》為了退步，決定創刊上海版，張、胡都親自出馬，實際上把重心移到上海。

十二月，我接到胡的信，調到滬館工作。

我把銅床、全套新式家具以及心愛的收音機等，都作價抵給了報社，攜帶行李，將家眷送到保定（那時，我的第二個兒子出生才一個多月），然後單身到了上海。

我和張、胡及其他重要編輯都住在今淮海路、淮西路以西的一個宿舍裏，而新設的館址則在今延安東路“鄭家木橋”（大同坊）。

上海是《申》、《新》兩報的世襲領地，它們是地頭蛇，外地的報紙，輕易無法在上海立足。廣告公司受他們操縱，報販由他們的“報業公會”指揮，不僅如此，當時，白報紙幾乎全部靠進口，《申報》連本市附刊每天出七八張，《新聞報》有時多達十大張，而每張白報紙成本約合八九厘，每份訂價三分六厘，批給報販按七折計算，即每分報館實收二分五，報紙成本則達七分到九分。差額如何彌補呢？報社的開支乃至股東的巨額盈利從何而來呢？唯一的來源是廣告。因此，廣告是報館主要的生命綫，廣告戶是報館的衣食父母。這樣的情況，造成了兩個必然的結果，一是大量的資金，從市場及廣大讀者手中集中起來，絕大部分流給國外的紙行，二是造成廣告戶（也就是一些工商企業）操縱報紙的新聞控制。

《申》、《新》兩報是上海也可說是全國銷行最大的報紙，它造成這個局勢，也有利於它對上海報業的壟斷。新開辦的報紙，不可能有很多廣告（何況廣告公司在《申》、《新》兩報控制中），你每天的張數出多了，賠累不起（紙張成本高）；只出二三張，就沒有人買你的報（《申》、《新》兩報每月“訂紙”將舊報紙積下，賣給舊貨攤，可以收回四五角錢）。所以，很多新在上海成立的報館，不久就自生自滅了。

當時，《大公報》已是北方首屈一指的大報，影響及於全國，現在“問鼎”上海灘，焉有不遭地頭蛇當頭痛擊之理？

《大公報》上海版是一九三六年四月一日創刊的。頭三天，每天印了一兩萬份，除定戶外，讀者買不到，報攤上一份不見，聽說有人全部“包”下來，送到後大馬路舊貨店裏去了。

這一下，急壞了胡政之，連忙去求救於他的朋友張驥先。張當時是法國哈瓦斯通信社上海分社主任，兼法租界公董局董事，更重要的，他是杜月笙的法文秘書，和章士釗一樣，是杜手下的主要謀臣策士。由於張的斡旋，杜月笙出面請《申》、《新》兩報的頭頭史泳賡、馬蔭良、汪伯奇以及《時事新報》、《時報》等首腦（當時這四家報紙稱謂上海四大報）吃飯，胡政之自然奉陪唯謹。"杜先生" 一句話，這些地頭蛇當然唯唯聽命，從此，《大公報》上海版算是能夠公開露面了。

因為天津版還繼續出版，主要編輯抽不來，上海編輯部的班底除我任要聞編輯外，特地重金禮聘了原北京《晨報》的兩個名角，一個任編輯主任，一個任要聞兼國際版編輯。但是，盛名之下，其實難副。何況《大公報》有一套獨特的編輯技巧和風格。這兩位同事，雖然辛辛苦苦，使出渾身解數，終於不能獲得張、胡的首肯，因此，要聞編輯的重心，不久就落在我的肩上。

《國聞周報》也由天津搬到上海出版，由翻譯主任楊歷樵兄兼任主編，胡政之派我兼編《一周時事述評》和《一周大事記》，這工作也很不輕鬆。平時，我大約在清晨二三時看完大樣後就可回家了，逢到每星期三、四《周報》發稿時，總要忙著整理一周的報紙，除剪刀加糨糊外，也要加些評語。這兩天，總要搞到紅日高升了才能回家睡覺。

楊是聖約翰大學畢業的，中文也很流暢，外國通信社的稿子送來，他邊看邊譯出，很少改動的，又快又清楚。他還要核改其他同事的譯稿，工作十分負責，他沉默寡言，對人無所忤，和我合作得很好。後來，在香港、桂林《大公報》出版期間，我們一直相互尊重，雖然他比我大十歲，在《大公報》的資歷也比我高，但我在香港、桂林任編輯主任、總編輯時，他決不擺老資格而妨礙我的工作。一九四九年，他在香港《大公報》工作，一直沒有回國。聽說幾年前已逝世了。我對這位老朋友，迄今還是懷念不止的。

他幾次鼓勵我在《國聞周報》寫時事論文。我在他的鼓勵下，試寫了一篇，記得是關於西南問題的，那時，西南的獨立狀況逐步改變（實際是蔣介石用收買和分化的手段，把他的力量伸入兩廣），高唱團結對外。我結合自己最初曾探訪過"非常會議"

開場的一些經歷，寫了一篇題為《西南問題的終結》(原題已記不清了)[1]，在《周報》刊出，還得了二十元稿費(我每周編《大事述評》等，是“分內”工作，不另給酬的)。這是我在雜誌上刊登的第一篇政治性文章。當然，現在回憶，是要臉紅的，不僅幼稚，而且觀點十分天真，動機是歌頌全國統一，實際卻給國民黨政府塗脂抹粉。可笑的是日本新聞界居然重視這篇文章，《周報》出版不幾天，上海一家日文報全文譯載了。

以後，直到“八一三”抗戰，上海淪為孤島，《國聞周報》“壽終正寢”。我還曾署名登了好多篇專文，那主要是在編輯“一周時事述評”時，遇有國內外特別重要的大事，抽出來加頭加尾，單獨成篇，自己並沒有外加什麼觀點，也沒有花費寫作力量的。

那年秋天，我就請假回保定，把家眷接來上海，在今復興公園附近萬福坊租了一幢房子，請同事代我在拍賣行買了一套家具，又建立起了家庭。從此以後，我在一九三九年到一九四五年抗日戰爭勝利，曾先後到香港、桂林、重慶工作，並曾於一九四三年將妻兒接到“後方”。以後，一九四八年又以上海《文匯報》被封後到香港創刊《文匯報》，至一九四九年重新回滬，但我的家庭，一直設在上海，屈指已歷四十一年，經歷了天翻地覆的變化，風風雨雨，由小變大，由大而幾乎變成零，總算始終維持住這個老窠(我妻子短期離滬時，我父母及妹妹一直留在上海)，可算是飽經風霜的了。

1 這篇文章名為《西南問題之清算》，刊於 1936 年 8 月 3 日上海《國聞周報》第十三卷第三十期 1-4 頁，署名鑄成。

2月24日 正月初七　　星期四　　陰（7℃ — 17℃）

熱度驟升。昨晚已掀去了復被。今天，棉背心換了件薄的，厚圍巾也換下了。

赴醫院看病，血壓仍不穩，依舊半休一周。

我生平第一次到上海是一九二六年來考大學的，那時，清華借上海南洋大學招考南方的學生。記得我那次寄借在二馬路浙江路口的一家小旅館裏。旅館窗戶口可以看到沒在今醫藥公司地址的大戲院，大概叫天蟾舞台吧，記不準了，只記得門口貼了許多大紅紙書寫的名角和戲名，對於我們這樣的窮學生來説戲院之類是無力問津的。那次我在上海，只住了四天，考完就回宜興故鄉。四天中，天天午、晚飯都是到一家小館吃一碗光麵，或一碗鹹泡飯，還講明不要"老式"的，一般鹹泡飯小洋兩角，"老式"的據説加的菜多些，要兩角大洋一碗。

第二次是我回家結婚，為了乘輪船比火車便宜得多，來回都乘船經過上海。那是一九二九年。

第三次就是一九三〇年過滬赴粵採訪"非常會議"那一次，來回都住在三馬路口新落成開張的新惠中旅館。

第四次是一九三五年春我們夫婦同作江南旅行。那時經濟情況較好，旅途也力求舒適，寄寓東方飯店。

以上幾次，都作為來去匆匆的過客，一九三六年來是在這裏任職，而且不久就安家了。當時決沒想到，這個家從此就定居了四十多年，而且歷盡了滄桑。

一九三六年中，留在記憶中最深刻的事，一是魯迅先生逝世，這對我也是晴天霹靂。我從一九二二年到無錫第三師範讀書時，正是求知欲極旺盛的時候，課餘時間總泡在圖書館裏，新的書籍、雜誌，我總是最先搶著閱讀的。北新書店的李小峰，也是從三師畢業的，魯迅的《吶喊》出版後，他寄了一批來母校寄售。我那時每半年雖只向父親要五元錢作為書籍零用（食宿都是免費的），但還是狠狠心買了一本，這是我第一次看到毛邊未切光的書。一口氣讀完，覺得耳目一新，彷彿眼界從此放遠了。從此，每看到雜誌中有魯迅作品，必千方百計覓著看。到北京讀書時，《語絲》是最喜愛的刊物。魯迅逝世了，我是悲哀的。那時，王芸生已到上海，繼那位《晨報》的"名角"任編輯主任。他寫了一篇短評，表面悼念，實帶諷刺，我看了也有些氣憤的。

第二件印象深刻的事是"西安事變"，張學良和楊虎城把蔣介石在西安扣留了。當時轟動了全國，張季鸞尤為憤激，一連寫社評捧蔣而斥責張、楊。國民黨政府對那時的《大公報》很重視，有一天《大公報》登了一篇張寫的《給張、楊的公開信》，國民黨還派專機飛到西安上空散發。到十二月二十五日蔣被釋放出來，張立即晉京去見蔣。以後，還特地去北京、天津等地轉了一圈，當然也是去會會他的老朋友，以及各地的軍閥、官僚、政客。

那年春節，是我在上海過的第一個"年"，也是生平在上海經歷的最不平凡的一個年。吃過了年夜飯，王芸生、費彝民等幾個"老上海"的同事，約我出去看看"熱鬧"，先到了永安公司屋頂花園天韻樓，那裏是上海"野雞"集中的場合之一。然後到南京路"紅廟"，看妓女們都著紅衣、紅裙或紅緞旗袍來燒香，鶯聲燕語，絡繹不絕地來到，爭先恐後地跪拜。據說是為了明年一年的"生意"興隆。真是可悲的願望！

離開紅廟，驅車至老城隍廟，大家買了年土產和小孩的玩具和花炮等等，就分手了。回家已過了午夜二時。那時，春假期間，各報向例放假五天，這是新聞工作者一年中唯一休息的機會。

回憶正寫到此，瑞弟[1]來了，今年第一次見面，我也只好擱筆了。

2月25日 正月初八　星期五　雨（9℃—19℃）

學校寒假已過，"辭海"[2]隔壁的中學已開課。

兒時在我的故鄉，每到年初七、八，新年還只算過了一半。雖然年菜已吃得差不多了，但還要經過兩個高潮。一是鬧元宵，從初七、八初月升起後，商店裏打十番鑼鼓鬧元宵的，掉馬燈的，有時還有近郊掉龍燈的，紛紛上市。孩子們往往一個晚十幾趟聞聲趕到大門口去看，當我成為大孩子時，也曾跟著這些燈隊鑼鼓隊穿街走巷，一次總要把這小城走了一半，才興盡回家。二是從正月十三"開台"的元宵戲，要一連演七天，鄉下的親戚，如我家的姑婆、表姊等等，常常是在這期間來住過，戲做完才走。

那時，在這個小城裏，談不到什麼遊樂場所，一般活動的中心是在城隍廟裏，這也是我兒童時代遊玩、興趣的中心。雖然裏面盡是泥塑的神像，而且大門口就掛著一塊黑底白字的匾額，赫然寫著"你來了麼"這樣嚇人的"預言"，卻也沒有引起我的恐怖之感。

1　瑞弟，朱百瑞，又名朱景遠，作者內弟。

2　"辭海"，指當時的《辭海》編輯部，上海辭書出版社的前身。

大殿上是供著紅面的城隍，下面有牛頭、馬面、判官這一類幫兇幫閒的角色。這是以後我看到各地的城隍廟大抵差不多的佈局。可怪的是我們的城隍，大殿後還有一個“公館”，平時是不開放的，到了這位老爺的生日（也不知誰決定的），全城乃至四方的虔誠老婆婆都來上香致敬，這“公館”的大門敞開了。前面是一個頗為寬敞的庭院，頗有些假山花木之勝。後面是一進三上三下的樓房。樓下中間也放著——應該説供著一個城隍菩薩，不再是紅面而是白面的了，臉相也頗為和善，大概升堂要有威嚴，退居則力求平易，這並不能説明他是什麼兩面派，何況在公館裏接待子民，是要和顏悦色些的。他究竟是一城的權威，要他表裏如一，未免求全責備了。

樓上，那就更不同了。中間放著一張極為考究的床，鋪著被褥，懸著綢帳緞額，枕頭等等，一應俱全。床前相對坐著城隍賢伉儷，不用説，臉上更是笑容可掬了。還有一個丫鬟（當然都是木雕的）穿著綢的褲褂背心，形象和戲台上演出的“貼”這類角色差不多，手托著茶盤，彷彿正在送茶。我作為一個小客人第一次參觀這個“公館”，倒沒有引起對這位城隍老爺有什麼不敬之意，只覺得他的公餘生活，是很舒適的。

大殿西旁，有兩個小廟，一個供著痘神，那裏香火最盛，這也是可以想象的。在我童年時，我們這個偏僻的小城，種牛痘還很不普遍（我自己就是種“水痘”，也就是人工天花的），誰不虔誠地要求自己的孩子免於變成麻子甚至夭亡呢？另一個是什麼廟，已記不清了，反正香火遠遠不及和它對稱的“痘司堂”。另外，在城隍廟二門以外，還有兩個廟宇，一是供奉呂洞賓的“呂祖殿”，另一個就是我上文提到過的“育嬰堂”，正名定分，應該説是送子觀音祠。所以，從總的説來，名為城隍廟，其實是包括一切與人民生活——死活有關的神道一應俱全了。

我那時最感興趣的是位於大殿下廣場兩旁的十殿閻王。兩旁的廓廡，各隔為五間，每間前面懸著一塊匾，寫著什麼殿，每個殿外面隔著木柵，上面塑坐著大小三個像，中間自然就是這一殿的“閻王”，兩旁則是和他有關人物，或者就是餘黨罷。比如，有一個殿的“閻王”據説是岳飛，旁邊兩個青年英雄則是岳雲和張憲。也不知是我們鄉先輩的獨創精神呢，還是別的什麼原因（我是很以為他們有可敬的創新精神的，像上面所説的為城隍佈置如此舒適的公館即其一例），這十個殿的“閻王”，是和別縣所見的不同，也和我後來從《封神榜》上看到的也不一樣。我那時，很傾向是這種獨創精神。其他殿有些什麼“閻王”，當時我能如數家珍，現在已模糊了，只記得還有一殿上面坐著紅面的關公，兩旁則是黑臉周倉和白臉關平。

十殿“閻王”下面，每一殿都塑著許多泥像，構成一個故事圖面。這圖面的故事，好像和高高在上的閻王並不一定有什麼內在聯繫。比如，關公像下，記得就展現著劉備賣瓜的故事。此外，還有目蓮救母的故事。當然，大多是火油山、磨盤山、光刀山等等，這些觸目驚心的塑像，我往往是避而不看的。記得十個殿中唯一上下一致的，是岳飛這一殿中，塑的是岳母刺字的故事。

平時，城隍廟的廣場上，不時有耍把戲的，耍猴的，變戲法的，也有唱小熱昏賣梨膏糖的。新年期間，往往同時有兩場，圍著或多或少的觀客、聽眾。到元宵戲開始前幾天，由各個“集團”搶佔的場地上，開始用木凳搭起高約尺許的平台，上面排著一行行的條凳，大抵是演戲時出租的座位，顧客以中等人家的女眷為多，每人前座給三四個銅元，後面的則給一兩個銅元。一般稱這種叫“賣台”。

在“賣台”後面及兩旁，則安放著高約四五尺、寬約尺許可以坐四五個人的所謂“高凳”，這是各個“牆門”（也就是地主、縉紳家庭）所私有的，也在演戲前幾天由他們的傭工搬來，搶先安排好了。

我們家裏既沒有“高凳”，也坐不起看台，當我十幾歲初進高小的時候，總是跑上兩廊的“看廊”上遠遠地欣賞，即在十殿的樓上，有一條圍著半牆的走道，大家叫它看廊。

戲台有一丈多高，從戲台到“賣台”，大約有寬十幾丈、長六七丈的一個場地，這是最好的欣賞場地。當時，當然沒有什麼首長座、貴賓座，而且連一張凳子也不可能存在，能夠站在這裏看戲的，必定是年青力壯的，主要是回鄉趕來看戲的農民，大都帶著一竿旱煙筒。看戲時，煙竿都高高舉起，兩手抱在胸前，以免折斷，遠看如一片森林。

到我小學快畢業時，已是十四五歲的少年了，曾嘗試擠進這個行列，先從戲台下立進去，仰頭可以看到一些戲台的上部，慢慢地，前面陸續來了些英雄，用力一擠，我隨波逐流，被擠進中間了，於是，戲台上的一切清楚可以看到了。但好景不長，長江前浪推後浪，轉瞬就快落伍到“賣台”前面，於是，就趕快急流勇退，從兩個“賣台”之間，溜到了大殿上。那時，已經氣喘吁吁，我往往走到大殿兩旁，或再繞道到戲台下面，摸出三五個我祖母給我的壓歲錢，買一碗豆腐花或油豆腐粉條湯吃。吃完後，如果餘勇可賈，或者有同學在一起的時候，不妨再作第二輪的嘗試。在這人潮中，據一位年長的同學告誡過我，最要緊的是兩手一定要拱起護著胸前，否則是會被擠傷的。

除元宵戲外，在這戲台上，我也第一次看過所謂“文明戲”。那是一九一九年秋季，我剛從我父親當校長的湖汊鄉小學轉到城裏的高等小學（敦本小學）讀書。五四運動的浪潮也影響到我們這小城市，最觸目的是到處看到用漿水寫的“不買日貨”、“抵制日貨”、“毋忘國恥”等標語。

另外，成立了“旅外學生會”，他們曾在城隍廟演了新戲。記得劇名叫《安重根》，主要是講日寇滅亡了朝鮮後，朝鮮人民如何痛苦，最後是朝鮮志士如何行刺當時的日本首相伊藤博文。

我覺得新鮮的是演戲沒有鑼鼓，也沒有唱，扮日本人的，大抵用一條被面圍在身上，腰間縛根帶子，扮朝鮮人，則大抵就是自己的便服，沒有什麼佈景，記得不過用硬紙做了些門窗之類。觀眾不多，用不著擠，可以安詳地立在場心看。宣傳和教育意義是有的。隔了快六十年，我還能清楚記得那個劇名和劇情，就是很好的證明。

2月26日 正月初九　　星期六　　雨（6℃ — 10℃）

上海《大公報》創刊後，雖然遭到《申報》、《新聞報》兩報的打擊、排擠，但不久營業就有了起色，同業間也有了正常的來往。當時，上海幾家大報有兩個組織，一是"報業公會"，那是代表資方的組織；另一是"記者工會"，那是編輯部從業人員的組織。另外，有一個各報負責人聚會，每報參加的有三至四人，全是各報的經理、總編輯和主要編輯，《大公報》參加三人，大約因為胡對那位《晨報》聘請來的編輯主任不滿，所以除他自己外，讓副經理李子寬和我參加這個聚餐組織。張季鸞則不耐煩這些事務性組織，不願參加。聚餐的地點一直在三馬路綢業大樓，每次三桌，菜餚很精美。聚餐的目的，大概是為了對發生的事情交換意見，採取同一步驟，如廣告費加價，對新聞檢查如何應付等等。如果沒有這類新發生的事，那就是大家"聯絡感情"，打打牙祭一番，好在每人聚餐費兩元一次，是報銷出公賬的。我從到滬後，每天基本上是從家庭到報館，從報館回家庭，兩點一綫，絕少和外面交往。只是通過聚餐，也和上海報界的頭面人物認識，如史量才的兒子史泳賡，汪漢溪的兒子汪伯奇、汪仲葦，以及張竹平（《時事新報》、《大陸報》）、王季魯（《時報》）、成舍我、薩空了（《立報》）以及中學時代就已聞名的嚴獨鶴等。一九三七年春，這個聚餐會還到無錫去舉行了一次，相約於上午九時左右坐同一班火車出發，到了無錫，已僱好了一個大船等候在附近河浜，人到齊後，船徐徐駛進大河，開向五里湖、太湖。無錫的"船菜"是有名的，不知幾十元一席，反正是很精美而豐盛，一桌分兩次吃，中午吃一半，遊畢回車站途中再吃一半。船，恐怕是當時遊湖船中最大的類型了，中間擺兩席，還綽有餘裕，兩旁還可以憑欄欣賞太湖的景色。

特別經過"西安事變"以後，《大公報》在上海及江南一帶立定了腳跟，發行和廣告都有起色。胡政之和李子寬已看定了愛多亞路福建路口附近一塊空地，準備購進建造大樓，作長治久安的百年大計了。他們沒想到，天津不安全，上海雖有英美勢力，也未必安全，"七七"蘆溝橋事變，破滅了胡政之等人的苟安幻想。

胡政之、張季鸞是老報人，政治嗅覺當然還是敏感的。"西安事變"後不久，國民黨舉行了五屆三中全會，發表了"根絕赤禍案"。他們預感到第二次國共合作勢所難免，因此，他們把正在西北作旅行採訪的范長江電召回滬，不久，就發表他為採訪主任，以代我們編輯部裏一致認為無能力的張的同鄉、親信王麻子。范長江當時是否已入黨，我們當然不清楚，他在採訪"西安事變"的新聞會後，曾秘密到過一次延安，那時他曾對我們少數同事也透露過的。很顯然，胡、張之所以突然重用范，是為了尋找與共產黨聯絡的綫索，以適應即將出現的新形勢。當然，他們擁蔣的基本立場，是不會有所改變的。

"七七"以後，接著就是"八一三"，戰火飛到了上海。先是閘北、滬西，接著是浦東，然後轉至滬西，炮火在租界四周蔓延。不久，上海對外的交通不絕如縷，上海各報也只能在租界裏銷售，發行大減，廣告更少，《大公報》每天改出兩張，《國聞周報》也只出薄薄的戰略特刊。

我那時每天必至天大亮才能回家，因為不要趕火車運出外埠報紙，截稿時間推遲，有時，大樣看好了，忽然從浦東、閘北、前綫的隨軍記者范長江等來了電話，報告重要的戰訊，往往要作為"最後消息"拆拼進去。

也許是"積勞成疾"吧。我的盲腸炎發作了。

我在漢口時喪失了我唯一的女孩，前面已提到過了。在她重病期間，我不忍聽這生命最後掙扎的呻吟、喘息，往往躲到小酒館去買醉痲痺自己。那時起，就得了慢性闌尾炎，時發時癒，一直拖延了下來。那時，重新發作，任何止痛治標的辦法都失效了。去廣慈醫院急診，一位法國醫生診斷説，一定要立即住院動手術，否則就隨時會發生危險。我拿了那張診斷和要求手術單（寫明如手術出危險，醫生不負任何責任）回家，和妻子商量了半天，終於認為報社所負的工作沒有妥人接替，還只好帶病工作，每晚帶一個熱水袋上班，痛得忍不住了，把它壓在胸前，一面繼續工作。

我的同事楊歷樵知道我患了嚴重的慢性闌尾炎，而又不去割治，他拿了一張短稿給我看，原來是德國留學生寄來的一則"短訊"，大意説德國某大醫院聞悉中國某名醫不用手術而用中藥治癒闌尾炎的消息極為注意，決定派兩名醫生到上海向該醫生學習、研究。這個醫生的姓名是報上見過的，曾擔任過南京政府主席林森的醫藥顧問，但他究竟在哪裏行醫呢？經向"老上海"的同事打聽，才知道他自設"中西療養院"於蒲石路。第二天午後，我去就診，他説盲腸已到了快潰爛的程度，但他説有辦法診治，保證換幾個方子就可以根治。

請這位名醫治病，代價是高的，門診每次五元（那時米只有十一二元一擔），藥用得很重，而且有些是較為貴重的，每味先是一兩，以後逐漸增至二兩以上，每劑藥五六元，用特大的藥罐熬服，每換一方，就得花近三十元。總之，我為了診治這個病，把我心愛的當時最新式的照相機賣給了報館，得了一百六七十元，全部用在醫藥上了。換了五六個方子，果然不再痛了，胃口也增強，以後，也一直沒有重發。可見這位名醫，是有些本領的，這一套藥方，我妻一直珍藏著，直到一九六七年，不知怎樣遺失了（大概是在抄家中被撕毀了）。

我這樣冒險帶病工作，出發點是起碼的愛國心，也算參加一分抗日的工作吧，主觀意願總是這樣想的。而對於《大公報》，也不能不説是做了盡力而為、鞠躬盡瘁了。那時，我一直相信胡政之的話，把《大公報》當作終身的事業，而不是當作一個"鐵飯碗"捧住了的。

上海抗戰失敗，租界成為孤島後，《大公報》上海版宣告停刊，胡政之宣佈辭退大部職工。我也被他一腳踢開了，這是我最感痛心的。失業的痛苦，一家生活無著的憂慮還在其次，一直認為終身安生之命的立足點，忽然崩潰了，彷彿一切理想和前途全幻滅了！

2月27日 正月初十　　**星期日**　　**陰**（7℃—11℃）

我被《大公報》一腳踢開後，第一次嘗到了失業的痛苦。擺在面前的實際問題，是一家五口的生活，我夫婦、兩兒和妹妹的生活如何維持，另一個孩子也快出生了，靠三個月的遣散費是維持不久的。李子寬告訴我，胡政之正在向法租界公董局申請出版一張掛法商招牌的報紙，取名《中報》，如果成功，還要借重我。這雖是一綫希望，但究竟解決不了現實問題。

正在這時，重慶《國民公報》聘請我擔任該報的駐滬記者，月給四十元，算是部分減輕了生活的壓力，至少可以把《大公報》的遣散費的使用期拉長了幾個月。

當時，因為租界當局屈服於日方的壓力，讓日方檢查租界的華商報紙，在幾張大報中，《申報》、《大公報》、《時事新報》、《民報》宣告自動停刊。乖乖地接受敵方檢查繼續出版的大報，只有《新聞報》和《時報》兩家。

租界裏的幾百萬人民，急切要知道戰綫日益遙遠的抗戰消息，因為這是關係到民族的命運，也直接關係到他們今後的切身遭遇的——是長期做"孤島"的孤兒甚至遭受日本鐵蹄的踐踏呢，還是不久有重見天日的希望？接受了敵方檢查從而基本上和漢奸報一鼻孔出氣的《新聞報》和《時報》當然滿足不了幾百萬人民的要求，而且已被愛國的大眾唾棄了。

當時，有不少新的報常如雨後春筍地出現，企圖填補《申報》等留下的空隙，有的既無一定社址，又無一定資金，只是隨便出幾天，欺騙一下讀者，撈一筆錢，當時名之說"拋頂宮"——舊上海小偷搶人帽子的一句"行話"。

《大公報》雖然停刊了，大部分職員被解僱了，而館址仍保留著，印刷廠和排字房並不拆除，還留著一部分工人。胡政之當時沒有長期抗戰的打算，他以為抗戰決計拖不久，一年半載後，抗戰一結束（在他的設想裏，可能是妥協的"結束"），《大公報》即可復刊。他準備搞出一張掛法商招牌的《中報》，主要原因之一（另一個更重要的原因，後面再詳談），就是為了在《大公報》

“中斷”期間，維持住房子和設備，以便於將來儘快復刊。

他委任李子寬為上海留守處主任，負責管理未遣散的職工等等。胡自己也暫時留在上海，一則活動出版《中報》，再則，他的夫人前些時候去世了，此時正準備和顧維鈞的姪女結婚。張季鸞則早於“八一三”戰爭爆發後不久，率領著天津報撤退下來的一部分職工，到漢口出版了漢口版。

有一天，我正在李子寬的辦公室閒聊，只見兩個人進來和他接洽承印報紙的事，李領他們去看了印刷設備後，重回辦公室時，還繼續商量著，我無意聽到他們彷彿在請李介紹什麼人似的。他們走後，我問李：“他們是幹什麼的？”李說：“他們要出版報紙，要我們代印，但連總編輯還沒有請到。老兄如有意，我可以介紹。”籌辦報紙而沒有總編輯，這是過去聞所未聞的，我哈哈大笑，當作笑料而置之不答。

想不到這兩個人就是《文匯報》的兩個主要董事，其中之一，就是後來多年任《文匯報》總經理的嚴寶禮，另一個叫徐恥痕，當時還兼任《新聞報》的本市新聞版編輯。

果然，沒有過幾天，在報販叫賣一連串新的報名中，出現了《文匯報》。我買一份看看，印刷字體依稀可以辨出《大公報》的痕跡，而版面凌亂，標題幼稚，看不出什麼特色，而報頭下，卻赫然寫明英商出版，發行人為克明。

就在那天晚上，一個同鄉叫儲玉坤的來訪問我。他在國民黨中央政治大學新聞系將畢業前，曾同幾個同學到《大公報》參觀實習，因而認識，畢業後，他進《新聞報》當助理編輯。

見面後，他告訴我，因為《新聞報》接受敵方檢查，已和郭步陶等幾個老編輯一起辭職了。我問他現在做什麼？他說，已由徐恥痕介紹，參加《文匯報》，擔任國際新聞版編輯。接著他談到這次來訪的目的，說《文匯報》想請我寫社論。我聽了暗中好笑，這個報先是沒有總編輯，出版了還要找人寫社論，真是怪事年年有，此時特別多。

主要由於多年忙碌於新聞工作，現在閒了半個多月，實在想找些工作做做。於是就問，每星期寫幾篇？他說："七篇"。接著他連忙解釋說，《文匯報》實在沒有人寫，請老兄每天寫一篇。至於報酬，目前經濟困難，暫定每篇稿費四元，按篇計算。我問，這個報是否主張抗日的？他肯定地說：是的。這樣，我就把這任務接受下來了。告訴他，明天可以開始交稿，並經商定，以後每天晚飯前，由報館派人到我家取稿。

他走後，我去找留在上海的舊同事楊歷樵兄，告訴他《文匯報》約稿經過，請他分擔寫些有關純國際問題的社論稿，他最後也同意了。答應每個月寫十篇，其餘二十到二十一篇由我寫。

對於寫報紙的社論，其實我還是生手，只是在漢口《大光報》寫過幾篇，後來編寫《國聞周報》的"一周時事述評"，也沒有長篇大論的議論。現在，每隔一天就要連寫兩篇，分量是不輕的，也許是"初生之犢不畏虎"吧。我當時有信心可以擔當，而且可以寫好，就開始寫了主要精神是支持抗戰到底，鼓勵上海人民團結對抗周圍惡勢力的幼稚而態度明朗的社論。

我的社論見報大約只有四五天，《文匯報》經理部（在四馬路福建路以東，原是《大公報》的代辦部，由嚴寶禮向李子寬商量轉租的）就被敵偽暴徒扔了炸彈，營業員陳桐軒君當場殉難，廣告主任也被炸傷了。這事發生後，我打電話問儲玉坤，社論還要不要繼續寫。他說還要請寫下去。我說，"最好問問你們的主持人，如果要寫，我的論調是不改變的。"過了一會，他又拿起電話說："已問過了，還請你照樣寫。"

過了幾天，楊歷樵對我說："我們給文匯報寫稿的事，大概李子寬他們已知道了。"我說："何以見得。"他說："昨天我去《大公報》，子寬問我：'我看《文匯報》社論的筆調，很像《大公報》，大概是《大公報》的人寫的吧，你知道是誰嗎？'我說不知道。”我説：“那有什麼，你就告訴他是我們兩人寫的，如果老兄不方便，（因為楊並未被遣散）就説是我一個人寫的好了。”

2月28日 正月十一　星期一

昨晚在電視中再看《大浪淘沙》。這片子在文化大革命前好像沒有看過，寫大革命時代知識分子，特別是青年在革命風暴中有的前進，有的落伍，有的從動搖到堅決，有的在失敗面前退出革命，有的則本來是投機。但不是教條、概念化的，人物的個性刻畫也相當細微。這樣一部片子，竟被禁閉了十幾年，幾乎見不了天日，真是可嘆。

天氣還是溫暖如春，難道今年冷得厲害，春也來得早嗎！

昨天寫到楊歷樵被盤問。原來，真正要盤問這件事的，並不是李子寬。

就在楊告訴我此事的第二天，胡政之派他的汽車來接我去談談。他那時住在辣斐坊，離我住的萬福坊只有一箭之地，本來用不著坐汽車，這樣鄭重的邀請，是異乎尋常的，特別是對於已被他一腳踢開了的我，更有“受寵若驚”之感。

他滿臉笑容地在客廳裏迎接我，並彷彿很關心地問我的生活情況，然後，好像不經意地問：“我連天看《文匯報》的社論，很像是我們《大公報》的人寫的，你知道是誰嗎？”

“就是我。”我直率地說。他毫不感到意外，接著說：“寫得很好。你看估計，這個報的態度會不會變？能容許你這樣寫下去麼？”

“我想它暫時不會變。”“你有什麼根據。”“當它吃了炸彈後，我曾鄭重問它的主持人，社論是否繼續寫？如果要改變態度，我就不再寫了。他們表示很堅決。還有，聽說自從被炸後，訂報的門庭若市，為了營業前途，我想，他們至少暫時不會改變態度。”

他點了點頭，然後說：“我有一個打算，想請你商量一下。我想和他們合作，投資一萬元，條件是由你和文彬（原《大公報》採訪主任）參加進去，你主持言論、編輯，文彬擔任本市新聞編輯兼採訪主任。”

“那末，經理部是否也要派人參加？”我問。

他說：“不派人參加。我們的目的不在於營利，只要它始終不改變態度就好了。假如你同意，我就叫子寬找他們談。”我當然沒有意見，就欣然告辭。

為了把事情說清楚，有必要把《文匯報》如何產生的經過簡單談一下。這是嚴寶禮的結拜兄弟，也是《文匯報》的最初的股東之一，後來到編輯部來向我“學習”編輯工作的余鴻翔向我詳細談的。

原來，在當時的十里洋場上，有不少尋歡作樂的場所，頭等的是洋人的俱樂部，如英商俱樂部、法國總會，義商總會等等；其次是中國買辦階級、大資產者所組織的各種組織，他們大抵也有自建的房屋、場地。等而下之，則往往在大旅館中包定一個長房間，打牌、吃酒，甚至抽鴉片、叫條子。這類組織，“會員”大抵是相當固定的，開支主要靠賭博抽“頭”。

在新新百貨公司的新新旅館裏，有一個這樣的長房間，據說遠在“八一三”抗戰以前，早就“成立”了。它的成員，主要是滬寧、滬杭兩路局的職員，嚴寶禮就是其中最活躍的一個。他是路局會計課的稽核，他和余鴻翔等九人結了“金蘭”，號稱“十兄弟”，他們都跟著嚴參加了這個俱樂部。嚴還利用路局的關係，辦了一個“交通廣告公司”，主要包辦路牌廣告，附帶經營報紙廣告。因此，結識了新聞界的嚴獨鶴、徐恥痕等人，他們也成了這個俱樂部的成員。

“八一三”抗戰爆發不久，閘北首先陷於敵手，路局首先把大部職工遣散了。嚴寶禮等十兄弟，都得了相當多的一筆遣散費。當時，租界裏已逐漸感到糧荒，嚴的故鄉吳江是江南有名的魚米鄉之一，他發起籌集一筆款子，到吳江、蘇州去販米。想不到嚴的腦筋動得快，局勢的發展比它更快，他的款子還沒有收齊，敵人控制了糧食的輸運，把上海的向外水陸交通切斷了。

怎麼辦呢？正好，這時候，《申報》、《大公報》等停刊，大概是徐恥痕等建議，不妨辦張報試試運氣，辦不好，也可以搶頂“帽子”撈幾個錢。於是《文匯報》就應運誕生了。

他們知道，此時辦報要避免檢查，只有掛洋商招牌，恰好這個俱樂部的成員中有一個叫方伯奮的，是跑馬廳的職員之一英人克明的秘書，而克明曾在久已停刊的英文《文匯報》中擔任過記者。因此，由方居間談判，請克明掛個董事長兼總主筆的名義，向英國總領事館註了冊（登記），實際負責是董事會，嚴寶禮、徐恥痕、方伯奮，還有辦小報的胡雄飛和開佛學書局的沈彬瀚。後二人也是這個俱樂部的成員。這五個人就是董事。

資本最初定為一萬元，但到創刊時，實際沒有收足七千元。嚴兼任經理，胡雄飛任副經理兼廣告主任。請曾在《民報》擔任過編輯的胡惠生任總編輯，而徐恥痕則兼任編輯部秘書，一切編輯部開支都他簽字，實際是編輯部的監督。

轉租了《大公報》的代辦部作為社址，租用原《大公報》的編輯部；《大公報》不僅代為印刷，而且所用的白報紙也是由《大公報》墊借的。到李子寬去找嚴寶禮談判合作的時候，嚴手中的現款已差不多用光了，他們當時需要的正是強有力的編輯幹部和資金，而《大公報》方面又不要派人參加他們的管理部門，所以雙方一拍即合，談判立即順利完成了。

《文匯報》方面提出的主要合作條件，即原發起股一萬元升值為二萬元。這樣，他們實際拿出的不足七千元變成了兩萬，《大公報》實際拿出一萬元，卻只佔總股本的三分之一。看來，是很吃虧的，胡政之一向精於打算盤的，怎麼肯做這樣不合算的買賣呢？

過了大約半年，李子寬才向我透露了此中底細。原來，蔣介石在武漢秘密交給張季鸞兩萬元，要《大公報》改名辦一張洋商報，大概也是想在上海保留一塊陣地吧。所以，胡就向法租界公董局要求辦一張法商報，法租界當局不敢得罪日方，沒有批准。胡因此轉了《文匯報》的念頭，而且條件是這樣遷就。另外，胡不僅從兩萬中揩油了一萬，而且，就是這一萬元，也沒有掏出現款，是暫用白報紙和代印的印刷費作為股款分月繳付。我當時不明底細，以為他是吃虧、大方，豈知他和嚴寶禮這兩把算盤都是打得很精的，真是各得其所、交易而遇。

不久，胡就帶著他結婚夫人去香港，把這兩萬元當作創刊《大公報》香港版的經費。

我於一九三八年二月到《文匯報》“上任”，名義是主筆，實際上，是全部控制編輯部，除社論由我執筆或審改外，各版的稿件都由我看後，交給胡惠生（還保留他的總編輯名義）打上“照發”的圖章，他看到我還尊重他，“印把子”在手，也就很滿意了。

要聞版開始也由我編輯的，不久，覺得管的事實在太忙亂，就把原在《大公報》編輯部任庶務工作的程玉西介紹進來，先教他發一些不重要的短條新聞，以後嚴寶禮又介紹他的結拜兄弟余鴻翔到編輯部來，説是跟我學習，硬要拜我做老師。這樣我在要聞版有了兩個助手。不久，《文匯報》業務突飛猛進，由兩張擴充為日出四張，要聞版也由一版擴成兩版，把曾任《時事新報》編輯的朱雲光邀請參加。

《文匯報》發展迅速，是嚴寶禮等始料所不及的。從下面這一件事就可以説明。我參加時，他給我定的薪額是四百元，同時，他好像非常抱歉地説："目前營業情況不好，只能按四折實付，即每月實付一百六十元。至於社論，還是按篇四元計算。將來，如報紙銷到五千份，廣告每月收入達五千元，即改五折計算，社論也改為五元一篇。假如，銷數及廣告費都能突破一萬，那就都十足付酬。"我當時連社論稿費，每月有二百多元收入，也心滿意足了。

在嚴寶禮等《文匯報》主持人的想象中，銷數達一萬，廣告費達一萬，這兩個"一萬"目標，即使不是不可能達到，也是遙遠將來的事。所以，他定一般編輯的薪金，都在一百五十元到二百元，校對是八十元，這在當時上海的報界，標準是很高的。在嚴等的心目中，這僅是一種"空心湯糰"而已。

想不到形勢的發展，遠遠超出了他們的想象，發行數三月份就突破了一萬，四月達一萬五千以上，廣告收入三月份就超過兩萬。這就造成了嚴寶禮新的"被動"，要十足支付票面的薪資罷，實在有所不甘，當然，不能再是四折了，一再來編輯部嘆苦經，説報社開支如何猛增，現金如何難以周轉，決定一律改為八折支付。儘管後來《文匯報》的發行數增高達五萬九千份，廣告費收入曾突破十萬元，直到一九三九年五月被迫停刊，始終是維持這個八折付薪的。

《文匯報》所以發展如此迅速，不是由於任何個人的努力，更不是我有什麼廣大的"神通"，主要是由於廣大讀者的支持。當時，五百多萬"孤島"人民，在日本侵略者的壓迫下，急切需要聽到抗戰的聲音、勝利的聲音、民族的聲音，而當時上海出版的報紙，《新申報》、《生活日報》（是紅幫頭子徐朗西辦的漢奸報）等敵偽報紙當然為愛國的上海人民所不齒，老牌報紙如《新聞報》和《時報》也因接受敵方檢查而營業一落千丈，就是掛洋商牌子的報紙，如《大美晚報》的中文版（早為宋子文所收買，由宋的親信張似旭任總編輯）也報導一些中國抗戰的消息，但總是以第三者的口氣記述，評論更不著邊際。

我主持《文匯報》編輯工作後，首先在這方面作了"突破"，即報紙儘管掛著英商招牌，但老老實實表明，編輯這張紙的，是愛國的中國人，牢牢站在中國人的主場，說些自以為愛國的中國人民要說和應該說的話。無論新聞、言論，都不用中立、第三者的口氣，而是乾乾脆脆，說中國人該說的話，刊載中國人民想要知道的新聞。

我想，當時《文匯報》之所以受到孤島廣大讀者的歡迎，原因主要就在這裏。當時《文匯報》的編輯部成員，可以說是烏合之眾。對於主持一個報紙的言論、編輯工作，我還是一個"新兵"。不可能有其他任何的特色。

大約在那年四五月間，有一天截稿遲了，我看完了大樣，第一批報紙送出後，才離館回家，沒有坐汽車，在大世界附近吃了點心，一路步行回家。經過當時的"法國公園"（復興公園）時，特地進去吸點新鮮空氣。看到水池四周，坐著的人都低頭在看報，我從後面一個個看去，全是看的《文匯報》，無一例外。我當時真是百感交集，既驚且喜，又感又愧，深深感到自己肩頭的沉重。

天氣溫暖如春。

3月1日 正月十二　　星期二　　晴（8℃ — 18℃）

今天已暴暖如春，把駝絨厚棉襖換了絲棉薄襖，中午時猶覺過熱。氣象預報，北方又有一股較強的冷空氣南下了。

菜場蔬菜供應仍緊張。我們還是吃的年菜。我的胃病，自春節前重發後，食欲一直不振，這兩天，基本上已痊癒了。

《文匯報》態度明朗，公開抗日，日本侵略者當然不會輕易放過，而且，它們的嗅覺很靈。不久，上海出版的日文報紙《日日新聞》刊載了一篇《上海新聞紙鳥瞰》，說《文匯報》內部有兩派，一派是以經理部為中心的投機派，一派是以主筆徐鑄成為首的抗日派。我這個名不見經傳的新聞界小卒，正如當時一家小報所說的“像彗星經天一樣，一夜之間，成為新聞界的名人了”。

我主持《文匯報》不久，漢奸傅筱庵等醞釀成立所謂“上海大道市政府”，《文匯報》當然揭斥了這幕醜劇。有一天，報館收到有人送來的一個匣子，上面寫著“徐主筆親收”。這個送來的人，放下就溜走了。外面是一個裝熱水瓶的硬紙匣，永安公司的印記尚新。打開一看，放著一條血淋淋的手臂，顯然是日寇在殘殺我們同胞的屍體上剁下來的。上面還粘著一張血跡斑斑的紙條，寫著這樣幾個字：“徐主筆，如不改你的毒筆，有如此手。”

大約又過了一兩個月，漢奸梁鴻志等，在敵方的支持下，籌備在南京成立傀儡政權——“維新政府”。我在這個偽府成立的那天報上，寫了一篇社論，題為“僵屍‘復活’”，明白指出這是一群魔鬼藉著中華民國的屍體“復活”的。其實，這個鬼把戲，一般愛國的人民都是看得很清楚的。過了幾天，忽然有一個一品香旅館的“茶房”送來了一筐水果，上面也寫著：“編輯部徐主筆親收。”筐裏附有一個條子：“欽佩你愛國熱忱，聊表敬意。”報社把這個茶房扣下，連同這筐水果，送往巡捕房。經捕房化驗，每一個蘋果和橘子都打了劇毒的藥水針。據這個茶房供稱，是一個日本人到一品香開了房間，叫他送到報館來的。

這個消息，在當天的《大美晚報》上刊登出來了。傍晚我到報社，接到滬江大學校長劉湛恩先生的電話，他問，《文匯報》有沒有一個姓劉的記者住在他那條弄堂裏。我說沒有，並問他為什麼要打聽這事？他說："晚報上登了你們收到毒汁水果的消息，恰好我今天也收到一筐，上面只寫'劉先生收'，我疑心是送錯了。"我說："劉先生，恐怕不是送錯，你還是留心些好。"因為我早已風聞，漢奸溫宗堯曾勸說劉下水去南京當什麼"教育部長"，劉不僅堅決拒絕，還反覆勸告溫不要幹這種出賣靈魂的勾當。

過了兩天，劉湛恩先生就被漢奸狙擊逝世了。

我們加緊了防衛措施，向巡捕房請來了一個"請願警"，弄堂口和編輯部的樓梯口各加了一道鐵門。我自己每次上下班，汽車不開到報館，在不一定什麼地方上下車，有時也化了點妝。在空氣最緊張的幾天，我們在附近的大方飯店頂樓開了一個房間。這間房間原是他們的董事會會議室，是獨立的一間，樓梯口原來裝有鐵門。我們幾個主要編輯，下了班就在那裏住宿，不回家去。在上班前，總有人先到報社附近看看有無形跡可疑的人。

雖然如此，我往往還在下午或晚上上班前，溜到附近幾個書場去聽評彈，當時我特別欣賞夏荷生彈唱的"描金鳳"，凡是他登台的書場，我總偷偷地溜進去聽了就走。這不是我大膽冒險，我估量，這些漢奸暴徒，決不會想到我這個大主筆會到像自來火街、五馬路口這種小茶樓裏去聽書的。

我當時還保了五千元的人壽險。每月大概要交一二十元的保險費。我想，我可能也遭到劉湛恩一樣的下場，而我並沒有什麼積蓄，出了事，我的妻兒可以靠這五千元暫維生活。

我還寄了一筆錢給我遠在保定的父母親，請他們輕易不要花去，留作一旦要逃難的費用。

沒想到，這筆錢不久卻解決了我父母的大問題。我父親在保定車站當一名小職員，當他有一天清晨去上班時，全車站的職員大都已乘坐一列撤退的車子南逃了，只拋下了像我父親那樣幾個小職員。我父母投訴無門，只好跟了一個領導逃到安國縣的鄉間躲避了幾個月，後來輾轉到了北平，寄住在我舅舅家。我得信後，匯去一筆旅費，託天津一個朋友代購了船票，才到了上海。

毒水果事件以後，敵偽還不時對《文匯報》進行恫嚇、破壞，記得有一次是一個人混進了機器房，説是來找他的一個朋友，前言不搭後語，支吾了幾句就走了，想不到他乘我們工友忙亂之際，在印報機下塞進一個定時炸彈，幸而爆炸力不大，只炸傷了一角，經過搶修，沒有影響印報。

3月2日 正月十三　　星期三　　陰雨（4℃—5℃）

當時，我們不僅要對付敵人的威脅，還要應付那些英國人，特別是那個掛著《文匯報》董事長兼總主筆招牌的英國流氓克明。

這個流氓在英文《文匯報》停刊後，一直在跑馬廳鬼混，靠敲詐謀生，據説還欠了一身債。所以，當方伯奮拉攏他來當《文匯報》的名義主持人時，他欣然同意，每月給他一百元車馬費，他也很滿意，答應不干涉報社的事，只向“領事公館”（他們對領事館的稱呼）去頂個名。

我進《文匯報》不久，他看到報館有了“苗頭”，就向嚴寶禮要求增加“車馬費”，嚴給了他每月三百元，他還不滿足，說是要派他的兒子小克明來當董事長秘書，實際是每月多敲一百元竹槓。

又過不了一個月，他找了一個據說是滙豐銀行的會計師來館查賬。查的結果，說是根據《文匯報》的資金及目前收支狀況，原來票面二十元一股的《文匯報》股票，實值三百元，“水漲船高”，他要求他的董事長薪給改為每月一千元，他的兒子小克明，作為他的秘書，也要“升值”為三百元。否則，他就不幹。方伯奮從中做人做鬼，威脅利誘，結果，嚴寶禮忍痛答應了。

但是，這個傢伙是欲壑難填的，他不費絲毫氣力，白白剝削了我們每月一千三百元，生活闊綽了，在愚園路租住了一幢大洋房，儼然是一個“紳士”了，但還想進一步實際插手《文匯報》。

有一天，嚴寶禮說克明想請我吃飯，順便談談。我和嚴同車到了他的愚園路新居。這是我第一次見到他，高高的個子，年紀不到五十歲，一口上海話，很客氣地招待我。他不僅請了有名的廚師，還在底層設了一個“酒吧”間，僱一個中國人穿著白衣服樽酒待客。

他先是恭維了我一頓，說我的文章寫得怎樣好，報編得怎樣出色。然後，慢慢地轉入正題，他說：“我在領事館裏有很多老朋友，他們都說，《文匯報》很有希望，可以辦得像一張中文的《字林西報》（當時上海出版的英國報紙）。如果這樣，總領事可以通知所有上海的洋行、商店、銀行都把告白（廣告）刊登《文匯報》，那時，《文匯報》真正站住了，造房子、買機器，都不成問題了。”接著，他畫龍點睛地說：“密司脫徐，你這支筆是沒有說的，呱呱叫，最好在寫文章的語氣上，學學《字林西報》。”我故意不解地說：“我辦的是中文報，怎樣向英文報學呢？”他說：“同樣說一句話，不可以說得緩和些嗎？”我反問說：“假如日本人打到你們英倫三島，英國報紙的語調會緩和嗎？”嚴寶禮看到雙方碰僵了，連忙把話岔開，這次談話，就這樣不歡而散了。

以後，他幾次叫嚴把有關抗戰的消息先打下小樣給他送去，我堅決拒絕。不久，他對嚴寶禮説，《文匯報》的抗戰消息都不真實，一定要把跑這方面新聞的記者開除。這顯然是殺雞給猴子看，矛頭是針對我的。我堅決反對。這位記者（邵伯南，解放後曾任《天津日報》總編）願意到武漢去採訪，我們就派他任駐漢記者。後來，他得到董必武的支持，在武漢淪陷前就到解放區去了。

我和克明的衝突，終於表面化了。五九國恥紀念的前一天，嚴寶禮對我説：“克明今晚截稿前要來編輯部看看稿子。”我知道一場暴風雨是不可避免了，先把社論寫好付排，然後關照了程玉西等，就溜到大方飯店去等候下文。

到了午夜三時左右，程來電話，説克明已來過了，硬要看社論小樣，塗改了很多。我説：“不理他，一個字也不改。”

第二天下午，我正在編輯部看副刊大樣，嚴寶禮同克明來了。克明怒氣衝衝地説：“我改的稿子為什麼不算數？”我説：“這是我的職責。”他怒吼説：“我是總主筆，要殺我的頭的。”我説：“日本人也知道你只是掛個名，你放心，不會殺到你的頭上的。”他説：“既然這樣，我和你勢不兩立，有我就沒有你。”我笑著説：“好，既然這樣，我先給你機會，我辭職，讓你來幹。”説完，我就離開了編輯部。

過了一會，嚴寶禮趕到大方飯店，説：“算了，克明現在也很後悔，以後大概他不會再干涉你的事了。”我嚴肅地説：“不能就此算數，他這話是當著編輯部很多人面前講的，是賴不了的。他不離開《文匯報》，我絕不再回去。”

嚴寶禮雖然不去得罪克明，但他心裏明白，《文匯報》離不開我，編輯部同事們都和我團結得很好，排字工人們更不必說，不要說克明，任何人也代替不了我當時的職務。

當晚，嚴寶禮對我說，克明決定辭職了。他說，已改請怡和洋行的路易·喬治繼任董事長，不再設總主筆這個名義了。

從那天起，原來報頭下“發行人克明”，改為“發行者：英商文匯出版公司”。名義上，克明是鎩羽而去了。實際上呢，據余鴻翔事後告訴我，董事會和克明商量的結果，由克明推薦路易·喬治暫代董事長，每月三百元車馬費，從克明的一千元內撥付。這個流氓，碰了硬釘子，只好自己轉彎了。就這樣，他還白白地每月從《文匯報》搶去一千元。

又過了一個多月，嚴寶禮對我說：“喬治這個人沒有魄力，什麼事找他都不置可否，不如克明這人爽氣，我看，還是讓克明來掛一個空名吧。”我說：“找誰來，是你們董事會的事，我無權干涉。但克明既然說過和我勢不兩立的話，那他就先得公開聲明取消這句話。至於喬治，我從未見過這個人。我們找這些英國人，本來是像僱一名紅頭阿三一樣，叫他立在大門口擺擺樣子的，他不管事，倒還是他的老實處，有什麼不好呢？”嚴從此就不再提這事了。

以後，嚴不知又從哪裏找來了一個叫愛德華的來寫什麼英文評論。據說此人曾任工部局會辦，又曾任萊士德學院（設在虹口）院長。我看他寫的都是些不痛不癢的東西，也就聽其每周在報上發表一篇。此外，嚴還找了一個名為傑克的人來當顧問，所說是工部局的什麼專員；嚴說此人消息極靈通，如有敵方或工部局方面有將不利於《文匯報》的行動，他會先告訴我們。

總之，因為《文匯報》當時賺了錢，又有了好的名聲，這些外國蛀蟲也千方百計想敲竹槓，像克明這樣的流氓，更企圖攫取《文匯報》，以便利他進一步在上海灘搞冒險的勾當。他碰了釘子是不甘心的，他還在尋找機會施展他的陰謀，而幾個中國董事中，方伯奮本來是他的走狗不必說，其他幾個人，也被他威脅利誘，一步步落入他的蛛網，成為他施展鬼蜮伎倆的工具。他究竟還搞了什麼陰謀，下面將詳細敘述。

今天又突然轉冷，據氣象報告，最高溫度降下了十一度，昨天剛換下的厚棉襖又穿上了。

這幾天，連天上午搞運動，聯繫本單位實際，揭批“四人幫”，大字報貼出了不少。

起辛曾孫女來訪問，送來糯米及米粉等。據說，蘇州秩序較前安定，但蔬菜供應主要靠黑市，雞及雞蛋等都要糧票調換。

3月3日 正月十四　　星期四　多雲到晴（-2℃ — 8℃）

上午十時，赴醫院診視後，即步行至王家沙，購尼龍方巾一（三點九四元），擬送小紅。回家後，即與妻同至萬福坊口，則起辛已回蘇矣，將禮物託舜卿有便帶蘇。

中午及晚上都在錫妹處吃飯，因小和今天回皖。晚七時半，送小和至萬福坊口，我們即回家。

明天就是舊曆元宵，也稱燈節，記得兒時一般小康之家，兒童也總要買燈，從初十左右起，每晚點一支蠟燭（一二文錢），可點約半小時，普通提的是金魚燈，也有兔子燈，大的兔子燈有輪子可拉著走。有些富裕家子弟，則有馬燈，胸前繫一個馬頭，身後綁一個馬屁股，各點一燭，手中揚著馬鞭。我小時常常羨慕這些而無力購買。所以，當我有了孩子的時候，新年總給他買走馬燈等，讓孩子們高興，也為了填補我自己兒時的缺憾。

今天，就寫那末一點片斷回憶罷。

今天醫院給我量的血壓是九十到一百五十。

接復復來信，附來布票，連同前幾天霖霖寄來的共四丈多，擬換今年新票，以便他來滬應用。

3月4日 正月十五 元宵　　星期五　　晴（-2℃ — 10℃）

今日上午，室內繼續開批判會，戚銘渠最後傳達，上海市委向中央報告上海運動情況，其中有一條，肯定上海的工宣隊是"四人幫"推行反革命極右路綫，向黨奪權的工具。中央肯定了上海市委的報告，作為今年中央第七號文件分發各省市。

今天發表的《紅旗》三月號社論，也高度評價上海人民鬥爭"四人幫"的經驗。其中有一點提法特別可注意，已把"四人幫"在上海的"餘黨"改稱"死黨"，可見馬、徐、王等的性質已經升級了。

午後又買了油、糖、皂、香煙等。本月份，每人又加了半斤糖，可見中央還是關心上海人民的生活的。

抗戰時的《文匯報》，不僅要應付敵偽方面和英國流氓分子的威脅，還要應付來自國民黨各種反動勢力的誘脅。

我進《文匯報》不久，看到本市新聞編輯把國民黨市黨部的油印稿"告全市人民書"編發，我毅然撤銷了。我當時認為，我們主張抗戰到底，應該在自己的言論上，採訪和編輯態度上，立場鮮明，而不能做別人的宣傳工具。這些黨棍們，平時欺壓人民；上海抗戰失敗後，他們躲在租界，不顧孤島人民的死活，也不和敵人、漢奸們作針鋒相對的鬥爭，只是在什麼紀念日印了廉價的宣傳品，想報紙代它轉載，以欺騙人民、表示它的存在，好向國民黨中央機關報功。我們是獨立的民間報紙，不能有意無意做他們的工具。

沒有多久，這些黨棍們，就大批大批地投降敵人，有些甚至當了敵偽七十六號[1]的兇惡幹將了。

此外，我們還先後抵制了國民黨各派系先後向《文匯報》伸出的收買、攫取的陰謀。

首先是孔祥熙。我進《文匯報》後，因為自己要發要聞稿子，還要審閱其他各版的稿子，社論實在不可能多寫，同時，楊歷樵去香港，國際方面的文章沒有人寫，因此，關照儲玉坤寫些純國際的社論，經濟編輯魏友棐寫經濟方面的文章。後來，李子寬又介紹當時在哈瓦斯通信社工作的費彝民和王芸生的朋友李秋生二人來幫著寫社論，每人每星期寫一篇。據李介紹，李秋生在大革命國共合作時，曾和王芸生一起在當時的上海市黨部工作過。他們為《文匯報》寫社論，是特約性質，沒有名義、每篇致酬八元。

李寫稿後不久，就介紹兩個人通過李子寬和嚴寶禮見面。這事引起了我的注意，經我追問之下，嚴告訴我，這兩個人一叫胡鄂公，一叫錢納水。我知道胡鄂公是國民黨的老政客，一向慣於

1 即汪偽特工總部七十六號，是汪偽政府的特務組織，全稱為"國民黨中央執行委員會特務委員會特工總部"，位於上海的極斯菲爾路七十六號。

出賣風雲雷雨的。錢這人我不清楚底細。嚴並告訴我，胡是孔祥熙的駐滬代表，他是來《文匯報》談“合作”的事的。我問：怎樣“合作”呢？嚴説，孔準備投資五萬元，條件是派錢納水來當副總編輯，另外，派一個人來當會計主任。我表示堅決反對接受任何政治性的投資（我當時還不知道《大公報》的一萬元是國民政府出的，就是政治性的投資），同時，也表示決不接受任何方面派人參加編輯部。嚴看到我的態度堅決，更主要的是當時《文匯報》營業發展很快，不願別人來分流他們的巨額利潤，更不願別人來插手他的會計部門。因此，這個買賣沒有做成。

又過了些時候，《民報》（即《民國日報》）的一個留滬人員來找嚴，説《民報》的機器押在一家銀行裏，可以借給《文匯報》用。嚴聽了很高興，對我説：“《文匯報》沒有自己的印刷設備，總不是辦法，一旦抗戰結束（他也認為抗戰不久就要結束的。當時我的認識，當然也沒想到抗戰的長期性和艱苦性），《大公報》要復刊，《文匯報》的印刷問題就困難了。應該早作根本的打算。”因此，嚴欣然同這個人去銀行倉庫看了這個印報機。據説，只向銀行押一萬元。嚴滿以為拿出一萬元，再給這個人一點好處，這個機器就可以到手了。當時，嚴拿出一萬元，是輕而易舉的。哪裏知道，過了一個多月，這個人拿了一個從漢口打來的電報給嚴看，原來是國民黨中宣部長周佛海（當時還未隨汪精衛投敵）發來的，大意説，如果《文匯報》接受中宣部的“指導”，這部機器可以調撥給該報。很顯然，這部機器只是一個釣餌，目的要《文匯報》上鈎。出了一萬元去換回一部機器，還要寫一張賣身契，嚴寶禮也知道是不上算的，以後就不再談了。但嚴並未中止暗中和國民黨的聯繫，他向從中拉攏此事的國民黨中宣部駐滬人士陳克文、陳訓悆（陳布雷的兄弟）二人各送了二千元《文匯報》的“乾股”。此事，到翌年克明企圖出賣《文匯報》因而召開全體股東會時，我才知道。這兩個“陳”，我是早在電話上領“教”過的，“八一三”前，他們是上海新聞檢查處的正副處長，我在《大公報》時曾不時和他們打交道，但直到那次股東會前，一直沒見過面。

最後一個向《文匯報》佈網的是宋子文，他當時是國民黨政府的財政部長。

正當《文匯報》發行和廣告額直綫上升的時候，國民黨的“法幣”開始貶值，上海市場上出現了外匯黑市，報館的“生命綫”是進口的白報紙，它是要向銀行“結匯”去訂購的。到一九三八年底，官價和黑市的差額愈來愈大，大約已超過了一倍，也就是說，如果能“結”到官價外匯，同樣一筆錢就可以比從黑市購進的外匯買進一倍以上的白報紙。宋子文就以這個為武器，由中國銀行上海分行裏他的代理人出面，向嚴寶禮施加壓力，要《文匯報》受宋的控制（具體條件我不清楚），大概也因為條件太苛刻，嚴沒有接受。當然，從此以後，《文匯報》就一點官價外匯也“結”不到。而豈有此理的是，接受敵偽檢查、一般人民目為準漢奸報的《新聞報》等，卻可以無限制地得到官價外匯。以後，隨著“法幣”的惡性膨脹，黑市和“官價”的差額越來越懸殊，使《文匯報》的經濟情況日益惡化。

對於一張影響較大的報紙，國民黨總是千方百計企圖控制，控制不了，就千方百計加以扼殺。

當時的《文匯報》，主要是宣傳抗戰，而且就我和編輯部其他主要成員來說，當時根本不認識共產黨人，也從未有意識地宣傳八路軍和新四軍的抗戰業績。我們單純地宣傳抗戰，實際上是宣傳國民政府的抗戰。就這樣一張對他們客觀上極有利的宣傳工具，結果，還是被他們用經濟的繩索勒死了。

雖然，謀殺《文匯報》的還有敵偽、英國流氓克明，而其中也包括孔、宋等，還有嚴寶禮及其他四個董事的自戕。所有這些其他因素，以及《文匯報》被勒殺的過程，以後還要較詳細地敘述。

3月5日 正月十六　　星期六　　晴（-2℃ — 14℃）

今天，小組討論前昨兩天批判會的內容。

報上發表中央號召全國學習雷鋒。鄭州和北京鐵路局發起開展競賽。

冷空氣已過去，又呈現初春氣息。

在孤島的上海，鬥爭是複雜的。但鬥爭雙方，壁壘很分明，態度很清楚。屬抗戰陣營的，除《文匯報》外，還有《導報》和《譯報》。《導報》由惲逸群主編。《譯報》最初只譯載一些外文報導中有利於中國抗戰的報導，後來也成為一般報紙。它們都掛著美商招牌，立場是進步的，我和惲等保持一定的接觸，特別是在"七七"、"八一三"、"九一八"等重要紀念日來臨前，協調如何對付敵偽和工部局的壓力。後出的《大英夜報》，開始看不出它是什麼態度。《中美日報》一眼就看出它是國民黨 CC 派的報紙。

公開的漢奸報有《中華日報》等，也有表面上主張抗日實際上拿著敵偽的錢辦的報紙，如《華美晚報》，至於老牌報紙《新聞報》則那時還表現為灰色，《時報》則赤裸裸地站到漢奸立場上去了。

當時上海有一個十分狡獪的漢奸掮客錢芥塵，此人自己很少出面，專幹拖人落水的勾當。"九一八"後，曾有一批上海大小報記者赴日"參觀"。據說，這些人的"旅費"是敵海軍報道部出的，而從中拉攏組織的就是錢芥塵。他不僅用金錢拉攏人，還私印了淫書投人所好，偷偷送人，讓人不知不覺落入他的圈套。當時，上海的紅幫流氓頭子徐朗西和牌子最老的小報《晶報》的余大雄勾搭在一起，徐朗西辦了一張《生活日報》，余大雄則把《晶報》從專談風花雪月改成為兼登時事的報紙，表面上態度中立，實際是徹頭徹尾的漢奸報。據說，在他們後面牽綫的就是錢芥塵。

上海的廣大人民，對這些為虎作倀的漢奸是痛恨的。《生活日報》的主編錢華，原是《申報》的記者，不久就被人殺死了。余大雄也在敵偽的巢穴新亞酒店裏被人用斧頭劈死。而錢芥塵不僅在抗戰勝利後一變而成為國民黨特務組織的成員，解放初期，還逍遙法外，甚至在當時出版的小報上化名大寫國民黨特務內幕的連載。有一天，我去宦鄉家閒談，看到桌子上赫然有著錢的名片。我問宦："此人你怎麼認識？" 他說："他來拜訪幾次，我沒有見他。" 我說："此人萬萬不可接近！" 就把我所知道的一切跟宦談了。大約在一九五一年鎮反運動時，他才被鎮壓了。

和我同進《文匯報》的那個王某和徐朗西是陝西同鄉，也不知是他的嗅覺太遲鈍呢，還是不顧一切好出風頭，竟落入了徐朗西的圈套。有一天，《生活日報》刊出擴充版面、增加"七大周刊"的廣告，說周刊之一的"青年周刊"，由前《大公報》編輯王某主編。我看了很生氣，就問王："是該報造謠還是實有其事？" 王支吾其詞，不敢正面否認，我即和李子寬商量，把王辭退。李另外介紹一個也曾在《大公報》任過編輯的許君遠來填補王的空缺。

大約過了半年，我注意到晚報上刊出的破獲滬西賭窟的新聞，關照外勤詳細採訪。這些賭窟，都是漢奸、流氓在當時的所謂"越界築路區"開設的。第二天看報，並沒有這個消息。我就質問這個記者：為什麼不去採訪。他紅著臉說："以前也寫過這類稿子，但都被徐恥痕扣壓了。" 我聽了很生氣，徐當時名義上還兼著編輯部的秘書，我每晚上班前，他常來編輯部，不過那時他已不再掌握批發稿費之權了。我找嚴寶禮談及此事，希望嚴轉告徐恥痕，要他解釋為什麼扣壓這類新聞。嚴過了一天答覆我說，徐承認曾得了滬西賭場的錢，但他說這個姓許的也得了錢。

我聽了十分驚訝，嚴厲地問了許，許承認徐每月給了他五十元，已經有幾個月了。我勸他把錢退還給徐，並自動向嚴辭職。以後，我就不再補用《大公報》的老同事。這兩個人後來都被胡政之邀去參加了新創刊的《大公報》香港版。

這兩件事，説明當時的鬥爭十分複雜，不僅要面向敵偽，要應付租界當局的壓力，要排除那些英國流氓的破壞，還要留心內部的人出問題。

還有來自廣告方面的麻煩。照當時規定，廣告科應在晚飯前將各版廣告的劃樣送交編輯部。當《文匯報》營業興旺的那幾個月，廣告把新聞版面擠壓得很小，而且參差不齊，新聞十分難編。我給廣告科一個範圍，除報頭的那一版外，各版廣告不得超過二分之一版面，而且每版的右方廣告一定要整齊（因為當時報紙是直排右起，廣告參差，不好做題目），否則我有權把廣告劃去。為了這事，我每天上班後，廣告科總有人來和我討價還價，搞得很頭痛。

3月6日 正月十七　　星期日　　晴（4℃ — 19℃）

天氣又大溫暖，陽光燦爛，春氣逼人，又把薄棉襖換上了。全國開展轟轟烈烈的學習雷鋒運動。

這幾天，回憶了抗戰時《文匯報》所受到各方壓力，也談到了內部的情況，總的目的，都是為了説明當時那樣轟轟烈烈的一家為孤島人民所喜愛的報紙，最後是怎樣被摧毀的。摧毀《文匯報》的主要是敵偽暴力，和英國流氓克明以及租界英帝國主義。這方面，下面將細細敘述。從主觀上說，各種蛀蟲從內部蛀空，也是一個重要原因。

當時的經理部，主要骨幹全是“新新”俱樂部的成員，他們販米不成，換了辦報的投機買賣，一舉成功了，那幾個所謂董事，掏出了少得可憐的幾個錢，一下子就換來一個大報館，鈔票像流水一樣洶湧而來，他們像做夢一樣瘋狂地撈，瘋狂地花。

在五個董事中，嚴寶禮和胡雄飛這兩個人手伸得最長，撈得最窮兇極惡。一個兼任經理，把會計、出納總務全抓在自己手裏，各派一個“十兄弟”中一人把關，控制了經濟大權。胡雄飛兼副經理及廣告主任，抓住了廣告這個金庫的鑰匙。

嚴寶禮主辦了一個“交通廣告公司”（上面已經提到過了），胡雄飛也辦了一個“大東廣告公司”，僱了一批所謂廣告掮客。這些人，都由《文匯報》出錢，掛名為廣告員。

《文匯報》發行飛漲的時期，廣告是用不著拉的，廣告戶爭著要把他們的廣告在第二天的報上登出。胡雄飛等出了一個花樣，到《文匯報》門市部來送登的廣告，要十足收費，而通知廣告戶，如果是廣告公司送來的，第二天一定能見報，而且按七折或八折收費。這樣，所有的廣告，都被拉到廣告公司去了。當然，百分之八十以上是送到“大東”和“交通”這兩家公司，此外，有些主要廣告員自己也合夥掛了廣告公司的招牌，來分肥這百分之十幾。這些廣告公司，則都按六折的報館交款，有時還只交期票，期票變成現款，還要貼水。

這樣一來，《文匯報》往往可以收一萬元的廣告費，由於他們的“拉”住廣告公司轉一個彎，就變成了六千元了。其餘的四千元，大部分落入胡雄飛、嚴寶禮的腰包，一部分塞進廣告員和各商店、公司主辦廣告人員的口袋，而這些人，為了買賣順利，手續上無漏洞可尋，必須不斷地向胡、嚴送禮、請客。

如果以每月十萬元廣告額來計算，流進他們口袋裏的該有多少啊！

如是，新新俱樂部更加熱鬧，嚴寶禮成了南面之王。有一天晚上，嚴寶禮打電話給我，説有要事相商，請我到新新俱樂部去坐坐。我説工作忙，有事請他到編輯部來談。他説，新生做的“雞鬪”很好，你不要吃宵夜，來這裏嚐嚐，順便談談吧。我看完了小樣，乘車去“觀光”了一次。原來這個俱樂部是雙套的大房間，三間房裏，兩桌麻將，一桌“控花”（據説是寧波式賭博），床上煙燈，桌邊美女，洗澡間外，還特別僱有專用的修腳的。

嚴其實並沒有什麼要緊話和我商量，大概也不是想拉我下水，只是讓我觀光觀光，並以“雞鬪”慰勞我，表示好感吧。在我的記憶中，“雞鬪”是不錯的，用一個長方磁罐，裝了雞塊、土豆、火腿、蕃茄等等，上面用雞蛋和的麵糊封上一層，用火烤熟。據説，每罐售價一元。我因為受不了那裏的多種氣味（真是烏煙瘴氣），匆匆吃完就回到報館。

胡雄飛那時已不是新新俱樂部的常客，自己在永安公司附設的大東旅館新成立了一個“俱樂部”，聽説成員都是廣告員和主要廣告客戶。據余鴻翔告訴我，他曾去過，那裏的房間之大，排場之闊綽，人丁之興旺，花樣之五花八門，視新新為後來居上。

就這樣，還滿足不了這些人的銷金之夢。當時，跑馬廳每星期大概要跑兩天馬，跑馬廳大樓三層有一排帶有大陽台的房間。這是專為英國大班們所租用的，克明那時也長期包了一個，而嚴寶禮則是常客，克明藉此拉攏嚴，嚴則藉此躋身於洋人之林（他曾去南洋大學讀過一年書，後來在鐵路工作，當時滬寧鐵路的高級職員很多是英國人，所以他能説比洋涇浜較為正規的英語）。

那時，不僅嚴醉心於跑馬，而且在他的倡導下，經理部的一些地位較高的職員，也都趨之若鶩。每當跑馬廳開賽那天，經理部幾乎變相放半天假。我有時打電話去找人，接電話的公然回答："人都不在，到跑馬廳去了。"

一面是嚴肅的鬥爭，一面是荒淫無恥。在編輯部，我們是在一道大鐵門裏冒險工作；在經理部，則那批人在瘋狂撈錢，狂賭狂用。更令人氣憤的，上海廣大窮苦人民遭受敵人的凌辱，受租界當局的壓迫，受高物價的威脅，真是處身在水深火熱之中。而以抗戰為標榜，紙上也説得頭頭是道、激昂慷慨的《文匯報》，卻把讀者訂報的錢，被一部分人這樣花天酒地地浪費掉，怎不令人氣憤！

有了這樣一大批窮兇極惡的蛀蟲，有什麼大廈不會被蛀空？何況《文匯報》在經濟上並無真正的基礎，只是一所應時而起在沙丘上臨時搭起的木棚！

所有這一切，克明這個久經世故的傢伙是看清楚了的，他把嚴寶禮緊緊牽在手上，再叫方伯奮去勾引另外三個董事，等待時機，準備一舉把《文匯報》抓在他的手心裏，搞一個大冒險。

3月7日 正月十八　　**星期一**　　(6℃ — 22℃)

今天溫暖如春，脱下棉褲，改戴平帽，厚圍巾也不用了。

舊中國的報紙，一向以上海報紙發行量為最大，而上海的報中，《新聞報》長期佔著首位，發行數曾創造了日銷售十六萬份的最高峰。這個數字，今天看來是很可憐的，《人民日報》早已突破了百萬的大關。但在當時，能日銷一二萬份的已算是暢銷的了，像北京的報張，一般只有幾千份。我在漢口住了九年多，知道漢口只有一份對開的大型報，每天只印二百份，其中大部分還是送閱的，它所以還照常出版，目的只是向各機關，特別是"特稅處"等公賣鴉片的機關，領一份津貼而已。

《新聞報》所以長期保持最高的發行數，既不是由於它的內容充實，新聞翔實，更不是因為它態度公正敢於代人民發言，受讀者的歡迎。它所以銷這麼多報，不外以下幾個原因：一是牌子老，中國近代最老的報紙是《申報》（香港出版的不算，香港的《華字日報》創刊比《申報》還早），它創刊於一八七二年，《新聞報》創刊比《申報》後約二十年。所以我小的時候，一般要用報紙包包東西，總說："拿張申報紙來"或"拿張新聞報來"。可見它們早已深入江南一帶的人心，成為報紙的代名詞了。它們在外埠的銷路，也以江浙一帶為主。二是，面向工商界。《新聞報》的歷史要比《申報》短，但它對經濟新聞較為注意，每天有版詳盡的"行情表"，因此，不僅上海的商店幾乎都訂閱，就是外埠較大的商店，為了批銷上海貨，摸清行情，也多訂閱該報。三是張數多，它平時每天有五大張，星期天有"星期增刊"，還有"本埠增刊"四五張，每逢節日，張數更多，記得最多時達十六大張。本市訂報，每月積存它的舊報，賣給收舊貨的，至少可收回四五角錢，所以看《新聞報》，等於是半送半賣。還有一個最出人意外的原因，《新聞報》的廣告最齊全，其中有一大部分是所謂人事廣告，什麼"小兒結婚"、"小女出閣"或"某封翁六十壽辰"、"某老太太出殯"之類。在那時的上海灘，市儈和流氓橫行，他們往往藉紅白事為然，敲竹槓，打秋風，一般商人，如果漏送一份禮，往往會遇到天外飛來的災禍，所以，看《新聞報》的廣告，也成為他們的必修課。

《新聞報》雖然有這許多“優點”，但最高時十六萬的發行數中，也包含了一部分“虛數”。據該報職工透露，它最高時日銷約十三萬份。有一天，為了招徠廣告，特地請一位會計師來實地調查，當天的確印了十六萬份（印刷機上有自動紀錄），但會計師一走，多印的兩三萬份報紙，就“車”到北京路舊貨店去了。而在第二天的報上，赫然登出了某大會計師的公告，證明《新聞報》的確印發了十六萬份。

當《文匯報》日銷達到五萬九千份的時候，《新聞報》的總經理汪伯奇大吃一驚，説是歷史上《新聞報》第一次被壓下去了。這是因為《新聞報》接受敵方的新聞檢查後，大為愛國讀者的鄙棄，加上外埠銷路幾乎全部喪失（上海成了孤島了），而廣告少了，它的張數多的“優點”也不存在了。由於以上幾個原因，他的發行數那時跌至五萬份左右。

但《文匯報》也是好景不長，除了白報紙價飛漲等原因外，又發生了一件意外的事：

一九三八年下半年武漢、廣州相繼失守，不久，汪精衛離開重慶，逃到河內，發表了對敵談“和”的“豔電”（“豔”是代日韻目 29 日）。我們曾連天以社論、短評加以痛斥。有一天，是我父親壽辰，親戚們來祝壽，我喝酒過量，實在支持不住，那天正好輪到儲玉坤寫社論稿，我打電話給他，叫他找一個國際上發生的較不重要的問題，寫一篇發下去算了。按照平時的約定，每星期輪到他寫的一篇社論，總是就與中國無直接間接關係的國際問題為範圍，就是日本國內問題，或英美遠東政策等問題，我也向來沒有讓他執筆寫過。

第二天，我還沒起床，報館就一連來了幾個電話，説社論闖了禍，讀者紛紛來電質問。我連忙拿起報紙一看，社論的題目是“一個建議”，大意説：日方果有和平誠意，願意撤兵，則不妨和它談談。我看了真如晴天霹靂。這是和《文匯報》的一貫主場背道而馳的，他為何會“突然襲擊”寫出這樣的社論呢？晚上我問他，他只説一時糊塗，沒有考慮後果。他又是《文匯報》的“開國元勳”，和嚴寶禮同為國民黨員，又和徐恥痕有深厚的關係，我實在奈何他不得。到今天，我還斷不定他當時究竟由於自己的思想呢，還是由於接受了哪方面的指示？他為什麼要趁我難得一天不到社工作的機會，大破慣例，來這次突發行動呢？

當時讀者是憤怒的，在幾天之中，電話不斷，來信如雪片飛來，責問《文匯報》一向主張抗戰到底，為什麼忽然改變論調？

有些小報也乘機造謠，有的説是《文匯報》受了某方面的收買。有的暗示由於我是《大公報》的舊人，一定是受了重慶方面的指示才如此寫的。其實，我從參加《文匯報》後，從未和張季鸞、胡政之或《大公報》的任何人通過信，也從未接受過任何方面任何的“指示”或暗示。當時的《文匯報》，幼稚天真則有之，不像《譯報》、《導報》那樣進步也無可諱言，但是，堅決主張抗戰到底，這一立場是堅定的，言論態度是獨立的，不受任何方面的指示，包括雖然投了一萬元股本的胡政之在內。

我能把這一切真實的情況和這一篇社論出籠的經過向讀者説清楚嗎？即使説了能説清楚而能取得讀者的諒解嗎？誰能相信我那天沒有看過這篇社論稿，而作者又採取了突然襲擊的方式等等偶然的原因呢？即使相信了，也不會原諒我因私人事故輕於放鬆職責。我自己也不能原諒這個不能挽救的過失。報紙受了損失是小事，對廣大讀者，對當時的對敵鬥爭，給予沉重的打擊，這是最大的犯罪。

雖然在以後幾天，一連寫了幾篇堅決主張抗戰到底，反對談“和”投降的社論，而且在新聞標題上，態度一直是鮮明、堅定的，但污點終於難以洗滌，讀者一貫的信任不能不發生懷疑了。發行數雖然不是一瀉千里，但一下子下跌了近一萬份，從此，雖以後陸續有回升，總沒有恢復到五萬九千的巔峰。

不久，就發生了工部局勒令停刊一星期和克明出賣《文匯報》的陰謀，抗戰時期曾在孤島上閃耀過一時的《文匯報》，終於在這些內因外因中被扼殺了。

3月8日 正月十九　　星期二　　(12℃ — 26℃)

今天熱為初夏，換上了駝絨襖。

飯後，同老妻同至虹口，補吃瑞弟壽麵，晚八時始回。

今天是三八婦女節，北京及上海都開盛會慶祝。北京大會，鄧穎超同志等參加。

回憶一九四九年初到解放區情況，歷為在目前。那時一起由港秘密到解放區的，有柳亞子、陳叔通、包達三、葉聖陶、宋雲彬、張志讓、曹禺諸人，於二月二十八日啟程，三月一日到煙台登岸，在萊西、青州等地，首次看到解放區的文藝演出。柳亞子一路做詩，記得他書贈許世友將軍的詩中有"絕似燕人張翼德，一聲喝斷霸陵橋"，蓋形容許將軍的英勇。

約三月六日到北京，鄧穎超等均上車迎接。三月八日，即被邀請旁聽婦代大會，見到蔡暢等婦女領袖。那天鄧穎超從上午到下午，共做了約六小時的報告，內容為婦女在抗日，解放戰爭時期的貢獻。她也和周總理一樣，處處關心人，幫助人，讓我們旁聽這次大會，是為了初步了解解放區的鬥爭和軍民的精神面貌，有利於幫助我們改變立場、思想。

3月9日 正月二十　　星期三　　(6℃ — 12℃)

較強冷空氣來臨，氣候下降十四度，又變成春寒季節，把絲棉襖又換上。

《人民日報》發表科學院批判“四人幫”的熱烈情況，並載科學院的批判稿。

今天準備回憶抗戰時《文匯報》的尾聲。

一九三九年五月九日，我們發表了紀念五九國恥的社論，鼓勵孤島人民，堅持對敵偽鬥爭。翌日，接到公共租界工部局的通知，“勒令”停刊一星期。同時被“勒令”停刊的有《導報》、《譯報》及《大英夜報》，都是掛著洋商的招牌的報紙。

在停刊期中，暴露了克明出賣《文匯報》的陰謀。

克明這個陰謀，事後回想，是早有跡象可尋的。前面已經談到過，自從他碰到了我一個釘子，被迫辭去董事長、總主筆的名義後，嚴寶禮一直想調和我和克明的關係，以便克明捲土重來，被我拒絕。後來，嚴偷偷地恢復了克明董事長的名義。大約在汪精衛由敵人接到上海，躲在滬西後不久。有一天，嚴對我說，已請董俞律師為本報法律顧問。我說：“董俞是華北大漢奸董康的姪子，這樣，影響不好罷！”他說：“此人一直在上海當律師，和英國人關係很好。不要因為他是董康一家人而懷疑他。”後來，余鴻翔告訴我，董俞是克明介紹的。我對此更有戒心。

過了幾天，我正在編輯部埋頭寫稿，嚴忽然陪著一個矮矮胖胖穿著袍子的人進來，向我介紹說：“這位就是董俞律師。”我只點點頭，依然寫我的稿，沒加搭腔。其他編輯，也都低頭發稿。嚴領他到排字房去轉了一圈後默默地走了。

就在被迫停刊的第二天，徐恥痕忽然找我，說他和沈彬瀚、胡雄飛和方伯奮幾個人想找我談談。我很奇怪，為什麼他們找我，而沒有嚴寶禮呢。到了新新旅館，嚴也不在，他們四個人同我到隔壁一個房間，由沈彬瀚開頭談，其他三人，隨時幫腔，先從恭維我開始，無非是說《文匯報》主要靠我一支筆，得以發展，他們對我如何感激，如何欽佩，接著，引出了正文，說嚴寶禮霸佔了經理部，營私舞弊，搞得經濟情況千瘡百孔，最近竟亂開空頭支票。克明知道了非常生氣，照英國公司法，一個經理開了空頭支票，是要坐牢的。克明不得已，準備將嚴撤職，自兼經理。我說："我到報館後才認識嚴的，和他也談不上有何特殊關係。至於克明，你們是知道的，他曾聲言和我勢不兩立。他來負責我自然只能辭職。"他們連忙說："不要誤會，克明對你其實也是很欽佩的，那次他聽了嚴的挑撥，和你衝突，事後很後悔。他要我們向你解釋解釋，以後編輯部的事，還要藉重你全力主持。"方伯奮更以克明的代言人自居，力言克明這個人如何爽直，如何夠朋友，"他還多次談你的文章寫得如何好。把嚴寶禮開了，你會同他合作得很好。"我笑笑說："你們這些謬獎，我都不敢當。但我說了的話決不更改。單就這一點，就一定和克明合作不好。我還是知難而退的好。"他們再三勸說，我堅決表示不幹。最後，他們說："那末，請你再考慮考慮吧。"

我剛回家，嚴寶禮和李子寬就來訪，問我談話的情況，我簡單談了，並問嚴，克明是如何向他表示的？嚴說，克明早就和徐恥痕等合計好了的，準備逼他辭職後，克明自己出任經理，而讓徐、胡等四人瓜分經理部的實權。我問："克明是怎樣向你開出這一炮的呢？"嚴說："因為周轉不靈，開空頭支票是有的，這在上海是司空見慣的，只要兑現那一天以前，向銀行解進頭寸就好了。但克明藉此大做文章，叫我去，當面咆哮痛罵一頓。後來他說，他有個姑母，有一筆遺產，準備拿五萬元出來投資《文匯報》。他說：'如果你能立即拿出五萬元，交給報館，保證以後不再開空頭支票，你的經理可以繼續當下去。否則，讓我自己來負責。’”我説：“這是你自己引鬼上門。我已經把他趕跑了，你還瞞著我把他請回來。”李子寬説：“寶禮是自作聰明，但今天，不是責怪他的時候，今天陳訓悆在電話上告訴我，克明已和汪精衛勾搭上了，牽綫的人就是董俞，聽説汪偽先給了克明五萬元，等把《文匯報》抓上了手，再給若干萬。看來情勢十分緊急，應該趕快設法應付。我們應該爭取主動，在申、新兩報登廣告質問克明、揭露他的陰謀。”嚴説：“這樣就把問題搞僵了。”經反覆商量，嚴最後提出開全體股東會決定此事。他説，根據他自己掌握的股權和聽他指揮的股東，加上《大公報》的股權，相信可以抵制克明及徐恥痕等四人。

他立即回館發通知。第二天下午，在編輯部開了股東會，我代表編輯部在會上發言，説明我們一貫的抗日立場，並把“風聞”克明出賣《文匯報》的陰謀也談了，要求股東會表明嚴正態度。接著，大家紛紛發言，李子寬及陳訓悆等支持我的意見，主張首先查明克明的陰謀。徐恥痕等竭力否認，把一切責任推在嚴寶禮身上，並隱約地暗示，《文匯報》所以遭受停刊，是因為立言態度太激烈。不少受蒙蔽的股東，也跟著他們起鬨，也有原是嚴的吃喝朋友，看到嚴名利雙收而不買他們的賬，在會上冷言冷語，諷刺嚴，實際站到徐恥痕等一邊去了。雙方勢均力敵，吵鬧了一陣，無結果而散。

會後，我立即邀請編輯部全部人員開會説明了情勢的緊張。當時，我們編輯部全體人員，包括校對，只有二十一人（最多時每天編九大張報）。最後，全體通過了我擬出的底稿，送登申、新兩報（當時，《申報》武漢、香港籌備出版，都無結果，仍回到上海，以美商名義復刊了）。

廣告的內容，主要説明我們編輯部全體人員一致的堅決抗戰立場，聲明在查清克明的“投資”來源前決不復刊。

嚴寶禮匆匆趕來，説這個廣告一登出去，就沒有迴旋的餘地了。我説："你今天還想什麼樣的迴旋？如果讓克明先下手，偽造一個罪名，宣佈重新改組編輯部，那我們就被動了，我勸你也登一個類似的廣告，表明你的立場。" 他失望地走了。我們就把廣告送往申、新兩報，請它們務必在第二天登出。

晚上，嚴獨鶴打電話給我，説嚴寶禮通知《新聞報》，暫勿刊登我們的廣告。我聽了很生氣，告訴他這是我們編輯部登的，嚴寶禮無權干涉，請他關照廣告部，明天務必登出。嚴獨鶴同情地答應了。我馬上打電話給《申報》的馬蔭良，請他轉告廣告部，除非有我的通知，廣告一定要在明天登出。果然，馬告訴我，嚴寶禮也已通知《申報》暫勿登載我們的廣告。

這一炮，轟得克明十分狼狽。他原定的策略，是先穩住我（他是知道我決不會受他利用的），集中對付嚴寶禮，等復刊後，把經理部抓在手裏，然後向編輯部開刀，最後實現他的陰謀，把《文匯報》變成汪偽漢奸的喉舌。

克明當然死不甘心，而且，他收了五萬元，不實現他的陰謀，也無法向汪偽交賬。

嚴寶禮還在做夢，想和克明妥協，讓克明掛個經理的空名，他自己在幕後控制實權。

所以，抗戰時期的《文匯報》雖已滅亡了，但鬥爭還在繼續。但由於我們廣告的登出，及時揭破了克明及敵偽的陰謀，廣大讀者都已經明白了真相。可以説，主要的戰鬥，已以我們的勝利而結束——徹底粉碎了改變《文匯報》態度的陰謀。以後的鬥爭只是追擊和清掃戰場而已。

3月10日 正月廿一　　星期日　　晴（2℃ — 13℃）

今天又回暖了些，“辭海”花園裏的柳樹條上遠看已有綠色，而“草色遙看近卻無”，近看還看不出發芽的跡象。這是春天來到的信息。

昨天分寄福、復兩兒信。

有些事是像我這樣的“書生”無法想象的。比如，一九三九年五月克明出賣《文匯報》，首先拿嚴寶禮開了刀，照理，嚴應該和他一刀兩斷了，但也許是商人的習性罷，沒幾天，嚴竟去會見了克明，事後還特地找我和李子寬洋洋得意地説，克明已看穿了徐恥痕等只想抓權圖利，其實沒什麼本事，要嚴和他合作。我冷笑地説：“那你又怎樣呢？”他還是很得意地説，我已把周名賡介紹給他，他答應依然叫周當他的會計。我按不住心頭的怒火，以諷刺的口吻説：“那末，你可以好好協助克明復刊，依然做幕後的經理了。”他看出我的不滿，連忙解釋説：“不，我不會再上他的當。有周名賡在他身邊，他的一舉一動，我們就清楚了。”

周名賡是什麼人呢，原來是嚴的兩路（京滬、滬杭）局會計科的同學，是他的“十兄弟”中最受嚴的信任的。嚴把他安排在《文匯報》當會計主任，直到抗戰勝利後復刊，一直沒有換過別人。據説，《文匯報》有三套賬簿，一套是公開的，一套是給董事股東看的，另一套最近於真實，是只限於嚴、周二人查閱的。但周不僅僅吹捧幫腔，而是有一套政治陰謀伎倆。解放以後，嚴仍用周為會計主任，在一九五一年的“鎮反運動”剛興起時，周就被鎮壓了，據説他是兩路局軍統特務組織中的一個不小的頭目。

嚴為什麼要把這樣的人派給克明？而老奸巨猾的英國流氓，明知周是嚴的心腹，為什麼竟欣然接受下來？此中之謎，只有天知、地知，他們自己知道了。

從此以後，聽說克明天天到四馬路的原《文匯報》經理部去"辦公"，周也天天來上班。據嚴說，克明果然把周當作親信看待，而嚴自己呢，則在《大公報》館的屋頂上搭了兩間房子，每天和李子寬在這裏聊天，策劃一切，有時也打電話約我去商量。那時，我對和嚴周旋，已不感什麼興趣，往往託詞不去。我關心的是編輯部同事的生活問題，他們跟著我毅然登報堅決揭露惡人的陰謀，因而失了業，雖出於民族大義，在道義上我是應該負責的。這二十一人中，有三人已被《大美晚報》約去編輯部工作，其餘還一時找不到職業。我是赤手空拳，無能為力。

我和李子寬估計，克明沒有辦法恢復《文匯報》，他所以每天去"辦公"，只是為了拿汪精衛的五萬元，不得不裝裝"籌備"的樣子而已。但事實推翻了我們的估計，有一天嚴又電邀我談談，而且說明有重要的事相商。我到那間屋頂小樓時，李子寬早到了，據嚴說，周名賡告訴他，克明已買進了一部印報機，正在購置排字設備，編輯部則已由滬西（即汪偽）派來一個叫彭年的負責。看來汪偽已增加了對克明的"投資"，他們一心想復刊《文匯報》來進行欺騙宣傳。

這個消息，引起了我們的嚴重注意。我們找到了工部局執行的英國《公司法》，其中有一條，規定報館如有三分之一的股東的同意，可以要求停刊，取消登記。

也是根據這個《公司法》的規定，一切名為英商的企業，必須至少有百分之五十一的股權屬英商，方准登記。所以，《文匯報》的股東，明明全是中國人，克明等一個錢也沒有投入，但在登記裏的股票名冊，有百分之五十一是屬他們，不論是嚴寶禮等人，還是《大公報》所執有的股票中，有一半以上是寫著克明或路易·喬治，以及其他掛名董事沙艾門等的名字。而另外由他們出一張字據，算是"讓渡"給某某中國股東執有的。這本來是英國人玩的騙人的把戲，但此時要打破汪偽和克明的陰謀，不讓它們玷污《文匯報》的名字，只能在三分之一上做文章。據嚴計算，他和他的"十兄弟"所保有的"名義"上的股權，加上《大公報》的，可以超過三分之一。於是，決定由嚴暗中集中股權，防止被克明收買，我和李準備起草申請書。要求停刊和撤銷登記。

有一天，不知是否由李子寬或嚴寶禮約好，曾在《大公報》任過"戲劇與電影"副刊編輯的唐納（即和藍蘋結過婚並曾因離異而鬧過自殺喜劇的電影明星），忽然也來到了李、嚴"辦公"的小屋。據唐納說，英國公使克拉克·寇爾，此時正在上海（他當時來往於重慶、香港間，事後知道他正忙於"調停"中日戰爭，傳遞敵方和蔣介石的"條件"），如果向他申請，他可能作出停刊的決定。因為上海出現一張英商的漢奸報，對他是不利的。唐納表示他可以親自把我們的申請書交給寇爾。看來，他是和英國使領館是有關係的。

第二天，唐納就把申請書帶去，過不了幾天，他來說，寇爾已將批文給了英國總領事館，決定撤銷《文匯報》的登記。

過了幾個月，克明終於還是出了一張漢奸報，是名為"平報"還是"新中國報"，我搞不清楚，那時，我早在香港工作了。

抗戰勝利後，我回到上海，在舊書店裏買到一本《新中國年鑒》，其中詳列了南京、上海的漢奸機關、團體頭目的名單，從這裏看到，那個派來主持克明報紙編輯部的叫彭年的人，後來還做了汪偽政府什麼部的次長。可見，汪偽對於收買克明、改變《文匯報》的立場，是寄以很大希望的。

3月11日 正月廿二　　**星期五**　　**雨（4℃ — 13℃）**

一九三九年六月，李子寬轉來胡政之的信，邀請我赴港任《大公報》編輯主任。我即覆函，準備屏擋家事後即啟行。

在談到赴港經過以前，再回顧一年零五個月幼小生命的《文匯報》，還有一兩件瑣事應該補述：

一是在報社營業達到高峰時，曾舉辦過"文匯獎學金"，報社出一筆錢，另向工商界募一部分款項作為基金。獎學金名額大學、高中各五十名，家境困難者可以申請，經評選委員會核定其成績，即予錄取，大學每人補助五十元，高中三十元（名額數和助學金數，記憶可能有錯誤）。當時，原設在南市、閘北等處的有名大中學紛紛遷至租界上課，不少學生老家淪陷，有的則從淪陷區逃到上海來求學，經濟上一般都感到困難。區區一百個名額，雖然不能根本解決問題，但總算是一件好事。這種事，本來國民政府應該負責的，但他們卻視而不見，充耳不聞。

二是在一九三八年底，由於《一個建議》這篇荒謬社論，發行暴跌，廣告也相應地下落了。嚴寶禮為了想挽救頹局，決定編輯《文匯年鑒》，凡預訂《文匯報》半年以上者，奉送一本。名義是為紀念《文匯報》創刊一周年而徵求"紀念戶"。這顯然是打強心針的辦法，但編出來的這本年鑒，搜集了當時的不少史料，編輯態度也比較嚴肅。我只參加審閱，沒有參加實際編輯工作。搞實際工作的，主要是幾位原在《密勒士評論報》工作的人。

還有一個情況應該補述的：《譯報》、《導報》等三家和《文匯報》一起被公共租界當局"勒令"停刊一星期的抗日報紙，一星期"刑滿"後也都沒有復刊，也都是英國發行人出了問題，性質和克明有所不同，不是向敵偽出賣，而是乘機搗亂。由此可見，當時轟動一時的上海四報停刊事件，也可以說是英、日共同炮製的。

我於八月中登程，船行三天，到了香港。那時的香港，已和我一九三〇年首次去時大不相同，街市不像以前那樣寧靜，而有些擁擠，特別多的是從上海、廣州逃亡去的。聽說港九人口比一九三〇年時增加了一倍以上。

《大公報》香港版是前一年"八一三"創刊的，我到達時，甫過創刊一周年。那時，張季鸞也恰在香港。張胡二人對我備加慰勉，特別是胡政之，對於兩年前被他一腳踢開的我，頗有些"刮目相待"之意。

張、胡二人，當時分別掌握重慶、香港兩個館，這不僅是"分工"，其實是"分家"。張那時已成為蔣介石幕內的謀臣策士，《大公報》總編輯實際已變成他的"副業"。胡的基本立場和他不大一致，但在做法上，對於張的過於靠近政府頗有微辭。重慶館的經理曹谷冰和編輯主任王芸生，都是張所賞識的人。胡創刊香港版，特地把已被吳鼎昌找去當了多年親信秘書的金誠夫（和李子寬同為胡的多年同事的左右手）要了回來，當了港館經理，在我抵港以前，金還兼管編輯，而由胡親自抓言論和編輯方針。

前面已經講過，金是我跨進新聞界大門當抄寫鋼版時的北京國聞社的主任，是我的老"上司"。一別十二年，他並沒有看輕我而擺老資格。相反的，以誠相待，遇事尊重我的意見，以後我們在香港、桂林、重慶共事了六年，始終合作得很好，這是很可感念的。他比我大十歲，今年已是八十一歲的老人了。雖然已多年不通音問了，我還時刻懷念這位老友。

我休息了一兩天，金就把編輯工作全部移交給我，我並開始寫社論。先是胡對我談了內容大綱，寫好後交他審閱，以後（大約過了半個月），不僅我自己寫的他不看了，其他同事如楊歷樵寫的國際問題的社論，李純清寫的日本國內問題的社論，也交給我審改了。

《大公報》一向注重社論。在天津出版時，由張、胡和吳鼎昌三人輪流寫，而由張一人潤色定稿。上海版出版後，添請了社外的潘仰堯等寫些經濟問題的稿子，主要還是由張、胡二人執筆，直到上海版末期，王芸生、楊歷樵才偶爾寫一些。我到這時，才闖進了這個"禁區"。

張季鸞對我一直是循循善誘的。他不時請我吃小館子，或約我到他住的旅館裏閒談，分析抗戰形勢，也談他寫社論的經驗。我現在還記得的，比如他說，文要寫得明曉易懂，句子切忌過長，一句話說不清楚，可以分為兩句寫，用的詞條，千萬不要落入別人常用的俗套，應該用自己的語言寫等。對於分析問題，不要說得太死，否則就容易在情勢發展後陷於被動。有時，遇到難於判斷的問題，應該學學孫行者，跳到天空裏高瞻遠矚就會較易看清楚。他還舉了一些例子來說明這些經驗。自然，更重要的，他向我灌輸他的"國家中心論"，即認為蔣介石是抗戰、建國的"中心"，要"抗戰必勝"、"建國必成"，離不了一個"中心"。蔣當然有許多毛病，但形勢緊迫，不容許另外再培養出一個"中心"。這是他擁蔣的"理論"核心。他不是硬要我接受他的觀點，而是用閒談的方式，一步步由淺入深地談他的看法。老實說，我那時是完全接受了他的觀點的，認為確是經驗之談。再加上他對我處處關心，使我對他更尊重而感激。

應該說，他對我的關心，是真誠的，不是裝出來的，也不是為了拉攏我而這樣的。可以舉以下兩個例子：

一次，我到他旅館裏去閒談，看他拿著一瓶葡萄汁倒著喝。我問這是什麼牌子的。他說，這是醫生介紹的老牌葡萄汁，常喝可以補血，有利於治癒肺病（他是多年的肺結核患者）。接著他說："鑄成，你工作忙，應該注意健康，可以常常喝這種葡萄汁。你拿個杯子倒一杯嚐嚐。"當我去拿杯子時，他連忙說："拿茶盤裏合著的杯子倒，那是我沒有用過碰過的。茶盤外的，我用過了，容易傳染。”

還有一次，中午前他打電話給我，說方振武請他在九龍寓所吃飯，要我也去。他說：“叔平家裏的菜很好，不可不去嚐嚐。為了讓你無所掛心地過一個愉快的下午，今天早上我已經把社論寫好了，你快來吧。”在方家吃過了飯，方振武留我們吃了晚飯回去，張和方的夫人等打牌，我在一旁看，他打了幾副，立起來說：“你代我打，我要和叔平談談。”我對麻將實在是外行，等到他再來時，已輸了二三十元了。第二天，我正在編輯部寫社論稿，他來了，開玩笑地對我說：“還是我的本領強，反敗為勝，結果贏了十元，這是分給你的五元。”我再三推辭。他笑著說：“這是好玩嘛！”

《大公報》的老同事，都知道他對工作要求是嚴格的，對人卻是慈祥的，從不像胡政之那樣秋霜滿面，凜然不可親近。他那時對我特別關切，可能是對我的急切期望；自己的肺病已到末期，想把王芸生和我趕快培養起來，成為他的接班人。

以上這些敘述，並不是我初到香港後就發生的事實，而是張一九四一年逝世前幾次到香港和我多次接觸的綜合回憶。

從我參加國聞社、《大公報》後，張季鸞就成為我心中的偶像，學習的楷模，在香港這一段時期，由於他的關心和諄諄“教誨”，我對他更五體投地，以他的思想為思想，學著他的文筆、思路寫文章，甚至連他的懶散的“名士”作風，也成為我學習的榜樣。

張季鸞去世後，《大公報》搜集出版了《季鸞文存》，最後是由胡政之一篇篇辨別定稿。我看它登出的香港社論部分，就好幾篇是我寫的。可見，我的模仿張季鸞，在胡政之眼中，也可以“亂真”了。

3月12日 正月廿三　　星期六　　陰轉多雲

昨天單位裏開大會“幫促”工宣隊頭頭。今天上午將繼續。我覺得坐著聽聽，沒大意思，沒有去參加。今天中央電台廣播了上海五個多月來揭批“四人幫”的巨大成就，說“四人幫”餘黨中那個自命為經濟專家的人，大量事實說明他是“四人幫”在上海的忠實代理人。這顯然是批馬天水。又說，對王洪文的那些作惡多端的小兄弟，決不手軟。這是指陳阿大、馬成龍、黃金海等人。這些人，與其說是新產生的資產階級分子，毋寧說是政治的犧牲品。

我重回《大公報》後的工作量是相當繁重的，一星期大約要寫三篇社論，另外四篇，剪用重慶版約兩篇，楊歷樵、李純青等各寫一篇。楊寫得很細心，文字也清楚，一般不需潤色。李那時的中文不能運用自如（他是台灣人，在日本留學的），文字結構多日本化，修改所費的功夫，不下於自寫一篇。此外，每天平均寫兩篇短評。在編輯方面，要聞版有一個編輯，而新聞的主次、大小發排和主要的標題，都要我決定和動手。還要和國際、本港新聞版的編輯商討應該重視哪些新聞，如何處理。最後，要看八個版的大樣。

《大公報》一向以社論為號召，以新聞編輯的重視為特色。據我的記憶，中國報紙採用綜合編輯法（即把當天最重要的新聞，不論是國內、國際、經濟、文教或本市新聞，集中於要聞版，綜合編輯）是一九二六年天津《大公報》開始的。《大公報》的標題帶有傾向性、評論性，這也是一個特點。張季鸞在這方面最擅長。我印象最深的，一九二八年蔣介石和桂系的矛盾，最初發生在爭奪湖南的地盤，後來演變到爭奪武漢。當蔣軍剛向武漢出動，《大公報》頭條的大標題是"洞庭湖掀起大江潮"，把當時的戰局形勢高度綜合、濃縮成這八個字，是要洞悉時局內幕，並有一定的文學水平的。我在翻閱一年來的香港《大公報》時，看到一九三八年國慶節香港人民發動抗戰獻金運動的盛況，新聞的標題是兩行大字，"可歌可泣雙十節，人山人海獻金台。"筆調很像是張季鸞的。問本市編輯，他說："那天，正好張先生來館，看到我把題目一改再改，就提筆寫了這兩行題目。"我在這方面也努力向他學習，但一則我的交遊沒有他廣，再則我的文學修養遠不及他，煉字煉句不易達到自然而鏗鏘有力。記得一九四七年初國共和談，"第三方面"中某些幫腔還在散佈和平幻想時，我看到蔣介石已在加緊調兵遣將，即在那天的《文匯報》頭條新聞標了"內戰將打下去"六個大字，揭穿了國民黨的陰謀，這標題的基調和上海其他的各報絕然相反。這也是高度綜合的一個例子。據說，當天周恩來在梅園新村接見新聞界時，對《文匯報》的駐京記者很稱讚這個標題。

抗戰時期香港的新聞界，真可以說是五花八門。大體可分為兩類，一是香港早已出版的，一是抗戰後應時興起的。前者和上海的申、新等報差不多，是地頭蛇，讀者以土生土長的"香港佬"為主。後者則面目較新，一般稱為"外江報"，讀者大多為各地流亡者。至於言論態度，政治背景，則更為複雜。在"土生報"中，有完全站在香港英國統治者立場的《華僑日報》，有汪偽的機關報《南華日報》和《天然報》。此外，還有氣息僅存的老牌報紙《循環日報》、《華字日報》等，在"外江報"中，除《大公報》最後出外，有國民黨的機關報《國民日報》，有"萬金油"老闆胡文虎辦的《星島日報》，還有桂系軍閥辦的《珠江日報》。

奇怪的是，當時發行數最多的，不是上述各報，而是另一份每天比任何報出版早的報紙，該報每天出對開一大張，全是用廣東方言寫的，一半登的是新聞，而主要是"黃色"新聞，另一半則是各式各樣的長短篇小説，主要是“鹹濕”小説。它在天亮前就出版，大家名之曰“天亮報”。香港的茶樓，大都天亮前就開門了，一般苦力階層，在勞動前上茶樓喝茶吃一些點心，他們都是“天亮報”的讀者。

還有一份奇怪的小型報叫《天文台》，主編者是自命為軍事評論專家的陳孝威“將軍”。我到港後不久，在一次公開場合經人介紹首次認識了他。那時他已五十來歲了吧，鸖面鶴頸，真是語言無味，面目可憎，我當時立刻聯想起若干年前，上海《時報》上曾登載一“桃色新聞”，説“美人魚”楊秀瓊表示願意嫁給這位“將軍”做“平妻”，不禁啞然失笑。

提起這位“將軍”，我還想浪費一點筆墨，給他湊一篇“正傳”。從這裏，可以看出舊中國新聞界中，有那末一種特殊的“品種”。

在張恨水的初期作品中，曾化名敘述了這位“將軍”的發跡史。

原來，他曾在保定軍官學校讀過大約一年軍事書，後來和一個同學朋友王冷齋（此人後來在“七七”抗戰時任宛平縣長），合辦了一個通信社，進入了新聞界。

當時北京南城有一個風月中人，姓溫，人稱溫大濫（one dollar 之意），和這位“將軍”郎才女貌，一見鍾情而同居了。從此也掛上了“記者”的招牌，到處“採訪”。據説，有一次，當時的大總統黎元洪招待記者，溫記者也參加了。也是物以稀為貴吧，黎見到從未見過的女記者，居然大加青睞。第二清晨，黎的辦公時間快到了，這位記者硬不肯起床。經過了再三磋商，黎答應封她的丈夫為孝威將軍，並派為紫荊關鎮守使，這才肯穿上褲子，離開居仁堂。

陳做了三個月鎮守使，便被山西督軍轟跑了，但從此改名為“孝威”，也就一變而為軍事專家了。

不久，黎和內閣總理段祺瑞日益水火，想拉攏南方力量以自重，首先想到的是閒居香港和香山的梁士詒和唐紹儀。這位溫記者就向黎建議，“不如讓‘他’去吧，我們眼前也暫冷靜些。”於是陳就作為黎的代表而南行。他行前買了四份“蘭譜”，同樣寫上長兄為黎，次唐紹儀，次梁士詒，四弟則赫然寫上他陳孝威的名字。當時，拜兄弟，結金蘭，已成為官場的例行之事，儘管今天結拜，明天就可以怒目相攻。他先到香港見了梁，說了些黎如何重視的話，梁自然欣然同意了，他看到蘭譜有陳的名字，以為是黎的意思，也就簽了自己的名字。到唐那裏，如法炮製，也成功了。回到北京，對黎添油加醋說了些梁、唐如何願意為總統效力的話，又說這二人如何對他重視，一定要他參加結拜。這位黎菩薩也就沒有二話。從此，這位將軍就多了一個招搖撞騙的頭銜，以上這一段“將軍”發跡史，民國初元曾在北京盛傳，張恨水後來作為小說的題材。

抗戰開始後不久，他在香港辦了小報《天文台》，每期發表他的高明軍事評論。比如，在南京淪陷後，他說，因為南京的形勢易攻難守，他是早就主張放棄的，曾和白副總長談及（即白崇禧，當時的副參謀總長），白也完全同意。至於是否真有此事，是不重要的，因為白決不會出面否認的，文中早恭維他也有這樣高明的先見之明了。他的高明的軍事評論，內容大抵如此。

《天文台》每一期上，必刊載一篇“抗日名將介紹”，還附印了一方紅色的這位“名將”的“印”。被介紹的大都是蔣介石新提升的師、軍長。據《天文台》內部人說，每次，陳必把這一期《天文台》一百份寄給這個被吹捧的師、軍長本人，並附信說，《天文台》如何為國內外所重視，發行如何廣，請該師、軍長代為“推銷”一百份。這些新“榮任”的軍官，大抵未見經傳，看到人如此吹捧，還收到代刻好了的印章，就不惜公帑，寄了一筆錢到《天文台》作為訂報之費。而報紙也就未必按期寄出了。這是這位“將軍”推銷報紙的一個獨得之秘。

至於那位溫大濫溫“記者”，那時已升任為《天文台》的經理，大約在一九四〇年左右，我曾遇見一位同鄉，他大學剛畢業，流亡到香港，經人介紹，到《天文台》擔任編輯。有一天，我見到他，問他工作是否順利？他說：“已辭不幹了。”“為什麼？”他氣憤憤地說：“受不了！”接著，他詳細敘述為什麼“受不了”的經過。他說：“那位老闆娘年近花甲了，還打扮得像妖精一樣。我一到報館工作，她就花枝招展地坐在我對面，恭維我年青有為，又問我是否結婚，有沒有女朋友。我只能裝傻答了幾句。後來她又說：‘這報館是她說了算，孝威是作不了主的，誰討我的喜歡，我就提拔誰。’我看看她已劍拔弩張，我的忍耐力也快到了限度了。想不到上星期天，她竟展開最後的進攻了，她打扮得更花俏，不是坐在我對面了，而是立在我背後，拍拍我的肩頭說：‘我和孝威是早有諒解的，我不管他的事；我做什麼事，他也決不干涉。’這明明已逼到最後一步了，如何受得了，當天我就向陳孝威辭職不幹了。”

我一九四八年到香港創辦《文匯報》香港版時，看到《天文台》還在出版，而且聽說美國新聞處很加重視，是否還是這位“將軍”主編，不清楚。至於那位溫女士，如果那時還健在，該已年逾七稀了。

我不惜浪費筆墨，把這篇齷齪的“傳奇”如實地寫出來，只是為了說明在舊中國的新聞界中，魚龍混雜，什麼樣的人都有的。

3月13日 正月廿四　　星期日　　陰雨（5℃ — 10℃）

清晨聽廣播，北京和上海、南京、廣州等地，開會紀念孫中山先生逝世五十二周年。中央統戰部大批判組發表“江青為什麼要惡毒攻擊孫中山先生”的批判稿，揭發江青曾在林彪事件後，拆毀南京、北京的中山紀念館，封閉碧雲寺。

孫中山先生逝世時，我還在無錫第三師範讀書，當時雖然受到北洋軍閥和江蘇地方勢力（張謇、袁希濤、黃炎培、沈信卿等）的雙重影響，學校學生會還是開追悼會，我也寫了輓聯。在追悼會後不幾天，還請了惲代英來校演講。他穿了一身竹布長衫，光頭，年約二十四五歲。從孫先生的逝世，講到國內革命形勢，既清楚又富有鼓舞力量。我從來沒有聽到過這樣的演講。從那時起，革命空氣也吹進這一貫保守的學校；從此有人參加了國民黨，也有人秘密參加了共產黨。一九五八年我在雨花台革命烈士紀念館裏，看到了我的同學王祥斌烈士的事跡，他就是那次聽了惲代英烈士的演講後參加共產黨的。

往事歷歷，轉瞬已五十二年，超過半個世紀了。

一九三九年我進香港《大公報》工作還不到一個月，就連續接到嚴寶禮打來的電報，說《文匯報》復刊有望，盼即回滬。我雖然對新接手的工作感到興趣，但不能忘情在《文匯報》時的戰鬥生活，特別是想到和我一起工作過一年多的同事中，還有些人職業問題迄未解決。我要不回去，這個編輯班子要新組織起來是困難的。

我把電報給胡政之和張季鸞看，並說明了自己的心情。我說，我在這裏得到他們的信任和指導，工作是愉快的，但《文匯報》要復刊，我不能撒手不管，而且為了宣傳抗戰，上海是前綫，應該去。張季鸞同意我的看法，竭力支持我去。胡則說："就《大公報》說，我們當然不願放開你去。上海工作是重要，但我看嚴寶禮這個人不正派，唯利是圖，你和他未必能夠合作得好，你如決心要去，那就去試試吧，如果感到為難隨時可以回香港來，我們完全歡迎。"

報館設宴給我送行，胡還關照經理部特地為我訂購了美國郵船的二等艙位。記得是二萬噸級的"柯立芝總統號"，是當時行駛太平洋口岸最大的郵船，頭二等艙的客人，進餐廳就餐要穿禮服，進餐時有樂隊奏樂，每晚還有電影和跳舞會，在我，算是開了"洋葷"。

船行很平穩，兩天兩夜，準時到了上海。

和嚴寶禮、李子寬見了面，才知是重慶方面撥了一筆錢，責令秘密住在上海的國民黨中委鄭亦同協助《文匯報》復刊，如果原名恢復困難，可以改名重新向工部局登記。

當天，鄭的秘書鄧友德也來看我，說重慶的來電，指明支持的對象是《文匯報》的原編輯部，希望我把已有工作的同事設法找回來。

籌備的中心，還在《大公報》原址屋頂的那間小屋裏，因為樓下原編輯部的地址，李已轉租給一個商號作為堆棧了。

我剛回上海，就因登記問題和嚴有了不同意見。《文匯報》已經取消登記，原名是不可能恢復了。應該另用一個報名，仍用洋商招牌登記。嚴寶禮和英國人交往了多年，主張仍找英商。我則鑒於以前被破壞的四張報都是洋商，而美商招牌的《大美晚報》和《中美日報》則未受波及，主張改用美商。

當時，上海有一個"名"律師叫江一平。此人可說是典型的洋場惡少，娶了年紀比他大十幾歲的虞洽卿的大女兒為妻，從此借了虞的招牌，包攬詞訟，發了點財，混了一個工部局華董的名義；又和CC頭目們勾勾搭搭，儼然以“中央代表”自居，虞洽卿的兒子虞順懋曾在南洋大學和嚴同學。因此，嚴時常出入於虞的“三北公司”，把虞作為經濟上的靠山之一。

這次，在復刊問題中，江一平也憑空插了手，支持嚴。

登記問題還未解決，又發生了新的問題。嚴和李子寬二人起草了一個報館的管理章程，其中有一條，説編輯部一定要接受經理的嚴格管理，我看了很惱火，顯然，這裏不僅有一個誰領導誰的問題，也包含著嚴重的是非問題。《文匯報》的被克明出賣，誰都知道，是由於嚴等的失誤，到克明的陰謀已經暴露，嚴還千方百計想妥協，屈服，克明的陰謀所以終於破滅，是編輯部態度鮮明，堅決鬥爭的結果。但在嚴寶禮看來，卻是編輯部——嚴格説，就是我，目無經理，不聽他的話，以致他不能達到“委曲求全”的目的。所以，今天重新出版，急急忙忙抛出一個管理章程，要對編輯部“嚴格管理”了。很明顯，在他的眼裏，我是一匹好馬，但是太“野”，必須先套上一個籠頭。而李子寬是一個老實人，在他的花言巧語下上了當了。

我堅決反對這個“章程”，尤其反對“嚴格管理”這一條。我清楚，這不是我自己想爭權套利，也不是個人的什麼威信和面子問題，問題是，我如果被嚴套上了“籠頭”，這張報一定會被他引到死路上去。

鄭亦同和鄧友德支持我的主張。

李子寬老實，也很固執，他受了嚴的蒙蔽，死不回頭。我寫信把經過告訴了胡政之，對李的執迷不悟表示氣憤。胡回信説，他早知道嚴這個人是不好共事的，勸我放棄復刊的念頭，早日回港。

我找鄧商量，如果出報不成，編輯部那些沒有職業的人能否安排。他説：“如果你一定要走，我們對這個報也就不問了。至於你們編輯部那些人，他們是對宣傳抗戰盡了力的，他們的生活，我們應該負責。” 我計算一下，除以前說過的已有三人參加《大美晚報》，另一人參加了《中美日報》，儲玉坤已進了哈瓦斯通信社，朱雲光當了中學教師，還有四五個人也找到了職業，沒工作的，實際還只剩六七個人。

這樣我就毅然買棹重去香港。嚴寶禮並不死心，李子寬代他找了章丹楓，企圖由章來接替我主持編輯部。章也是《大公報》的舊人，是一九三六年大學畢業後參加上海《大公報》的，後來香港版創刊，胡又把他找去，當國際版編輯。他應該說是我的後進，但當我到港任編輯主任，大概是不服氣罷，他向胡表示辭職，胡也不加挽留。他回到上海，參加了中華書局。李、嚴請他來主持“筆政”，他欣然同意。但原編輯部的人不願和他合作，而鄭亦同、鄧友德也表示，不是《文匯報》編輯部的原班人馬，他們不過問。因此，嚴寶禮的復刊夢，終於破滅了。

我回港後不久，鄧友德寫信給我，說已登記成立了“平民通信社”請李秋生任社長，程玉西任總編，所有沒有工作的《文匯報》原編輯人員，都安排好了。

在這次返滬以前，我和鄧向不認識。在短期的接觸中，我覺得這個年輕人頭腦比較清晰，不像有些國民黨員的那股“黨棍”氣。特別是這次很快地安排了程玉西等的工作問題，了卻我的一段心事，使我對他留了好的印象。

以後，我和他保持友誼，直到一九四八年。我在香港《大公報》這段時期，在我一生中是思想最為右傾的，作為外因，他是最主要的因素。

我回港後不久，吳紹澍從重慶過港赴上海，他約我見面，說他已被任為國民黨上海市黨部主任委員。他準備在上海創辦一張報，請我去全權主持編輯部。

大約在一九三三至一九三四年間，我曾和他在漢口見過面。

那時，我和新聞界幾個喜歡打乒乓球的年輕人組織了一個“號外乒乓球隊”，他也喜歡運動，和他曾比賽過，談不上有什麼友誼，總算是舊相識罷。我對回上海辦報，已心厭意煩，何況我知道他辦的報，一定是國民黨的機關報，我一向以“無黨無派”自命為清高。對他的邀請，當然婉言謝絕了。

他回上海後，果然不久就創辦了《正言報》，由他和原上海中央社主任馮有真主持。而把平民通信社的人吸收作為班底，李秋生任主筆，程玉西任編輯主任。後來我聽鄧友德說，《正言報》的創辦費，就是重慶準備幫助《文匯報》復刊這一筆撥款。

後來，太平洋大戰發生，敵軍進了上海租界，馮有真把這個班底帶到屯溪，創辦了屯溪《中央日報》。抗日戰爭勝利後，又把原班人馬帶回上海，出版了上海《中央日報》，一直是李秋生的主筆，程玉西的總編輯。這是後話，我在這裏一併交代清楚。我在抗戰時期的《文匯報》，雜湊了一副“草台班”，想不到卻為國民黨培養了一些宣傳幹將。

3月14日 正月廿五　　星期一　陰到多雲（7℃—16℃）

今天廣播北京揭發，江青竟稱孫中山為牛鬼蛇神，悍然拆毀南京的紀念堂，封閉碧雲寺。

我一九三九年到港之前，在香港新聞界中，國共也還有些“合作”氣息。

我到港不久，即參加了“外江”各報的每周聚餐會。《大公報》除我之外，有金誠夫，胡政之則難得參加。前面講的陳布雷的兄弟陳訓悆，那時已到港，任國民黨機關報《國民日報》經理，除他外，該報還有社長陶百川、總編輯王新命參加。還有《星島日報》的胡好（胡文虎的養子，該報社長）、金仲華、邵宗漢；《立報》的成舍我、吳範寰；《珠江日報》的黎蒙；國新社的惲逸群；中央社的盧祺新和總編輯殷某。除此以外，還有一個不是新聞界的人參加，此人叫汪公紀，説是代表“榮記”的。後來我才知道，當時國民黨在海外的最高代表是吳鐵城，但香港當局不允許中國在港設立官方機關，因此，吳在港英的默許下，把他在港設立的機關簡稱“榮記”，門口掛著“榮記行”的招牌。行者，即上海的洋行也。汪是吳鐵城的機要秘書，聽説是“五四”時“曹章汪陸”中的汪榮寶的小兒子。

聚餐會的主要的目的是聯歡日——大吃一頓，這可能是我的浮面看法。它由各報輪流請客，每次兩席，事先由輪著的單位定菜館（酒家）、發通知。

聚餐時也不免交換些消息和重慶來人所帶來的政局內幕。香港“酒家”的習慣，預定請客前的兩三小時，客人就可以去了，而且“僕歐”（港報的 Boy 譯音）非常歡迎。這個聚餐會，也有四個人常常早到的，麻將八圈，每每在他們打完後，其餘的人才陸續到齊。金誠夫和金仲華是“常務委員”。

在這聚餐會上，我開始和金仲華、邵宗漢認識，以後成了朋友。在辦報態度的嚴肅方面，在編輯的認真細緻方面，老實説，當時只有《星島日報》堪稱《大公報》的勁敵。在仲華的領導下，當時，《星島日報》是深得進步讀者的歡迎的。加上胡文虎不惜工本，印刷設備皆新穎，編輯部有劉思慕、羊棗等人作特約評論員，可以説人才濟濟。

我們是競爭的對手，但卻相互合作，我和仲華，在他主持

《星島日報》期間，幾乎每晚要通一次以上的電話，交換或證實聽到的消息。兩報都有收報電台，直接收路透、哈瓦斯及中央社的電報，兩報的編輯，也相互校對所收的電文。這樣又競爭又合作的友誼交往，很有點公平競賽的味道。

我和仲華、宗漢同年，那時都是三十二歲，正是年富力強。看好大樣，往往已近黎明，我和仲華常常電話約好，同到"高陞茶樓"去吃早茶，吃廣東點心。除我們二人外，《星島日報》經常參加的有邵宗漢（副總編）、羊棗（軍事評論記者）。《大公報》則有蔣蔭恩（要聞編輯）和馬延棟（國際編輯）。

除此以外，我們還不時在下午的時候在咖啡店談話。多半在比較清靜的哲人茶室（wise man）。我和仲華以後多年一直維持友好的關係，直到解放後他當了副市長，我摔了跤，才交往疏了。至於羊棗，他是我們《大公報》編輯（副刊《文藝》）楊剛的哥哥。在香港淪陷後，輾轉去福建工作，不久就被國民黨特務殺害，成為烈士了！

這樣的局面沒有維持多久。跨進一九四〇年，國內的國共摩擦迅速傳到海外，於是這個聚餐會中，國新社被排除了，《星島日報》依然參加，人卻換了。

讀者眼睛是雪亮的，程滄波等控制後，《星島日報》的銷路直綫下跌。我們從編報者的角度看，這報的編輯技巧也十分低級。當時，香港流傳一個"政治笑話"：

甲：胡文虎花了這麼多錢，辦這樣一張報，為的什麼呢？

乙：他的收穫可大了。

甲：你說什麼？

乙：看《星島日報》的人越看越頭痛，萬金油、頭痛粉的生意不就好了嗎？

3月15日 正月廿六　　星期二　　陰雨（10℃ — 19℃）

清晨大雨，弄堂裏有積水。天轉暖，又把駝絨襖和薄棉襖換上了。

當時香港的新聞檢查也相當嚴，主要是因為英國害怕日本，擔心香港的中文報紙宣傳抗日。

香港政府有一個“華民司”，是一個和居民（百分之九十八是中國人）直接接觸的機關。這個“司”，並不是我們習慣用的“司”、“局”的“司”，而是前清“司道衙門”的“司”。所以，香港總督，當地報紙尊稱為“制軍”（前清的總督），則“司”者，相當於道台衙門也。真是“禮失而求諸野”、“道不行，乘桴漂於海”，中國的“漢官儀”，乃在海外這個小島得到了保存。

華民司裏設有一個新聞檢查處（當然，英文報紙不受檢查，是新聞自由的），主持的人是英國人，而有一個主要助手（好像名曰“幫辦”吧），是我們的同胞，自然下面還有些屬員。他們規定報上不許見“敵”字，也不許見“帝國主義”這類字樣。抗擊日軍是可以的，“抗擊敵軍”就不許可了。如果你一定要用“敵”字，則它一定把紅筆在檢查稿上打了×，登載時，它劃了幾個×，你就必須還它幾個□□，不能少，也不能多，空白是不可以的。當時，《大公報》接受了一家友報的勸告，懇請這位幫辦大人介紹一位編輯，而這位編輯的唯一職責，就是和華民司打交道。果然，從此以後，交往就方便得多了，報上出現的□□也少了。

根據我的經驗，這些洋衙門裏的檢查官，比起上海以及後來我在桂林、重慶遭遇的新聞檢查，要容易對付得多了。因為他們對於中國文字的推敲，畢竟還不及國內那些檢查官這樣“高明”。

但也有使人啼笑皆非的。比如，有一次香港的“差館”（即上海租界的“捕房”），檢查飲茶業的衛生，發現“勝斯酒店”（旅館）的廚房裏有蒼蠅，我們的記者把這事寫成新聞刊出。過兩天，該酒店即以誹謗罪向法院控告《大公報》。法院的“按察使”居然判處《大公報》罰款二千港幣，以賠償該酒店的損失。理由是發現蒼蠅的是中餐部，西餐部並未發現蒼蠅。

香港有許多管理居民的條例，有的是執行得很嚴的。比如，你的西裝褲如有一個扣子沒扣上，被警察發覺，就要當場罰款五毫（角），這是毫不留情的。但也有富於彈性的。比如，在騎樓上（梯口）不許燒紙，但每當端午、八月節或春節，一眼望去，可以看到家家在燒紙錢。香港的一般居民，那時都住著四層樓的木結構房子，這樣燒紙，實在是很危險的。但“差館”卻視而不見，不加過問，只有因而發生火災了，才根據“管理條例”，加以追究。

香港這個小島，中間是一座山，四周的平地是不多的，以市中心而論，只有一條德輔道是平的，再裏面一條叫皇后道的，一部分就要跨越山坡，高低不平了。根據香港當局的規定，山上只許英國人住，山下則為華人住宅區（當然，外國的大銀行、商號也都在山下）。而界於其間的中間地帶，如羅便臣道一帶，則允許高等華人居住。所以，香港的平民，稱這些高等華人為“半山人”。

也有住在山上的，那是入了英國籍的何東“爵士”、周壽臣“爵紳”之流。有一次清華同學會借何東公館開會，我得以觀光這個“府邸”。佔地很廣的一片草地，居山面海，的確很有氣派。中間是一幢有圓形石柱的三層大樓。我現在工作的《辭海》編輯室，原是國民黨軍長何世禮的房子，雖然氣派遠遠不及，而總的佈局上很像他爸爸在香港往的那座老房子。大概這個軍官，急於在上海建造新居，就照搬了他老家的圖樣吧？

在香港住的人，除“苦力”（工人）階級外，大抵都穿西裝，例外的，反是那幾位滿口英語的“爵紳”如何東及周壽臣之流，卻終年穿著袍子馬褂，而且古色古香，總是緞子有團龍花樣的。遇有督府集會，更是如此。我最初在報上看到他們的照片，不解其所以然。後來，看到許多好萊塢的非洲獵奇影片，看到那些被征服的土人酋長們，也都是不穿西裝的。我這才恍然大悟：如果他們也穿上西裝，如何顯示征服者和被征服者的區別，又如何表現征服者的威風呢！

關於香港當局如何提倡“漢文”，如何苦心保存中國的“國粹”，魯迅曾在《香港通信》、《略談香港》中有入木三分的描繪。我也看到不少妙文。

比如，公共汽車站（香港叫“拔士”，而僱用小汽車叫“的士”）上寫著：“如欲停車，乃可在此。”電車站呢，則寫明：“如欲停電車，乃可在此處。”何等清楚！

跑馬地（場）有一個公共墳山，大門前赫然懸著一副對聯：“此日吾身歸故土，他年君體亦要來。”對得又何等工整。看了真像我幼年看到故鄉城隍廟大門的金匾“你來了麼”一樣，不禁毛骨悚然。

最長的一篇妙文在電車上。香港的電車是兩層的。遇著颶風侵襲，往往被颳倒，於是每一節電車的上層，都懸著一個告白，中英文兼備，中文是：“如遇大風，或來勢極猛之風，或速度極高之風，定要將窗放下。非等大風、或來勢極猛之風，或速度極高之風，完全過去，萬萬勿將窗關閉。”看，這又何等地簡練而明確！

當時香港本地報的副刊，除長篇連載黃色小說外，還刊載什麼“詩鐘”、“徵聯揭曉”等等，和魯迅過港時所見的差不多。

現在，又時隔近四十年，該有所不同了罷。

另外，還有一段香港的傳聞可以一寫。據說，香港最大的富翁，並不是何東爵士，也不是周壽臣爵紳，而是在皇后大道中開了一家很大的茶莊和銀行的余東旋。

據説余東旋的父親原是個草藥醫生，在國內實在混不下去了，帶了他的家人流浪到澳洲去投奔親戚。這親戚代他租了一間小房子，在華僑中行醫。恰巧有位總督患了頑癬，晝夜癢得沒法睡覺，吃藥打針，照紫外綫都無效。他的一個副官説："城郊有一個中國醫生，何妨請他來試試。"他就叫這位副官去請。到了那裏，這位余醫生不在，他的夫人以為是買老鼠藥的，就糊裏糊塗包了一包給他。

醫生半夜回來，知道了這件事，急得不得了。正好在此時，總督衙門又派人來了。敲門叫余醫生。醫生以為闖了大禍，連忙越窗而逃；跳到牆外，伏著偷聽，才知總督搽了藥老鼠的毒藥後，癢居然好了。安安靜靜睡了一覺，此刻是來取進一步根治的藥。他這才重新轉到前門回家，把自己的醫道、自己的藥，神乎其神地吹噓了一番，然後配了些草藥給帶去了。而總督的病也居然好了。總督要送他謝金，他不收，只要求：一，准許他掛牌行醫（在澳洲，中國醫生不許掛招牌，只准私下給華僑看病）；二，准許他開設中國藥店；三，准許他在澳洲販賣中國茶葉。總督認為，這些對於他都是惠而不費，立即批准了。

從此，他不僅醫生的生意大好，而且在華僑中招了股款，開了藥店和茶莊，特別是後者，營業遍及全島，成為壟斷企業。從此成為澳洲華僑中最大的富商。他死後，他的兒子余東旋把茶莊總署設在香港，並開了銀行，澳洲及南洋各地設有分莊分號。我也曾有機會到過他家裏一次，單單客廳就是一座三層樓房，上層是中式客廳，供應中菜，中層是西式客廳，供備西餐，底層是酒吧間。有專用電梯上下，"僕歐"都穿了燕尾服接待來賓。這些排場款段，是何東"公館"望塵莫及的。

3月16日 正月廿七　　星期三　陰轉多雲（9℃ — 19℃）

一九四〇年初，有一天下午，胡政之打電話請我到他家裏去。他的家在堅道，是一幢三層樓房，是張竹平出面租的。張也是上海報界的“大亨”，曾任《申報》經理，後來又創辦了申時通信社，接辦了《時事新報》和英文《大陸報》，稱為“四社”的總經理。那時，他已把《時事新報》、《大陸報》等賣給了孔祥熙，到香港經商。那所房子，他自住底層，三樓租給胡政之，二樓原租給張季鸞。張在一九三九年底已將家眷搬往重慶。張竹平自己遷住二樓，底層後來改成他開設的“大華飯店”（川揚飯店）的分店。

我到胡家時，張季鸞也早到了。胡先取出一疊紙給我，說：“你先看看。”我一看，原來是汪精衛的賣國條約，即所謂“日汪密約”，外間是從未傳出過的。我粗粗看了一遍，十分驚奇，問：“這是哪裏來的？”張笑嘻嘻地說：“陶希聖、高宗武逃到香港來了，帶出了這份東西。現在杜月笙正在和重慶聯繫，如何安排這兩個人。大概，這份東西今晚就要帶往重慶。你再細細看看，摘錄一個大要，並立即寫一篇社論，我們已請誠夫來，請他抄一份。抄好後，我即送去還給杜月笙。”

胡政之已在他的書房裏為我安排了紙筆，他們在客廳裏繼續談天。

看了這個賣國文契，當然十分氣憤，我把它的主要內容痛加揭斥，寫了一篇社論稿，約二千多字。張、胡看了似乎很滿意，沒有加以增、刪，就關照我說：“如無意外，今晚就把這個密約連同社論一起登出來。如有變動，我會打電話告訴你。”接著，張還親自寫了一條高、陶如何“脫險”來港的新聞稿。那時，金也已把密約抄好了。張把原件帶走，我和金回到報社。

這成了第二天《大公報》的獨家新聞，轟動了香港；過一天，重慶中央社才播出這個消息。

張季鸞不久就回重慶。高、陶在港不公開露面，後來，陶去了重慶，聽說由於張季鸞的推薦，當了蔣介石"侍從室"的秘書。高宗武則聽說去了美國，是蔣派他去的。

陶、高原是第一批離開重慶，死心塌地投降敵方的漢奸，等到汪和敵方的買賣完全談妥了，汪還和王克敏、王揖唐、梁鴻志等"前漢"（他們早已在北京、南京分別成立"臨時政府"、"維新政府"兩傀儡組織，迨汪賊投敵，他們被稱為"前漢"，汪派漢奸被稱為"後漢"）首領舉行了所謂"青島會議"，達成了成立偽中央政權的協議，大概在分配席位上，高、陶大失所望（陶只被任"教育部長"的閒職），一怒逃出上海，帶出這份"密約"作為重新投蔣的贄見禮。

他們如果有一點廉恥之心，那末，默默地溜到重慶去也就算了。偏偏陶在離港之前，向新聞界發表談話，大談他如何基於"愛國"義憤，如何冒險脱離虎口，儼然把自己扮成一個愛國的英雄，這就不能不激起人們的反感。正好在那時，有一個上海特區法院的法官，已經帶著家眷，冒險離開了上海，在滬港途中，跳海自殺，留下一封絕命書，説自己曾對敵屈服，雖已脱離虎口，但自覺愧見後方父老。香港各報都大字登載這個新聞，有一家晚報《星報》副主編羅吟圃還寫了一篇社論，讚揚了這個自殺者的嚴於律己，字裏行間，狠狠地譏刺了高、陶二人。

杜月笙當時以"中國救濟會香港分會"主任的名義，在香港作寓公。他的聲勢雖不及在上海，但還有一批上海幫的"聞人"、清客以及他的徒子徒孫在他左右趨奉。

大約也在一九四〇年初，就傳出他將大做五十"大壽"的消息。哈瓦斯通信社的張驥先（翼樞，他是上海"杜公館"的法文秘書）到了香港，大約是專程來港祝壽的。有一天，他帶了兩份請帖來找金誠夫和我，一開口就說：“杜先生今晚請你們兩位去吃麵。”我說：“我們和杜向無來往，再說，我晚上還有工作，只好心領這盛意了。”張一本正經地說：“明天是他生日，別人去給他拜壽。他不敢勞駕你們兩位。今晚是他請客，你們如不去，太不給他面子了。”

我們到了九龍杜的寓所，張已在門外迎候，引我們介紹了杜。這是我第一次見到這個赫赫有名的“海上聞人”，穿著一身長的袍褂，並無想象中的一臉殺氣，卻是瘦黃中帶著一臉煙氣，客氣地寒暄了幾句，並帶我們入了席。等到上“壽麵”時，他下席敬酒，只在我們中間三桌各“敬”了酒，其餘，則由他的徒弟們代敬。我這才看清有不少所謂頭面人物，原來都是這個“海上聞人”的徒子徒孫。

最精彩的場面，是所謂拜師“典禮”。晚飯吃完後，在禮堂中間設了一個座，鋪上紅緞椅披，下面鋪下紅氈。那天投帖拜門的，是當時在香港出版的《財政評論》總編輯潘世傑，那位經濟“專家”，當眾給杜磕了三個頭，杜回了一個揖。這位“專家”，還對在場的師兄們一一作揖為儀。真令人有人間何世之感。看完這幕活劇，我們就告辭過海。

3月17日 正月廿八　　星期四　　陰（7℃ — 16℃）

我在北京師大唸這幾年，一直寄住在公寓裏。公寓雖小，小販卻川流不斷。有賣糖葫蘆的，有賣“蘿唄——賽鴨梨噢！”

的，也有叫“鴨梨——賽水糖呵！”的。直到深晚，還不斷傳來“羊頭肉”和“半空，……多給！”的叫賣聲，清脆而淒厲。所謂“半空”，就是花生揀留下來的空殼。一個大子給你一大捧，其實吃不到幾粒花生，消磨時間是好的。

除此之外，就是京戲聲，我們對門住的兩個人，大概是小公務員，就唱個不停。不是“我好比，籠中鳥”，就是“聽他言，嚇得我，……”有時還對唱。常常吵得我們複習不了功課。

大概是耳濡目染罷，後來每每不由自主地“我好比……”地哼了起來，當然是低聲的。

真正引起我對京劇興趣的，是看了《大公報》戲劇周刊凌霄的劇評，他不是捧哪個名角的場，也不是盡講些舊劇的掌故，而是系統地對某些劇的分析，十分引人入勝。當時，日本人辦的《順天時報》還出版，每天有辻聽花的所謂“劇評”，那時千篇一律地説看了什麼名角的戲，如何叫座等等，看看雖乏味，我有時也耐著性子看看。

後來，也曾花一二毛錢去廣和樓看科班戲，那時，葉盛蘭、李盛藻等“盛”字輩還在坐“科”，譚富英、馬富祿等“富”字輩剛出“科”。

有一年中秋，我和同住的朋友一起去看了梅蘭芳，第二天又看了余叔岩、楊小樓，票價每張八毛。這是我首次見識京劇三巨頭的藝術。當然，這已是我在國聞社從抄寫升為助理記者的時期了。

正式學唱戲，是在上海《大公報》出版以後。上海館的工友，多半是天津調來的，喜歡哼哼京戲的不少。也算是職工福利吧，報館花錢請了一位教師來，連教帶拉胡琴，也教那些喜歡場面的“鑼鼓經”。我也參加去學，一年多，學了好幾句。這位老師，大概也常到“堂子”裏教那些“姑娘”唱，所以教青衣比較拿手，我唱鬚生，他教的大抵是大路貨，談不上是什麼派。

到了香港，我公餘消遣，首先還是京戲。工友也是上海帶來的老人，他們不知從哪裏找來一位教師，也是能拉能教，看來，本領比上海的那一位更遜一籌了。

後來，興趣轉移到看足球。香港，一年只有兩個季節，從五月到九月是游泳季節，從十月到翌年四月是足球季節。游泳，我雖也買了游泳褲，也到過好幾次淺水灣海濱游泳場，但只會在淺水處泡幾分鐘，勉強學會了仰泳。

足球是香港人普遍愛好的。在足球季節，各報幾乎經常以一整版刊登足球比賽的新聞。我進入新聞界新出茅廬的採訪就是體育，所以，對此也特別愛好。當時，球王李惠堂大概已年近四十了吧，但寶刀不老，還在南華隊當主將。每逢星期六、星期天，我必去看足球，尤其是南華出場的時候。記得，有一次，南華隊和《星島日報》豢養的星島隊的比賽，上半場星島已贏了兩球，下半場，南華靠李惠堂一連射進三個球而反敗為勝。當晚，我看體育版的大樣，特地把標題改為"李惠堂三箭定天山"，可見我那時"球迷"的程度了。

一九四〇年開春後，我的興趣又轉向跳舞。開始是為了應付尷尬的局面。香港當時盛行的交際形式，有請"茶舞"的，也有請"宴舞"的，大抵在當時最大的酒店"香港大酒店"或"告羅斯他大酒店"舉行，主、客一定是男女各一半。在飲咖啡吃點心或吃西餐時，樂隊奏樂，即一對對離座翩翩起舞。我好多次被邀請，事前，主人知道我沒有舞伴，還特地多請了一位女賓。結果，總是有一位女賓因為我不會跳舞而默默向隅。

我決心學跳舞，看到有跳舞學校的廣告，説是"學費五元，包教包會"。我就毅然報名入了"學"。哪裏知道，這所謂"學校"其實是變相的舞場，是為方便那些上不起舞場的人而設的。花了五元學費，大概可以去跳十天半個月。那個"校長"，知道我確是想學跳舞的"大鄉里"（相當於上海的"阿木林"），就親自教我怎樣跟著“篷、擦、擦”起腳，轉身。去受教了幾次，終於還沒有學會。自己想，我這個人大概沒有天才，沒希望學會這勞什子了。

不料，我學跳舞的事，在編輯部傳開了。有一個同事叫梁邦彥，清華剛畢業不久，進《大公報》任外文電訊工作。有一天我和他一起上咖啡店飲茶。他關心地問我：“聽説徐先生在學跳舞，是嗎？”我説：“學不會，已放棄了。”他説：“這些跳舞學校是騙錢的，教不好，就是教會了，也是不上‘品’的。”他是廣東人，在香港住過多年，我是相信他的話的。他接著説：“我姐夫、姐姐也喜歡跳舞，徐先生如願意，我可以陪你到他家去坐坐。”我説：“從不相識，不好意思罷。”他告訴我，姐夫叫曹亮，姐姐梁淑德，都是燕京大學畢業的。並説，他們很好客，我如願去，他們一定歡迎。

過天下午，他告訴我，他姐夫、姐姐歡迎我當天去飲下午茶。我看了一會報，就同梁邦彥去拜訪這一對好客的夫妻。

這對伉儷大概都已三十五歲以上了。曹先生更看老些，的確和藹可親。先談談時局，也很有見地，而且似乎消息很靈通。喝完了咖啡，話入正題。曹先生説：“跳舞，其實沒有什麼神秘，它只是把生活中各式各樣步伐，組織起來，加以音樂化。如此而已。所以，不要花功夫去死記什麼。兩步一併，一步一轉之類的公式，主要是注意聽音樂的旋律。聽清了旋律，慢慢學著步子、身子跟著走動。這樣，就會放縱自如，不至於被‘篷、擦、擦’聲所拘禁了。”

這一番跳舞學的“緒論”，的確很開了我的竅。接著，曹先生開動留聲機，先教我如何跟著音樂“走”，然後他作為“女伴”，手把手教我如何起步，如何轉身，以及若干必須注意的事項。

以後，我斷續到他府上去做了幾次客，先是曹先生，以後是梁女士，親自教我學了各種舞，算是把我引進了跳舞之門。以後，同事們有上舞場的，我跟了去，居然能應付裕如。以後，一個相當時期，我對此入了迷，晚上上班前，總一個人去跳上半小時。我的確是為跳舞而跳舞，只挑選身子輕盈，步伐熟練的舞女，一元三跳，一定跳夠數。從不和舞女交談。

後來，梁邦彥君告訴我，他姐姐和姐夫都是共產黨員。解放後，沈體蘭曾在市政協小組會上談他傾向進步的經過，說他在抗戰以前，在工部局的一所學校當校長，有一位教員叫曹亮，是地下黨員，千方百計引導他走向進步的。我會後問沈："那位曹亮先生是不是廣東人？燕大畢業生？"他說："是的，你認識他嗎？"我笑著說："豈僅認識，他還是我的老師啊！"

自從結成"師徒"關係後，我和曹亮夫婦成了相當熟識的朋友。他曾請我出面邀集鄧友德、成舍我、程滄波這幾個人一起吃飯，介紹他們認識。當然，我不便問他為什麼要"結識"這幾個國民黨的頭目們（成舍我雖以民間報人自居，早已投入 CC 懷抱了）。

一九四八年我再度到香港籌備《文匯報》時，我這兩位"啟蒙老師"又早已回到香港工作，還請我吃飯，他們那時有了自用汽車。據說是經營了一家貿易公司。一九五〇年，我為香港《文匯報》的事，又去了一次香港，和曹、梁多次敘談。曹先生有一次還對我說："吳鼎昌還住在香港，你可以憑老關係去看看他，鼓勵他回國去。"他看我有些為難。他說："這也是工作呀！像他這樣的人能夠回去，對解放台灣該起多大的作用啊！"我正遲疑不決，想鼓起勇氣作此嘗試時，有一天早上，行經雪廠街，看到花店門前放了好幾個新紮的大花圈，我低頭看看那個最大的，飄帶上赫然寫著"達銓吾兄千古"，"弟吳鐵城敬輓"。這個任務是沒法完成了！

梁邦彥君在《大公報》工作不到半年，他的中、英文都有相當根底。他的譯稿，楊歷樵兄是很少改動的。約在太平洋大戰前三個月，他向我辭職，說已應英國 BBC 廣播公司之聘，前往新加坡工作。太平洋大戰爆發後，我一直為他的安全擔心。一九四八年我和曹、梁重新會面，問起邦彥，他姐姐淒然說，早已犧牲了。“是日軍包圍新加坡的前夕，他和同事們乘一小輪離開，剛開出港口，就遭到敵機的狂炸，全船的人都死了！”

今天赴醫院量血壓（八十四——一百四十八）比以前更平穩了。醫生囑繼續半休，以求鞏固，又配了些治咳嗽的藥水。下午，理髮。

3月18日 正月廿九　　星期五　　陰（8℃ — 13℃）

連天陰晦，毫無春意，而嫩柳已垂綠矣。

“辭海”新建五層圖書館已近完工階段。成都路口那座八層大樓也快落成。報載北方魯豫等省正在大力抗旱澆麥，說是去冬雨雪很少。

我生平不吃魚腥及牛羊肉。據母親生前說，是我童年所出痧子，醫囑忌吃油膩，整天吃魚蝦，大概是條件反射罷，病癒後見了魚腥就作嘔。記得在家鄉讀小學時，春節期間家中常吃青魚粉條湯，我則另以肉丸下粉條。有一次，肉丸沒有了，母親將青魚湯給我煮了粉絲，騙我是肉湯煮的，我吃後大吐。可見我的不吃魚腥，不是心理作用。至於為什麼不吃牛、羊肉，原因就不清楚了。

為了這個壞習慣，吃了不少苦頭。我一九二六年初到北京，不知道"清真"是什麼回事。有一天，從清華進城，在前門大街"一條龍"要了一碗肉絲麵；猛抬頭，看到門前掛著牛、羊肉，連忙關照，説我要吃豬肉絲的，想不到夥計把兩手一擺，高叫"咄，快滾。"後來，同鄉告訴我："這個夥計沒有打你一巴掌，大概還是看你年輕無知，是客氣的。"

一九五一年參加赴朝慰問團，隨總團在平壤郊區的金日成故鄉萬景台住了二十多天，那時朝鮮供應十分困難，為了竭力招待我們，每餐以牛油拌了冷飯給我們吃，我只好託詞消化不好。每頓勉強吃一兩匙，只有到志願軍單位慰問時，才得飽餐。

香港一般吃廣東菜，魚腥特多，有幾次朋友在吃海鮮出名的香港仔請客，別人吃得津津有味，我卻最後只得叫了一碗雞球麵充飢。

也有很湊巧的事，許地山先生有一次請我吃西餐，他是"五四"後中國的第一批新文學家，他以"落花生"為筆名，寫了不少小説。那時，他在香港大學任中國文學系主任。他夫人周俟松比他小十幾歲，是我師大的同學（不是同系的），她聽到我不吃魚蝦牛羊肉時，拍手笑道："你們兩位簡直沒有共同嗜好，好得今天是吃西餐，可以各點各的菜。要是吃中餐，真不知點什麼菜好了。"原來，許教授是既不吃雞、鴨，也不吃豬肉的。

《大公報》對職工一向是供給伙食的。香港館因為地方小，改發伙食費每人十元。金誠夫和我們編輯部的人，住在羅便臣道宿舍裏，由一位廣東"娘姨"做飯。我勉強吃了半個月，就推説中午起不了床，退出了這個伙食團。

從此以後，吃飯只好打"游擊"，起床總在下午一時左右（每天總要天亮時睡覺），大都叫工友到對面的"士多"（即商店，這也是香港特有的西化語詞，其他，如郵票叫“士的”，出差小汽車叫“的士”等等）去叫一瓶朱古力豆乳（即巧克力豆漿，比上海的豆漿濃，聽説是消毒的，和牛乳一樣裝在瓶裏，一般是冰好吃的）和一塊麵包。有時則自己用電爐煮兩個雞蛋吃。

晚飯如無應酬，大抵花五六毫錢上小餐館吃起碼的西餐，更多的是到堅道一家素菜館去吃一碗麵。晚上十二點，報館備了夜宵。值夜班的，每人每天還另發二毫，以便深夜吃第二頓夜宵。那時港幣購買力還相當高，每元約合未貶值前的中國錢一元二角；在《大公報》附近的小街裏，深夜也有不少吃食攤頭，兩毫子可以買到一盤肉絲炒河（米粉）之類，也有“蟲草燉雞”這類的名菜。如果願意吃，自己就要多破費三四毫。總之，這兩頓夜宵，實際成了我每天主要的兩餐。

後來，張竹平在“華人行”的頂樓開設了大華飯店，賣的是川揚菜，也有煨麵、小籠包等上海點心，價錢不算太高，花五六毫可以飽餐一頓，我成了常客之一。

鄧友德大約一九四〇年春夏之間來到香港，名義是國民黨中宣部駐港特派員。由於曾在上海有過一段交往，我對他頗有好感，他也很能迎合我的愛好。比如，我愛跳舞，他也跟著我跑舞坊；我去大華吃點心，他也去。曹亮夫婦叫我約他和程滄波等聚餐，他也欣然從中聯繫。後來，他從四川家鄉僱來一個廚司，做一手道地四川菜，從此以後，我如無酬應，幾乎每天到他的九龍寓所吃便飯了。

他也從不曾談過國民黨中央對他有過什麼宣傳指示，更沒有要求我寫什麼文章，他知道我自尊心很強，而又自命清高，標榜無黨無派，只是偶然談談他所聽到的重慶內幕“消息”。就這樣，我的思想，我對時局的觀點，一天天和他接近，也就是和國民黨接近。

大約在一九四一年初，很多文化人被迫從重慶逃到了香港，創刊了《光明日報》等報刊，揭露國民黨的獨裁統治。他們和流亡在香港的東北進步人士一起，要求清查張學良問題。鄧友德和陳訓悆説，這是他們藉這題目破壞團結。我以“荊紫”的筆名，寫了一篇文章，題為《異哉，所謂張學良問題》，登在《大公報》上。主要的論點是，抗戰要勝利，必須精誠團結。張學良問題可以談，但不要言論激越，影響團結。尤其不要把這問題拿到海外來大張旗鼓宣傳，為敵人所快意，使海外同胞痛心。正如魯迅先生批評那些“正人君子的”，我這些話，好像也是為了團結抗戰，不偏不倚，“公正、平允之態可掬”，其實是為國民黨幫了腔。當時，《國民日報》、《星島日報》登了不少劍拔弩張攻擊進步人士的文章，而實際的影響，都不及我這一篇。當時，張季鸞已病倒在重慶，胡政之對我這篇文章也並未表示不贊成，因為這是符合對國民黨政府“小罵大幫忙”的基本方針的。

從此以後，我愈陷愈深。在一九四一年下半年，鄧友德創刊了《中國評論》周刊。他對我説，這刊物專門評論國際問題，不談國內問題，他請我擔任總編輯，我沒有答應，但和成舍我、程滄波等一起，參加了它的編委會。在已出版的幾期中，寫了好幾篇有關敵軍南進和美日和談的文章。

如果不是太平洋大戰爆發，結束香港這一段生活，我很可能會走上張季鸞已經走過的那條路。

3月19日 正月卅　　星期六　　多雲（8℃—16℃）

今天到社時，同志們多去紹興路去聽傳達了。我和老陳、老倪和小董未去。回來的同志説，是傳達中央十號文件，即“四人幫”的反革命歷史材料，材料證據確鑿地證明：張春橋是特務，早年在濟南即參加了特務組織；江青是叛徒，還曾和上海的流氓頭子一起鬼混。姚文元幾代是地主，一貫包庇他的叛徒老子，他還是中統特務頭子徐恩曾的乾兒子；王洪文則為新生的資產階級分子。這些説法，令人浩嘆。

今天《解放日報》刊載文章，揭發王洪文一九七五年在上海的反革命活動，極為詳盡。

據説，中央即將召開三中全會，對“四人幫”實行處理，有關“四人幫”的反動歷史面目，將陸續在報刊發表。

我一九三九年初到香港時，中央社香港分社的主任叫盧祺新，此人曾任燕京大學新聞系主任，是標準的洋派。不久，盧被調往美國任中央社特派記者，繼任者為任玲遜，此人有些書生本色，言談間對國民黨的黨棍們也頗為不滿，但充滿著英美式民主思想。中央社的英文部記者，大率為燕大畢業生，一般都有不同程度的崇美思想。如香港的一個記者，大家叫他“哪、門、宗”，他自己也這樣稱呼，真有點數典忘祖了。

《大公報》香港版的幾個翻譯和國際新聞編輯，除楊歷樵外，也大部分是燕京畢業生。有些，後來還派到國外去當特派記者。

《大公報》第一個派往國外的是蕭乾。蕭聽説原是孤兒，由香山慈幼院撫養，以後由該院保送中學和燕大。大約在一九三四年左右，參加天津《大公報》任《文藝》周刊編輯，聽説是楊振聲向胡政之推薦的。所以《文藝》周刊一直由楊振聲、沈從文等人參與。

我到香港不久，蕭即離港赴英，而推薦他的燕京同學楊剛繼位《文藝》編輯。

據胡政之說，蕭的赴英，是應英倫某大學之聘，任中文助教，而每年只給他薪水一百多英鎊，他準備一面任教，一面讀書，並兼任《大公報》駐英記者，每月由報社給他一定的外幣。

寫到這裏，還要作一點說明，上面所說的第一個派往國外的記者，是指英、美等國而言。嚴格說，在一九三四年時，《大公報》就派出了兩個駐日記者，一個是吳硯農，他當時是助理記者，大概那時已是地下黨員了。有一次在租界散發學生運動的傳單，被法國巡捕追捕到報館，他在工友的掩護下，越牆逃走。以後，胡政之就派他赴日本，以駐日記者的名義，進了大學，一九三六年回國，在上海《大公報》和我同事。解放後，我一九五一年參加赴朝慰問團過天津，我們重新見面，他那時已任天津市委書記處書記。另一個是女的，叫于立忱。何時進館，如何赴日？經過我不清楚。

在上海《大公報》出版後，張季鸞每次出外旅行，總委託我代他收藏信件，關照說："如果是公事或稿件之類，即代為處理，如是私信，則請收好等我回來給我。" 有一次，看到有一封寄給他的信，下款寫著"東京于寄"，以為必是稿件，就拆看了。看到開頭就寫著"季鸞四哥如握"，署名是"你的立忱"，嚇了我一跳，連忙仔細地封好了。這就使我想起，一九二九年我和何心冷兄同赴瀋陽採訪華北運動會消息時，談及同事們的個性和嗜好。我說："胡、張兩位，工作這樣忙，大概沒有什麼嗜好罷？" 何當時冷冷一笑，說："焦大說過，大觀園裏只有一對石獅子是乾淨的，可惜《大公報》裏，連石頭的獅子也沒有。"

一九三六年底，這位于女士由日來滬，住在旅館裏，我曾在報館見到她一面，印象不深。沒有幾天，就聽說她在旅社自殺了。當時風聞她留有遺書，大意説是陷於不可解脱的苦悶云云。因為事涉兩個老闆，誰也不敢打聽，確也沒有人竊竊私議此事。

郭沫若先生在他的抗戰時回憶錄中，談到張季鸞，也談到他這位妻姐。言詞很閃爍，而語氣中是不掩其忿忿之意的。

話説回來，蕭乾到英國後，不久寄回了通信。我們特地製版做了醒目的“本報特派記者倫敦通信”的題頭，實際上，沒有什麼內容，只是以所謂“文藝”的筆調，敷衍成篇而已。

“有意栽花花不發。”真正可稱為好的國外通信，卻來自一位投稿者，那就是署名“孝隱女士”的法國通信。我第一次看到從巴黎寄來的厚厚一封信，拆開一看，字寫得極小，極清秀工整，內容是描述法國投降前的內部鬥爭，以及巴黎人民的艱苦生活和激昂情緒，文筆也極好，觀察也很深刻。我立即分兩天把它刊載在顯著的地位。當天，我就寫了一封信給她，請她擔任特約記者。以後，她大約至多每隔半月，即寄來一篇相當長的通信，先是從巴黎，後來寄自維希，每篇大約要分三天登完。我們是按最高標準寄給她稿費的，但她大概並不計較這些，主要是由於對新聞寫作的愛好，才這樣熱心地為我們寫稿。我可以武斷地説，所有《大公報》前前後後派到國外去的記者，包括蕭乾、楊剛在內，沒有一個達到她這樣的水平的。當時《大公報》的讀者，包括重慶《大公報》轉載後的讀者反映，都一致給以好評。我現在還記得她在描述貝當和魏剛向希特勒投降時法國人民的憤慨，説這兩個人都是第一次世界大戰時的英雄，現在真像中國俗諺説的：“七十三，八十四，人糊塗，老不死。”貝當那年恰是八十四歲，魏剛七十三歲。信手拈來，恰到好處。

這位孝隱女士，我當時只知道他的丈夫姓蕭。解放後，才知這位蕭先生叫蕭瑜，曾當過李石曾的“北平大學”校長辦公室主任。又曾在易培基任故宮博物院院長時，當易的秘書長。後來，發生所謂“故宮盜寶案”，他隨易下台，大概就全家去法僑居了。

史諾的《西行漫記》裏，也提到這位蕭先生，説毛澤東在長沙第一師範讀書時，曾和一個同學徒步走遍了長沙幾個縣的農村。這個同學就是蕭瑜先生。

太平洋大戰爆發後，我們和孝隱女士就斷了綫，以後，再也無從聯繫，她也從此沒有再向《大公報》寄過稿子，也沒有在任何報刊上看到過她的文章。我到現在還認為，她是極有才華的，而且具備了當好一個記者的許多優越條件的，照上述的經歷推算，她如果還健在，該已是七八十歲的老人了。

3月20日 二月初一　　星期日　陰轉多雲（7℃ — 17℃）

昨天提到中央社香港分社主任盧祺新，他原是美國密蘇里大學畢業生。密蘇里的新聞系，也像燕京的新聞系一樣，大概雖非獨此一家，也是較為有名的，正如學軍事必入"西點"一樣，當時中國留美學新聞的，總是入密蘇里。

盧於一九四〇年初調派赴美，不知事前是否和胡政之有過什麼聯繫。他去了不久，就發給胡一個電報，説密蘇里已決定將本年度獎章授予《大公報》。當時，我們聽了都極為高興。據説，密蘇里每年把一枚獎章授予國際間"成績卓越"的報紙。在東方，除大阪《朝日新聞》曾受過這一"榮譽"外，《大公報》算是"唯二"的一家。

到了正式授獎那一天（由盧祺新代表《大公報》在該校接受），重慶由中央社發起，舉行了全市新聞界慶祝《大公報》榮獲密蘇里獎章大會。舊中國的新聞界，一向不脱“文人相輕”的習慣，重慶各報，同業競爭也極厲害，如何會對有利於《大公報》的自我宣傳這一件事，如此感興趣呢？雖然張季鸞當天在重慶《大公報》所寫社論中説，這不僅是《大公報》的榮譽，也是中國報界的光榮。但説穿了，由中央社發起開這個慶祝會，主要還是由於《大公報》為國民政府和蔣介石宣傳賣力，國民黨既獎賞《大公報》，也有討好美國人的成分。重慶其他各報，其實無法可想，只得跟著胡調一番而已。

從天津《大公報》時代起，胡政之、張季鸞就每每自詡為中國的《曼徹斯特衛報》，説銷路雖不及上海的新、申兩報，對國內外的影響則恰如《曼徹斯特衛報》一樣，是輿論的“權威”。有一次，胡適到滬，《大公報》請他吃飯，他對胡、張極力捧《大公報》，説《大公報》不啻是“小人國中的巨無霸”。

大概，在整個《大公報》的發展史上，“密蘇里”的一幕，可以説是到了頂峰了。

一九四〇年在《大公報》還有一件大事，就是籌備出版桂林版。在這件事上，胡政之的眼光是比較遠的。他不愧是“知日派”，看到日本終將南進，香港終將不保，所以一九四〇年初就利用香港館的盈餘，購買幾架平版機，澆鑄鉛字，將一切報館設備陸續運往桂林。從那時起，香港館的事就交給金誠夫和我二人負責，他自己集中全力，到桂林與桂系上層打交道，購地皮，建造簡易的廠房、辦公室和職工宿舍，到一九四一年初桂林《大公報》創刊時，他把家眷也全部搬去了。

桂林《大公報》創刊之初，張季鸞還天天自己寫電稿，發給桂林，為桂林版加油打氣。但不久，他就病倒汪山，終於長逝了。

我一九三九年初到香港，他也正在那裏。那時他的家還在香港，不久就搬到重慶去了，以後，每隔四五個月，總要到香港住上三四個月，主要是延醫診治肺病。同時，也受蔣介石和張群的委託，和日方代表試探和談的道路。他從不問編輯部的一般業務，也難得到報館來，只是隔一兩天找我到旅館去談談社評的題目和大概的意見。他先住在九龍大酒店，後來住雅蘭酒店。他用的錢，不從報館開支，而是從重慶帶來的一筆"專款"，存在報館由他支用。他在香港做些什麼事，當然是不輕易告訴我的。在這方面，張當然做得很秘密。當時，他介紹他的一個陝西同鄉羅四維到報館當日文翻譯，實際只是掛個名，不做什麼工作。據説，這位四維羅先生，就是在張和日方代表和知鷹二之間奔走的。我那時已風聞張季鸞和日方有來往，曾在無意中問過羅："張先生和日本哪些人接頭？他說："我也不深知，大概是和知罷。"

王芸生和曹谷冰在那篇回憶大公報的文章中說，張季鸞參加蔣介石的謀"和"活動，一九三七年十一、十二月間，張季鸞曾一度由漢口到南京，參與蔣介石同希特勒的駐華大使陶德曼所謂"調停"的秘密交涉。一九三八年一月初，王芸生由上海經香港到武漢，張即將有香港之行，要把編輯言論的責任交給王芸生，對王講了心裏話。張季鸞的話有兩個要點：一説"我和蔣先生有交情，你寫社評，只要不碰蔣先生，任何人都可以罵"，二説"我這次到香港去，是受蔣先生之託，去向敵人撒一把迷眼的沙子"。還説，張曾暗示，其主觀用意是在使日本帝國主義曉得蔣介石有謀和之意，以企圖鬆弛日軍進攻武漢的決心。周逆佛海在他的回憶錄《和平運動之前後》説："自盧溝橋事件擴大為滬戰以後，以汪為中心，周佛海、梅思平、高宗武、陶希聖諸人即已傾向和平，在南京未失陷前，他們曾通過胡適，青年黨的左舜生、李璜，國家社會黨的張君勱，《大公報》的張季鸞等，先後向蔣氏進言和平，不過日本的要求到現在為止，是沒有止境的。"

有一天，大約是張季鸞最後一次在香港的時候，我和他在雅蘭房間對坐閒談。我說："外間傳說張先生是來和日本人談和平的，會有這樣的事麼？"他微笑地說："那有什麼奇怪呢？"他看我對他的答覆還不滿意，接著說："是蔣先生和岳軍請我來摸摸日本人的底的。"我說："這類的事，為什麼張岳軍不自己出馬，要張先生參加呢？"他說："張岳軍一到香港，目標就大了，謠言就多了。"我說："這樣，不影響我們《大公報》的超然地位麼？"他又微笑地說："你把新聞記者的地位看得太輕了，外國的許多政治家都是記者出身的。以我們的地位搞這些重大的活動，往往更便利，更凌空，收效會更大些。"後來他還談起戰事後的打算，說："我的身體不好，準備到燕京大學去休息一兩年，給學生們談談新聞工作的經驗，好好休養休養，再來搞報。"我說："我也去當一名助教，把你的東西記錄下來好了。"

他和日方談些什麼條件，得到什麼結果，我不便問，他當然也不會告訴我。抗戰勝利後，我在上海的舊書攤上買到了一本漢奸梅思平的《回憶錄》，其中有一篇叫《和平運動之如是我聞》，提到張季鸞的謀和運動。他說："在宇垣初任外相的時候，蔣先生又命張群致賀電於宇垣。從此以後，張群命其心腹張季鸞藉《大公報》在香港出版之名，常期駐港，與日本方面聯絡。當時他們的建議是很離奇，說要陳立夫到菲律賓去與日本方面聯絡，再由日本派大員到衡陽和蔣先生見面。"他說的雖然未必可靠，但也有助於理解"向敵人撒一把迷眼的沙子"。

張季鸞去世後，存在香港《大公報》的"專款"還未用完，還剩有好幾千港幣。記得《大公報》的會計主任曾向胡政之請示處理辦法。胡說："這款子是陳布雷經手的，寄還給陳布雷好了。"

我在香港這段時間，張季鸞大約來過三次。一九四一年春以後，就不再來了。重慶傳來消息，說他的病已日就沉重。他的逝世，我當時是很悲痛的，曾有一星期不上館子，不上舞坊。我曾寫了悼詞，還為他寫了簡單的年表，刊在報上。港館也開了追悼會。至於重慶的追悼會，據説十分盛大隆重，蔣介石也親自參加。以後，張的靈柩運往西安杜陵安葬，還修了祭堂和墓表。這在舊中國報人的遭遇中，他可算是空前絕後的罷。

3月21日 二月初二 春分　　**星期一**　　**雨**（7℃ — 10℃）

一九四一年十二月八日（美國時間十二月七日），日軍偷襲珍珠港，揭開了太平洋戰爭的序幕。同一天，日軍開始進攻香港。九龍邊界的一聲炮響，令這個紙醉金迷的海外“桃源”，立刻陷入了恐怖和黑暗之中。

在此以前，日方派了它的特使野村赴華盛頓談判，一般看法，認為日本力量不足，一時還不敢南進，挑起對美的大戰。我於七日清晨看罷大樣回到宿舍，為《中國評論》趕寫一篇評論，基本上也持這個看法。近七時寫完，疲困極了，納頭便睡。剛睡下，就聽到遠處傳來炮聲，以為是英軍在試炮，不在意地睡著了。大約不到一小時，宿舍的工友劍華把我叫醒，倉皇地説：“不好了，已經開炮了！”我還鎮定地説：“是英軍試炮罷。”他説：“不，大家都説敵軍已進攻九龍了，我剛到海邊去看過，大船小船都擠滿著九龍逃過來的人。徐先生，你也快起床出去看看罷。”

我們的宿舍是在四層樓上，建築很考究，是一位南洋華僑的房子。我走到平台，遠看海面，的確船隻如梭。不久，就聽到飛機聲，敵機已飛到香港上空偵察、掃射。

宿舍裏住有幾位太太，都驚恐起來。同事們則早已下山去了。

我最近讀了丘吉爾的《回憶錄》，談到香港之戰時，他說，當時英軍實在無兵可調，在遠東，他主要是集中力量，保衛新加坡。至於香港，只補充了三營加拿大兵，而加拿大兵在保衛香港戰爭中，是如何頑強，英勇不屈。他所說的前一部分，可能是事實，後面顯然是瞎吹牛。

我當時曾目睹這些加拿大兵都躲在水泥的掩體裏，敵機飛到香港上空時，他們伏在裏面，動也不敢動。當時香港人說，英國的防空是顛倒了的"三部曲"，先是敵機轟炸，炸完了，才響起高射炮，然後"嗚嗚……"發出警報，好像是歡送敵機的。

我去到山下，看到市面已大變，除吃食店、茶室外，幾乎全關了門。到報社，知道敵軍已攻進九龍，並知英美已被迫對日宣戰。

我到一幢大樓下面的理髮館去理髮，理了一半，警報聲響了。理髮師丟下工具躲進地下室去了。過了二十分鐘警報解除後才給我繼續理。可見當時的空氣十分緊張。

不僅敵機不時空襲，而且不斷由九龍前綫炮擊香港。炮彈不大，破壞力也有限，卻給香港人造成了極大的恐怖。我們的宿舍是羅便臣道較高的建築，正當上山馬路轉角處。在開戰的第二天，就捱了一枚炮彈。每當炮轟或空襲時，我們都到樓下躲避。忽然大樓尖塔中彈，樓梯附近四五層樓的玻璃都炸得粉碎。事後我們去平台上看，只炸了一個小洞。顯然，敵軍的目的不是要炸毀香港，而是製造恐怖，威脅香港總督投降。

敵軍進攻不到三天，英軍在九龍的防禦就崩潰了，港九之間的交通中斷，敵軍對香港的空襲和炮擊更加頻繁，恐怖空氣也更加濃厚了。

當時，胡政之恰巧來香港處理工作。自從張季鸞逝世後，他已繼任為國民參政員。香港戰事爆發後，聽說重慶政府曾派飛機到港，把陷落在香港的"要員"接往重慶，蔣介石曾開了一張指定要接走人的名單，胡也在其內。可是，飛機降落九龍啟德機場，只把與四大家族有關的人接上了飛機，孔祥熙的二女兒（重慶有名的怪物"孔二小姐"），也適在香港，她不僅把幾十件行李連同洗澡盆裝上了飛機，連她豢養的十幾條狗也帶走了。事後聽說，曹谷冰、王芸生那天曾到機場迎接胡政之，人沒有接著，卻看到孔二小姐帶著十幾條狗一一下飛機，乘汽車揚長而去。他們十分氣憤，在第二天的《大公報》上披露了出來，曾引起了參政會中的一場"質詢"風波。

我們在香港的宜興小同鄉，約有六七人，隔個把月敘一次餐，以資"聯歡"，因而認識了徐明誠。我當時不清楚他的職業，只在談話中，聽出他對國際問題是很關心的。

後來，我和他都先後脫險到了桂林。他才對我說，他是重慶"國際問題研究所"派到香港工作的。他還告訴我，他在珍珠港事件前半個月，就從在日本軍事機關工作的一個朝鮮人口中，得知日方準備向美軍偷襲，發動大戰。他把這個情報打到重慶，聽說重慶方面曾據此轉告美方，美方認為這是中國故意挑撥，意圖破壞正在進行的日美談判，一笑置之。

那末，我這位同鄉，可以說是在當時的香港人中，最早知道敵軍將發動進攻的了。

重慶的"國際問題研究所"，是國民黨的一個情報機關，所長王芃生，以國際問題專家為標榜，實際是國民黨的一個情報機構負責人。

我對徐明誠，原來是有所警惕的，後來，他（到桂林以後）隱隱約約向我暗示，他是中共黨員，他的妻子潘麗華也透露他們和潘漢年有關係。一九二八年我們家鄉曾發生過有名的“宜興暴動”，我那時雖遠在北京，但後來親友們告訴我，參加暴動的唯一女黨員就是這位潘麗華。因此，我對他們就減輕了戒心。以後，他到上饒去工作。抗戰勝利後，我於九月六日回到上海，他和宦鄉二人第二天就到我家裏來看我，並且說，他們在上饒時經常見面。我對宦鄉是敬重的，那時，雖不知他是共產黨員，但認為他確是進步的。因而對徐也就更不懷疑了。

一九四八年我去香港籌備《文匯報》前不久，他忽去美留學。我以為他一定是為共產黨去做情報工作的。

因為回憶日軍突然襲擊香港，聯想到徐明誠夫婦，把以後我和他們一段交往的經過，一併敘明始末，算是“帶過”了。

當國民黨派飛機到港接人時，有一個人曾跑到啟德機場，要求一定把他帶往重慶，說：“敵人早就知道我是堅決抗日的，我如落在敵人手中，就沒有命了。”此人就是方振武。儘管他這樣苦苦哀求，“孔二小姐”還是不肯答應。他失望回到寓所（他住在九龍“新界”，即九龍最後擴展的租借地）。在敵軍進入九龍的前幾小時，從小路逃到寶安。據說，在路上，被一個同行的軍統特務暗殺了。

誰都知道，在熱河淪陷後，方曾和馮玉祥、吉鴻昌在察北舉起過抗日同盟軍的義旗，在敵軍和蔣軍的配合夾攻下，他們失敗了。方逃往國外。“七七”抗戰後，他回國要求參加抗戰，蔣介石不予理睬，他到桂林辦了一個農場，安頓他的舊部下，蔣又派人多方加以壓迫，他因此到香港做了“寓公”，我跟著張季鸞曾到他家吃過幾次飯。他談起以往的遭遇，還滿腹憤慨。想不到他最後還是遭了蔣的毒手！

一九六一年後，我在上海市政協兼任編輯《文史資料》工作，和方的老朋友阮玄武相識，我要求阮談談方的往事，阮原原本本給我談了，我花了個把月的功夫，整理出一篇《方振武的生平》，約萬餘字，刊載在上海市政協出版的《文史資料》中。這也是後話了。

今天上午學習，漫談聽了十號文件即揭發"四人幫"罪行的第二部分材料的感想。聽說，材料不久將發到組裏。

今天廣播，國務院召開電話會議，號召北方各省，動員繼續進行抗旱鬥爭，確保春播及夏收作物的豐收。去冬，江南各省雨雪比往年多，想不到北方各省發生如此嚴重的冬旱。有些地區，聽說已半年沒有下過雨雪。近來，江南連天陰雨。能夠把這一大片雨移到北方去，多好！

3月22日 二月初三　　星期二　　陰（6℃ — 14℃）

香港一聲炮響，當天就實行燈火管制，入夜一片漆黑。我平素常"光顧"的大華飯店和環翠閣等都停止了營業。我午後下山，到報館處理了些業務，出去找個小食攤隨便吃了一點東西，摸黑回到了報館。廣告沒有了，體育新聞、船期消息等等都沒有了，報紙每天改出一大張。一面編報，一面敵人的炸彈、炮彈在空中呼嘯。有一次，我和幾個同事看完大樣後摸黑回宿舍，走到公園附近，只聽得一聲炮響後，忽然聽到"啐啐"的聲，大家連忙伏下，炮彈在兩丈以外炸開，好在炸力不大，我們只受了一場虛驚。這是我在香港戰爭中遇到的最大一次危險。除此以外，在香港淪陷以前，每天上下山遇到炮彈從頭頂飛過，晚上甚至可以看到一條紅綫越空而過，這是司空見慣了。

偏偏在這時候，金誠夫忽然“隱居”了。“一二·八”的第二天，他就忽然失蹤。問他的太太，也不知他到哪裏去了。那時，胡政之住在離報館不遠的勝斯酒店，聽到這消息，十分生氣，說他的膽子太小了，怎麼可以什麼都不管自己躲了起來呢。他囑咐我兼管經理部的事。

他當時對我的勇於負責，似乎很讚賞。一天晚上，留我在旅館一起吃飯，談起他戰後如何擴展《大公報》的理想，說桂林館將來沒有維護下去的必要，而上海、天津、重慶、香港這四個館一定要出版下去。然後他說：“你年紀輕，是高級幹部中最年輕的一個，將來是大有可為的。”又說：“要開創一個事業不容易，像季鸞，文章是寫得好的，但在《大公報》以前，他參加了好幾個報，因為沒有好的人合作，始終一事無成。”言下之意《大公報》之所以有今天，主要是由於他的經營得法。他又說：“我希望你將來不要三心兩意，另起爐灶比承繼一個現成事業困難得多。”這顯然是指《文匯報》，他是知道我還是不忘情於《文匯報》的。他還進一步對我表示好感，說：“我有一個想法，勝利以後，把季鸞的股份買了下來，把一部分分配給你。”

我對他貶低張季鸞，實在有些不滿（在我的記憶裏，胡政之曾不只一次在我面前說張如何只會寫文章，如何名士氣等等貶低張的話，張卻從來沒對我透露過任何不滿胡的話，這大概也是資本家和知識分子、市儈氣和名士氣的區別之一罷），就說：“張先生屍骨未寒，這樣豈不把他和報館一刀兩段了嗎？”他大義凜然地說：“報館是社會的事業，應該前浪推後浪，我們一向主張事業前進，個人後退。如果一代代都佔有著，將來就不好辦了。”我說：“你們三位（指吳鼎昌和胡、張）是創辦人，和別人不同，《大公報》這個名字，是不能和你們三位分開的。我感激胡先生的器重，但是，是張先生的股份，我不能要。”他看我態度堅決，就把話扯到別處去了。

後來，敵軍的空襲的炮擊越來越頻繁，他移居金城銀行的底層。胡和金城的周作民關係很深，他們同時留學日本，胡回國後，又曾推薦周在河南淮陽法院當過一年多推事。我於一九五〇年在李濟深家裏和周作民最後一次見面時，曾談起《大公報》的往事。他告訴我，《大公報》新記公司最初創立時的五萬元股款，名義是吳鼎昌的獨資，實際是吳和他各拿出一半。一九六二年，我為了組織金城銀行的"文史資料"，曾訪問金城過去的總會計袁佐良。據袁說，照他的看法，《大公報》這五萬元，至少總是吳、周兩人一起拼湊出來的。周曾叫他關照金城的各地分行，有兩個人可以毋須擔保，不限數目地透支，一個是黃炎培，一個就是胡政之。可見周對胡的事業是一貫支持的。聽說，他對"永利"、"久大"等民族工業，也大力支持過。這個人後來和敵偽有千絲萬縷的聯繫，但據我的接觸，他比吳鼎昌更務實一些。他也比吳鼎昌幸運，他一九五一年回到解放後的內地，吳鼎昌卻終於沒有等到回來這一天。

到了十二月十三日，日軍已佔領整個九龍半島，隔岸轟擊香港，香港的命運，已指日可待了。我請示了胡政之，和其他各報一樣，決定十五日宣告停刊。我寫了一篇題為《暫別香港讀者》的社論，大意說，因為局勢變化，不能不停刊，但相信在不久的將來，在對日抗戰最後勝利以後，一定會和讀者重新見面。在這暫別期間，願與讀者互勉，在任何艱苦困難，威脅利誘下，決不屈服，保持民族大義，使我們勝利後重逢時，無內愧，不臉紅。最後，引用了文天祥的兩句詩作結束："人生自古誰無死，留取丹心照汗青。"第二天去看胡，胡及和他住在一起的永利公司總經理，當時中國有名的化工企業家范旭東很稱讚這篇社論，說越是在這樣的環境裏，越該大聲喚起民族的氣節。

九龍失陷後，日軍一面嚴密封鎖香港這個小島，一面加強誘脅港英政府投降，中間曾有幾天間歇。那幾天，我和范長江、薩空了以及黎蒙等經常見面，大家認為各報都停刊了不是辦法，主張幾張"外江報"出聯合版。胡政之也同意這樣做，但因為《國民日報》的堅決反對，此事未能實現。

過不了幾天，英國總督就宣告向日投降，戰事是停止了，幾百萬香港人民的恐怖和遭受的精神和生活上的威脅也日益嚴重了。

一批陷落在香港的政客和財閥如顏惠卿、陳友仁、周作民等，被日本憲兵"請"去作了香港大酒店的"寓公"。也有敵軍並無"請"意而自願自請的，如曾任南京國民政府外交部次長的甘介侯，聽到顏惠卿等已進了香港大酒店，就在自己的大門口貼上大字的條子，説本人曾任南京政府大官，願接受皇軍的任何處置。這樣，也就被請進去了。

周作民被日軍帶走，胡在金城銀行就躲不下去了。金城的分行經理不像周這樣好客。據説，周一離開金城，這位經理就對客人訴苦，説米如何難買，菜如何供應稀少，這無疑是變相的逐客令，胡不得不遷居到銅鑼灣一個四川同鄉那裏去。不久，他就化裝乘船經廣州灣前往桂林。

范旭東沒有地方可搬，只得自己買了個小火爐，自己做飯吃。據胡政之行前告訴我，這位范先生是了不起的人。他是民國初年有名教育家范源廉的弟弟。他們從小喪了父母，范源廉後來考取官費赴日本留學，省吃儉用，把他兄弟也接去入學。哥哥學的是教育，弟弟學的是化學。范源廉回國後，曾先後任北洋政府教育部長和北京師範大學的首任校長，思想上雖受他幼年的老師梁啟超的影響，傾向改良主義，主張教育救國，但不像梁那樣熱衷於做官，不失為一個正派人。范旭東回國後，醉心於科學救國，先創辦了塘沽的久大精鹽廠，以抵制日貨精鹽的傾銷。以後，又創立永利化學廠和黃海化學公司，是中國第一家自製碱和酸素的工廠。抗戰開始後，他把廠搬到重慶，繼續生產。他和永利的總工程師侯德榜於一九四一年中同赴美國，向一家工廠訂購了一部新機器，並要求參觀該廠，該廠知道侯是中國有名的化學工程師，怕“偷”去了該廠的生產機密，只允許范去參觀。據說，侯改裝為范的僕人，跟著范去參觀了。范先回國，約定等侯在香港碰頭後，根據彼此參觀所得，共同制定一份永利改進生產的方案，不想范到港沒幾天，太平洋大戰就爆發了。

有兩件事，我對他也產生了深刻的印象。有一天晚上，日軍的炮火特別厲害，聽說金城銀行大樓也中了彈。第二天我去看望他們。范對我說：“我昨天聽了一夜炮聲，覺得日本炮火的爆炸力並不那末強。相信我們完全能夠製造出追過他們的炸藥。”我聽了心中肅然起敬。在炮火的威脅下，還一心想在化學研究上追過敵人，這是不容易的。還有一次，就在他看到我為《大公報》寫的停刊社論那一天，他對我誠懇地說：“我始終認為，一個國家能否站立起來，主要不在於政治，而在於各方面能否建立起堅強的基礎，堅強的柱子。比如，你如果真正辦好一張報，真正為老百姓說話，這就在言論界立了一根柱子。如果我們永利能夠真正為國家生產工業和國防上所需要的化學產品，而不是為了謀利，那也就在化工方面立了一根柱子。這樣的柱子多了，國家就能像個樣子。政府，不過是上面的一個頂而已，關鍵還在於基礎和柱子。”

他這個“建柱”論，雖然實際上還是“教育救國”、“實業救國”論的翻版，是改良主義的理論，但我當時的確很以為然。今天想來，范旭東也不失為一個熱忱的愛國者。

後來，他回到重慶，終於受四大家族中的孔、宋的迫害，飲恨逝世。這是在抗戰勝利之初。我曾在上海《文匯報》寫過一篇悼念他的短文。

為什麼我要對這個僅見過幾面的范旭東先生這樣詳細地回憶

呢，下面就要寫到，我在受到敵方嚴重威脅的時候，是受到他的啟發和鼓勵，才終於戰勝了敵人，衝出了虎口。

氣象預報，有強冷空氣南下，明天起，氣溫將顯著下降，後天將降至零度左右。

今天，發表了毛澤東對"鞍鋼憲法"的長篇批示，又發表了冶金工業部對"四人幫"的批判文章。

3月23日 二月初四　　**星期三**　　**雨（2℃—8℃）**

溫度顯著下降，又換上了絲棉襖。抓電車扶手又有些凍手。看到不少小姑娘又帶上手套了。

為了進一步查清張、江等三十年代發表過的"黑文"，今天，上面又佈置全室看三十年代的舊雜誌，我分到的是當時南京出版的《時事月刊》，大抵是時事性文章記載。匆匆翻閱一過就算了。

香港總督無條件投降後，槍炮聲停止了，香港立刻變成了鬼魅白晝出現的人間地獄。

在德輔道、皇后大道這幾條主要馬路上，開始還夾雜一些買賣舊貨的攤頭，以後就清一色的全都是賭攤，呼吆喝六，牌九、押寶，無所不有。圍著賭的，全是穿著中式短褂（香港叫"爛仔服"）的流氓。一夜之間，香港就成為"爛仔"世界。他們不僅賭錢，而且公開放火、搶劫。我們平時緊緊關上宿舍的大門。有一天，離宿舍不遠的一幢二層樓失火，足足燒了兩個鐘頭，沒有人救。幸爾這房子是孤立的，風又小，沒有蔓延開去。還有一次，我們在四樓看到一群爛仔搶劫一家大概已鎖上的空屋，搬搶的人接踵來取，先是一包包衣服、被褥，以後是木器，彷彿像螻蟻搬家一樣。

過了幾天，敵憲兵隊出來維持秩序，抓了幾個爛仔，這種公然的搶風才剎住了些。其實，敵軍自己也以檢查戶口為名，公然搶劫。據説，跑馬地有一個舞女宿舍，被日軍闖進去，全部姦污了，還帶走了幾個，大概是"孝敬"他們長官的吧。

有一天，我剛剛去工友和經理部職員的宿舍去慰問職工們，忽然聽説敵軍已在隔壁房子搜查，大家很緊張。過了一忽兒，四個日軍帶著一個翻譯，全副武裝闖進來了，翻檢了一陣，一一盤查。一位工友很機警，查到我時，他代答姓張，是管賬的，他們看了我兩眼，沒説什麼，一場驚慌算是過去了。

我們編輯部的宿舍，幸好沒有遭到敵軍的"光顧"。白天，我偶爾還出去看看，偶爾也看到新聞界的熟人，有的換上舊西服，有的則索性改著了"唐裝"（中式短衣，所不同於"爛仔"服的，是紐扣只有四五枚，"爛仔"服則密密地釘上十幾排紐扣）。有一次還看到了鄧友德，他原住在九龍，據説是九龍失陷前以高價僱了小船逃過海來的。我們只談了幾句，相慶平安，就分手了。

炮火一停，金誠夫就回來了。他説是《星島日報》一個姓陳的朋友，約到他家裏去避難的。當時，廣東籍的同事，有家的回家，有親戚的也全搬走了。剩下"外江"的，兩處宿舍約有職工及眷屬共五六十人，首先要解決的是吃的問題，米、麵不好買，尤其買不到整擔的，於是，只好動員一部分職工，分別出去三斤兩斤地買回來。其次，是"大鈔"問題，香港都用的是滙豐銀行鈔票，小到一元，大的有五百元一張的，五十元以上稱為"大鈔”，一般鋪子不肯收兑，於是，出現了“貼水”，大約百元的“大鈔”，只能兑八十元零鈔。

電是全斷了，自來水也沒有。香港一向靠天然水維持居民的吃、用。它在山頂建了一個相當大的蓄水池，雨季時，把山上的雨水匯流積聚起來，加以化學處理。然後以水管導入市區。所以，每當乾旱的冬季，就要限制居民用水，嚴重時每天只准開放“水喉”兩小時，名之曰“制水”。當然，“制水”的對象是限於山下和半山。山頂的英人住宅及何東等人的住宅是不受限制的。

敵軍開進香港後，聽說自來水管道系統被炸壞了，蓄水池的水四面流溢。我們也只好自己動手，用水桶、面盆、鍋子到附近的山峽流水處灌水，把宿舍裏兩個澡盆當作了蓄水池。

最難受的是精神上的苦悶，不知何時可以脱離這險境，回到後方。香港的冬天特別高爽，溫度彷彿江南的深秋，天氣也像是秋高氣爽。我倚在宿舍的欄杆上，看到天是碧藍碧藍的，像遠處的海色差不多，沒有一絲浮雲，只有白色的海鷗和黑色的喜鵲凌空飛翔，悠然自得。我有時想：要能長上翅膀，像鳥一樣向北飛去就好了，至多幾十里吧，就可以飛到敵後的區域了。有時也想，平時上下班寫文章，發稿子，不覺得怎麼樣，日復一日地過去。現在，這種日子已過去了，如果還有那末一天，可以自由自在地坐下來寫篇文章，編編新聞，這真是最大的幸福了！

晚上，就更加難受，沒有電燈，無法看書，幾十年習慣於夜間工作，早上床也不能入睡。為了消磨長夜，也為了減輕同事們的恐懼，我就開設了“書場”，把我在上海書場聽到的評彈如“描金鳳”、“珍珠塔”、“三笑”等，從頭到尾地給大家開講。每到晚飯後，特別幾位太太們很忙，把我住的那間房子的窗簾下好，把一個燭台放在倒放的方凳裏，以免光綫露出去。還特別為我這個説書人放好了一個座位，然後，“聽眾”們四周圍坐，聽我“開講”。我曾在夏荷生、沈儉安這些詞彈藝人的表演中，聽到了不少極為動人的細膩描述，現在加以販賣，雖然沒有彈唱，自然在表達上也要打很大的折扣，但確使那些“聽眾”入了迷，使他們暫時忘掉了四周濃濃的黑暗，忘了隨時可以來到的災禍，忘了朝不保夕的生活，也忘了荊棘莽莽的前途！

這樣自我“痲醉”的日子大約過了不到半過月，一個嚴重的威脅就來臨了！

3月24日 二月初五　　星期四　　晴（2℃—7℃）

敵軍佔領香港沒有幾天，香港好多報紙都復刊了。原來的漢奸報《南華日報》、《天然日報》等不用說，它們一天也沒有停。前面提到的《天亮報》也照常出版，連胡文虎的《星島日報》和一向被認為是英國官方報紙的《華僑日報》也已復刊，滿紙歌頌“皇軍”的“赫赫戰果”，歌頌“大東亞新秩序”。

也有不少平時一面孔“抗日”的英雄，忽然變了“新秩序”的歌頌者，在《大公報》的同事中，一個廣東籍的副刊編輯和前面提到的日本文翻譯四維羅先生，都戴上日軍“報道部”的紅白色袖章，招搖過市。聽說，那個被魯迅痛罵過的創造社小夥計葉靈鳳，依然在改變了腔調的《星島日報》裏編副刊。的確，經過一次大風浪的沖刷，是石頭，是砂子，是泥土，皎然分明了。

一天上午，宿舍裏忽然闖進了兩個日本兵和一個便衣袖子上套著紅布的廣東人。大家以為是來搜查的，由一個廣東工友去答話，一個日兵拿出一張紙頭嘰哩咕嚕地說了幾句，那個廣東人説："你們這裏可是《大公報》的宿舍，哪個是金經理？哪個是徐總編輯？" 我和金誠夫説："我們就是。" 那個廣東人説："多田部長請你們去談談，現在就請去。"

到了門口，一輛汽車已停在那裏，車上插著一面"皇軍 ×× 師團報導部"的旗。我們上了汽車，就被押解到了德輔道一幢大樓。我們被引進二樓一間大的房子裏，一個年約四十歲的日本人，已坐在一張長桌子的中央，揮手叫我們分坐在他的兩旁。他穿著軍裝，我看他的肩章，像是中佐級的，斷定就是那個所謂多田部長了。

他問了我們的姓名，然後説："你們的報紙是抗日的報紙，現在皇軍已戰功赫赫。不僅攻佔香港，菲律賓、新加坡、荷印也就要攻下，蔣介石是完了，英美也完了。皇軍要在東亞建立共榮圈。你們只要肯和我們合作，可以不咎既往。" 他不用翻譯，中國話講得相當好。雖然還帶了點日本腔。顯然，這類的人，可能是已在中國搞了多年特務活動的所謂"中國通"。

金誠夫説："怎樣合作呢？"

多田説："希望你們趕快把《大公報》重新出版，宣傳大東亞新秩序。"

金説："我們的白報紙，全存在九龍倉裏，前幾天九龍倉大火，一定是燒完了。我們的存款有限，銀行又關了門，要復刊是困難的。"

"這些，都好辦。只要你們誠心和我們合作，這些問題都好辦。用多少紙，要多少錢，全由我們撥給你們。還有，你們吃的米也很困難吧，你們一共有多少人，一天大約要吃多少米，我們也可以照數撥交給你們。"

我説："香港已有好幾家報紙出版了，何必要《大公報》復刊？"

多田瞪了我一眼，嚴厲地説："這些報紙沒有力量。《大公報》在國際上也有影響的，我們為什麼要你們合作，對你們這樣客氣，你應該明白。”

金誠夫說：“要出版，困難是不少，有些職員，家住在九龍，開戰後，不知他們是死是活，沒法通知他們。”

多田聽了這話，神氣放緩和了，指著桌子上放的兩盤點心，說：“請隨便吃點。”然後說：“這些都好辦。你們可以開一個預算，約計每月要多少錢，用多少紙；再開一個職員和工人的名單，我們根據人數撥給你們大米。那些住在九龍的人，寫明地址，我們代你們去找。報館的人，以後還由你們兩位完全負責，我們只派一個人聯絡聯絡。你們今天晚上能不能把預算和名單寫出來？”

金誠夫還沒有開口，我搶著說：“預算不是隨便就能開出來的，要設想得仔細些，才能準確。至少要三天才能寫出來。”

多田說：“好罷，你們辛苦辛苦，趕一趕，兩天寫出來，後天上午，我們還在這裏見面。”說畢，他吩咐那個翻譯，仍舊坐上車子，把我們送回宿舍。臨下車時，這個翻譯指著斜對面的房子說：“我就住在那裏。”意思是說：“你們已被監視了。”這所房子的下面，就有一家小店，我經常叫工友去買香蕉和“朱古力豆乳”之類的。

那天晚上，我反覆不能成眠，在這人鬼關頭，如何能擺脫這場噩夢呢？忽然想到，范旭東還沒有走，他是飽經世故的前輩老先生，何不去向他請教？雖然多田臨行曾警告我們，此事在公開以前，不許對任何人講。我還是在第二天凌晨，溜到了金城銀行。

我把多田找我們談話的經過，扼要對他談了。我說：“你是政之先生的好友，是我欽佩的前輩。現在，政之先生已走了，我只能向你求教了。”

他沉思了一會，然後沉著有力地說：“你先不要緊張，要先在精神上變被動為主動。他們要你出版，你處處想躲避，你就處處被動了。你應該改變這個局面，説我們願意出版，然後，開列出一個一個的難題，叫他們解決。這樣，就掌握了主動。把日子拖過去，就有迴旋的餘地了。”

接著，他拉著我的手説：“鑄成兄，這是一場智慧和意志的鬥爭，應該相信，就才智來説，我們都是中國人中第一二流的。他們呢，派到這裏來的，在日本人中至多是三四流人物，要有信心，你是一定能夠鬥過他戰勝他的。”

我感激他的鼓勵和“授計”，堅決地回答説：“一定不辜負你的期望。”他説：“好，我一兩天也就要走了。我們到內地再見罷。”

想不到這是我們最後的一面。後來我到桂林，胡政之告訴我，范先生已早幾天由廣州灣經桂林回重慶去了。一九四四年桂林淪陷，我到了重慶，幾次想去拜訪，但永利廠離市區較遠，一直沒有去成。抗戰勝利後，我回上海不久，就聽到他逝世的噩耗。對於這個愛國的前輩，在我最困難的時刻給我鼓勵的長者，我連一句感激他的話還沒來得及説呢。

今天，氣溫降至二度，但天晴無風，反而覺得溫暖些。

聽説昨、今兩天，市內正在舉行對馬、徐、王[1]的批判大會。除市體育館為中心會場，還拉綫設了許多分場，共有十五萬人參加。我室的黨員也都去參加了。

1 馬、徐、王指馬天水、徐景賢、王秀珍，三人都擔任過中共上海市委書記（當時設有第一書記，由張春橋擔任）。

3月25日 二月初六　星期五　晴（2℃—16℃）

今天又風和日麗，寒潮已過去了，我又換上了駝絨襖。

上午，小組內傳達市上批判馬、徐、王兩天大會的情況。我則用整個上午，細細看了十號文件即“四人幫”的歷史反革命材料。我看江青的材料，證明她三十年代也受特務崔萬秋的指揮，但迄今還未查明她參加過什麼特務組織。張春橋的叛徒則是證據確鑿的，因此，先定為叛徒性質。有人說，看來，不僅是中國黨，就是世界共產主義組織，出現了這樣臭不可聞、做盡壞事的黑幫，也是少見的。

又聽說中央正在開工作會議，鑒於上海三位領導都不在，而十號文件又提到在三中全會上將決定關於“四人幫”的處理。看來，可能三中全會已經在舉行了。

我和范旭東談話後，整個下午關在宿舍我那間房子裏，苦思冥想，如何在精神上壓倒敵人，爭取主動。又如何麻痹敵人，爭取時間。又怎樣衝出魔掌，選取哪條路使敵人無從捉摸。最後，大體上已定了一個方案，心情也較為平靜了。

吃過晚飯後，金誠夫把我請到他房裏，只有他的太太在一旁（我們和多田的談話內容，沒有詳細對宿舍裏的同事們講）。他拿出兩張紙給我看，說：“你看看，是否還有什麼遺漏？”我一看，原來就是按照多田的意思，開列的一張復刊預算表和一張職工名單。

我認真地問他：“你真的準備復刊嗎？”

他說：“那有什麼辦法，人家已把我們抓在手掌裏了。再說，也只有這樣，才能維持住職工的生活。我們能把報館的機器、設備保全下來，我想，胡先生和重慶的同事們也會原諒我們的。”

我說：“《大公報》主要是應該保持這塊牌子。如果這塊牌子弄髒了，就對誰也不好交代了。今天我們在敵人的威脅下出版，明天，重慶和桂林版就會登出啟事，說我們是漢奸，是盜用《大公報》的名義，我們就跳到海裏也是洗不清的。在漢奸中，也有不少人是‘實逼處此’的，就因此會被人原諒嗎？”

他聽了我這話，有些目瞪口呆。我就進一步說：“我們是共患難的同事，所以先說清楚的好。如果你要出報，我是光身一個（我家眷一直沒帶到香港去），隨便哪裏一躲總可以躲起來，乘機再溜出香港，這個黑鍋，就由你一個人背起來了。”

金太太聽到這裏，連忙說：“徐先生，你說得對，誠夫是嚇得沒有主見了，還是請你拿定主意，一切聽你的。”

我說：“我的意思，還是設法趕快離開這裏。”

平心而論，我這位老上司、老同事，的確不是誠心想屈服，正如他太太說的，是嚇昏了。他在戰火剛燒到香港，就不顧老婆孩子，一個人躲了起來，說明他是多麼膽小怕事。現在，經我一分析，他似乎也知道這條路不該走，“保全機器”的說法是講不過去的了。

他說：“那末，明天我們怎麼應付多田呢？”

我說：“我們先商量商量，如何溜出去，走哪條路。至於多田，由我來應付，你只要跟著我的說法，從旁敲敲邊鼓好了。”

金太太感激地說：“對。徐先生，我把誠夫拜託給你了。”

我說：“我們是同舟共濟，但願一切順利，早日脱離虎口，我決不會一個人溜走。不過，我們走了，你們要吃點苦，但是我想，他們抓不住我們，對你們也不會怎樣。”

於是，我們就具體商量出走的問題。當時，香港對外的交通，只有三要路，一條是乘輪到廣州灣，很多人是以高價買了船票走這條路的；一條是由九龍新界冒險步行到東江游擊區去，我們一時沒法找到走這條路的“門徑”。此外，敵軍前幾天為了香港糧食緊張，每天開一班駛往廣州的船，號召廣東人回家。我主張走後一條路，主要是出敵不意。如果敵人發現我們走了，一定向廣州灣這條路追查我們。我們是“外江人”，它估計我們決不會走廣州這條路。

金也同意我的分析。具體決定，除我們二人外，找一兩個廣東人一起走，以便路上可以應付。

第二天上午，我們不待多田來“請”，就到了他的“報導部”。

還是像兩天前一樣，多田在那張長方桌前接見了我們，開口就問：“你們想通了吧？”

我說：“我們的報紙一向是宣傳抗戰的，戰爭一開始，就不準備再出版了。想不到還讓我們出版。”

他說：“這是皇軍的寬大，不咎既往。”

我說：“既然要復刊，那就得還像《大公報》的老樣子，否則，就不起什麼作用了。目前，已有不少報紙出版，何必多此一舉呢？”

他說：“所以，我們還要你們兩個負責主持。”

我說：“《大公報》不是一兩個人能編出來的，要靠一個班子。我們的編輯部，都是經過多年訓練出來的。如果湊不齊原來的編輯部，出版的報紙一定走樣，那就失去復刊的意義了。”

他說：“對，把這些人都重新找來。”

我說：“目前最困難的就是沒法找到這些人。”

金誠夫接著說：“尤其是許多廣東同事，炮聲一響，他們都不聲不響地搬走了。”

多田瞪著眼睛說：“難道他們沒有留下地址？”

我說：“大家知道《大公報》不會再出版了，誰肯留個地址，自找麻煩。”

他說：“那好，我們幫你們找。你把這些人的名單交給我。”

我把已寫好的名單交給他，並說：“最好能早一點找到他們。至於預算等等，這好辦，一兩天就可以造出來。我們就等待你的消息了。”

其實，我們早知道，這些同事，有些已離開香港，有的在炮聲停下後，就和我們通過電話，化名在親戚家裏躲起來了。

我們回到宿舍，那個我們想找他同走的廣東籍外勤黃致華已在那裏等我們。他說，他是光身一人在香港，願意跟我們到桂林工作。他並且說，過去一直在廣州上學，那裏可以找到熟人幫忙。

另外，有一個北方同事郭根也願意跟我們一起冒險衝出去。我們就請這位廣東同事趕回去買好四張船票，約定明天清晨開船前半小時在碼頭碰頭。

我們決定儘可能少帶行李，我只收拾了一隻手提的皮箱和一個游泳時裝毛巾、肥皂等用的藤筐，其他的東西，都託請金太太收藏。

晚上，我們把會計主任找來，請他負責照料宿舍裏的善後，並預備了幾百元港幣，我們四個人分別安放好。

一切準備停當，金太太再三要求我一路多多照顧金先生。我再三請她放心，希望她們找機會早日到桂林再見。

天剛剛亮，我們就換上一身舊的“唐裝”，提著行李，從後門溜出了宿舍，踏上了冒險的征途。

3月26日 二月初七　　星期六　　晴（10℃ — 22℃）

天又急劇轉暖。上午，機關開批判會，我去醫院。

碼頭是混亂一片，我們好不容易排入了長隊，在日軍的虎視下，檢驗了行李和船票，擠進了底層艙。九時左右，船開動了。我從小圓型的窗洞裏，看到一幢幢大廈上都懸著太陽旗。別了，香港！

船開出不久，一隊日兵從一個艙房裏出來，登上樓倉去了。我連忙走到樓梯口向上看，只見那些如狼似虎的日兵，正在逐個盤問旅客，仔細地檢查行李。看來，他們是先查頂艙，然後到下面來檢查。我請那個姓黃的廣東同事再去看看，他說，左面已全檢查好了，正在檢查右手邊的旅客，不久就要下來檢查了。樓梯口由一位廣東工人守著，不放人上下。我們偷偷商量，最好趁敵軍下來前混上甲板去，逃過這次檢查，因為我們不會說廣東話，不像是回鄉的，很可能被扣留起來。我們提了行李，慢慢地移動到左面的樓梯口，我把十元港幣塞給姓黃的同事，叫之偷偷和那個工友商量，就說我們在底下頭暈嘔吐，想上去透透空氣。小黃上去和這個工友搭訕了幾句，把十元錢暗暗塞在他手裏。他一面把纜繩鬆開，讓我們趕快走，一面大聲叫著："唔得，唔得，快快落海（不行，不行，快快下去）。"我們剛跨上甲板，他立即把纜繩扣上了。這時，日軍已從右面的扶梯下艙去檢查。我們總算順利闖過了一關。

我在香港工作了三年半，因為交往的多半是"外江"人，所以廣東話基本不能說。那個姓郭的北方同事，到香港還不到半年，廣東話一句也聽不懂。我一再關照他，一路少開口，特別在人多的地方，我們少交談。

大約下午三四時到了廣州，上岸時沒有什麼檢查。小黃果然對廣州相當熟，領我們到了一家中等的客棧，沒有什麼麻煩的手續，就住進了兩間相連的雙鋪房間。

廣州是舊遊之地，但一別近十二年的羊城，已面目全非了。我曾寄住過的西堤二馬路鹽業銀行大樓，只剩下兩堵危牆。那座當年最高的大新公司大廈，記得我還曾在它屋頂的遊樂場看過當時曾轟動全國的跳蚤拉車。現在，上面幾層已被炸彈削光，下面也成為野狗憩息之窟。最使人觸目驚心的，西堤後面，大約有一兩平方公里的地方，全成了瓦礫堆，毫無人煙。敵軍侵佔廣州，到那時已三年半以上，整個廣州還是一座死城。這真可以說是“新秩序”的一個活標本。

難得還有幾家酒家和茶樓開門營業。我們找了一家古老的小飯館好像叫做“妙香居”的吃了晚飯，睡得還很安靜。大概小黃和這個茶房原來認識，日軍及偽軍來查夜時，沒有驚擾我們。

第二天清早，由小黃領我們去看他一個親戚。住在大門已炸毀的一間小樓上，那人年約五十歲，言談間好像也是一個知識分子。他約略給我們說了些敵軍佔領後的情況。我們託他打聽有無前往北江的門路，他滿口答應，馬上叫他的孩子去找來了一個人，粗眉大眼的中年，小黃和他交談。他說，有朋友在三水，可以保護我們過封鎖綫。先討價二百五十元港幣的“保護費”，最後，以一百五十元成交。他說，他當天就去三水聯絡，叫我們等候他的回音。

過了一天，沒有回音，兩天，還是沒有消息。那個茶房提醒我們，說三水一帶，有人藉護送為名，搶劫客人的行李的，日軍已抓了幾個，連旅客也一起被抓去了。他又說：“日軍正在放難民出口，馬路上已貼了佈告，你們何不去看看。”我們走到旅館門口，果然看到日軍的佈告，說為了讓港九的難民還鄉，決定從翌日起，每天在三水前綫遣送，暫以三天為限。我堅決主張明天就去三水，混在難民隊伍裏出去。我懷疑那個濃眉大眼的人靠不住，而且廣州不是久留之地，夜長夢多，如果讓敵人發現我們的行蹤，或者多田派人到廣州來追查，那就不堪設想了。

金沒有意見，一路上他完全聽我的安排。我立即和小黃去他親戚家，把那個濃眉大眼的傢伙找來。他先說，和三水那邊已接洽得差不多了，叫我們再等候幾天。我叫小黃對他說，我們有急事，要趕快回家，所以不能再等，決定自己走了。他再三不答應，說講過了的不能不算數。最後，我答應出一百港幣，作為補償他們的"損失"，他才勉強答應了。

第二天清早，我們上了廣三路的車，同車的全是去北江的難民，大家在離三水還有十幾里的一個小站叫"西南"的下了車，投宿在一家小客寓裏。因為敵人每天只在上午九時放一次難民，當天是趕不上了。

晚上睡覺前，我對金說，明天離開封鎖綫時，敵人一定要檢查，還可能搶劫東西，應該把錢和手錶等藏得好些。我也關照了老郭和小黃。

我身上還有一百多元港幣，我把手錶和一百元港幣放在肥皂匣子裏，和毛巾、舊褥等一起放在那小藤筐裏。留二十多元零錢，放在口袋裏。

第二天一早，就跟著"難友"的人群，步行了三四里，就到了封鎖綫邊上。敵軍已嚴陣以待，叫難民排成雙排的隊伍。敵軍一個個依次檢查，箱子都要翻開，而且要解開衣服搜身。名為檢查，實際是搶劫。金誠夫穿了一件較新的羊毛衫，被剝去了，旅客們的手錶等等全被搶去了。好在他們的主要目的是搶劫，所以沒有扣留什麼人。"檢查"完畢，一個軍官模樣的人嘩啦嘩啦說了幾句不知是什麼話，就由兩個日兵領著這批難民，過了一個小山坡，到了一條小河，上面有木柵，立著幾個日軍。那兩個領路的日兵停了下來，向橋上一指："開路開路的"，大家就依次過了小橋，大概已經算是過了封鎖綫了。

一過了橋，隊伍就亂了，大家爭著快步前走，我們也加緊了步伐，真是“急急如喪家之犬”，一口氣大約已走了四五里地。金誠夫原有腿關節炎，實在走得已氣喘吁吁了，我們稍稍在路旁石頭上坐了片刻。小黃去向一個同走的“難友”打聽了一下，原來，這一帶是無人地帶，時常有土匪出沒，再走過三四里，到了蘆苞，就可以僱到開向清遠的小船。聽到這話，金也打起精神，主張快快走出險境。又走半小時，看到一個水閘似的拱橋，估計就是蘆苞了，到了那裏，堤外果然有不少小船在招攬生意。金誠夫悄悄對我說：“我的錢全被搶光了，手錶也被搶去了。”我問他藏在哪裏的。他說，就塞在那件羊毛衫裏。老郭、小黃說，他們也只剩下幾塊零票。我說：“不要緊，我的錢還在，估計到韶關是夠用的了。”

花了十元，叫好了一隻小船，溯北江而上，我們上了船，心頭都輕鬆了，我們總算逃出虎口了。後來我們到了桂林，留港的同事和金太太等以後陸續經由廣州灣到了桂林，把我的行李也帶來了。據他們說，我們走後三天，日本“報導部”又來找我們，聽說我們走了，大聲咆哮，說一定要把我們追回來。可能他們是向廣州灣方面追查的，也可能追查到廣州，我們已經離開了。

想不到清遠這個小縣，也有我們《大公報》的一個通信員，而且這位姓張的同事很熱心。據說，自從聽到廣州有人出來以後，天天在碼頭看望，是否有《大公報》的人逃難出來。我們在那天傍晚到了清遠碼頭，這位同事就前來問是否是香港出來的。我們看了他的名片，知道是同事，彼此喜出望外。他連忙招呼我們上船，僱人挑了行李，進城找到了一家客棧。然後請我們到一家館子去吃晚飯，我們從早晨吃了一塊餅後，已整整餓了一天，此時心也定了，像重新回到了家裏一樣，愉快地暢飲飽餐了一頓。

清遠因為接近淪陷區，據那位同事説，國民黨沒有駐什麼兵，黨部等等也早撤走了，地方秩序由民團和警察維持，反而比以前好了些，也沒有什麼空襲。這裏面臨北江，三面環山，風景相當秀麗，想不到在這“兩不管”地區，有這樣的世外桃源。

3月27日 二月初八　　**星期日**　　**陰**（12℃ — 20℃）

在清遠住了一晚，第二天清晨就上了開往韶關的班船（每天按時開的載客為主的船）。

北江從清遠以上，水越來越淺，舟行其中，水底的石塊清澈可數。兩岸則有時是起伏的山坡，間隔著小塊的平疇，有時則崇山疊彩，兩岸削壁。特別在英德附近，山勢更奇偉，江裏的石塊也更多，大概很久以來，這條江就沒有好好疏濬過。

適應這樣的江流，北江的船都是平底，下水順流而馳，上水則完全靠人拉縴。

我們坐的這條班船，大約有三丈多長，五六尺寬，有近十個船夫，可載二三十個客人。後艙是船夫們住的，前艙除兩旁放些商貨以外，中間把木條釘成一塊塊長方格，每格勉強可以睡下一個中等身材的人（如果有今天這樣二米以上的運動員，那就只好坐著睡了），而且規定客人隨身的行李也必須放在方格以內。我們帶的行李本來很少，取出一條毯子，半墊半蓋，和衣而睡，可以勉強應付粵北的春寒天氣。

我是生平第一次坐這種完全靠拉縴行駛的船，也是第一次看到這樣艱苦拚命的拉縴者。我的故鄉是水鄉，船在逆風逆水行駛時，也靠人拉縴，這是我從小就看慣的。而江南的船，主要靠划槳和撐篙，拉縴只是“動力”之一，當然也是很辛苦的，沿著岸邊高高下下的主要由他們自己走出來的“路”前進，過橋時還要“過縴”。但我的外行觀察，不是每時每刻都緊張的，有時水流不急，船上划得著力些，就往往看到這縴繩成了弧形，船夫們一面可以小步跑著，一面可以拉起汗巾抹抹汗了。此時我們所看到的北江船夫，卻是每進一步都是拚著命的。我們所乘的那條船，每班大約有四五人拉縴，一步步都像登山一樣艱難，叫出來的“號子”聲，聽來十分淒厲，他們的兩肩和頭部，幾乎都接近了地面。他們一般都只穿著一條短褲，背上的汗水像水裏泡著的一樣。我沒法去探問他們的生活情況，每天工資多少？船主人如何對待他們。但單從他們的勞動條件來看，就可知他們是當時社會上最為艱苦的勞動者了。

從清遠到韶關，現在的京廣鐵路火車，大概只要一小時多就可以馳過了罷，噴氣客機更是一瞬而過。那時，卻在這船上十足行駛了四天三夜。過了英德，因為不時遇到險灘，必須全部水手下水扶著船向前推進，有時，還要客人們步行一段，讓船浮起，才能推動前進。

有一次，大概已過了英德縣城，遇到一個險灘，船老大請船客全部下船，並宣佈這個險灘有幾里長，要兩小時才能推過去，請船客們兩小時後到兩里路外去乘船。我看到遠遠有一個大村落，主張走去看看。金誠夫說，他的腿關節痛，準備就在附近灘頭買碗飯吃吃，慢慢地沿灘走去。小黃只得留下來陪他，老郭跟著我去。

走了一里多路，就到了這個四面高樹成蔭的村莊。恰巧，這時村裏正在“趕墟”，大約附近的農民都在這裏買賣土產品。我們穿過墟場，沒看到什麼要買的東西。再前進到了樹蔭底下，只見那裏有著好幾個酒飯攤。走上去一看，每個攤上都放著不少小小的紅泥小火爐，生著木炭，上面放一個小砂鍋，桌子上，放著不少碟子，裏面有切成片的雞、腰子、豬肝、魚片、蝦仁等等，想不到廣東還有這種火鍋。

我從離開清遠後，就沒有吃過一頓飽飯。船上的伙食是包給船家的，每頓總是一小塊鹹魚和一些鹽菜，我怕沾著鹹魚的腥味，連鹽菜也不敢吃，只是乾嚥著白飯，到肚子不餓為止。

現在，忽然看到這些"山珍海味"，真是口水直流了。簡單的廣東話我能應付幾句，問問價錢。出乎意外的便宜。我們連忙找個座頭坐下，各要了一個火爐火鍋，叫了幾碟菜，並各要了一瓶雙蒸酒，就邊燙邊喝起來。我在香港三年半，對廣東出產的青梅酒、雙蒸酒最無好感，覺得淡而無味。這次出乎意外，要來的雙蒸酒十分醇郁而有"力"。菜更不必說了，雞片和腰片等等全是新鮮現切的，砂鍋裏的湯是純雞湯，一大鍋放在桌旁，可以隨要隨加。在我的記憶裏，這是我生平吃得最適心快意的一餐。看來，"飢者易為食"，在此時此景，容易滿足，這當然是一個原因，而酒、菜、飯本身質量好，新鮮，有鄉土風味，也是不可否認的。

我們酒醉飯飽，悠然自得地走到了預定上船的地點，船已一切準備好了，正在等後到的客人。我們向金誠夫描述了意外的盛宴，他和小黃都後悔沒有同去。

第四天傍晚，到了韶關，《大公報》分館主任陳錫余，已在碼頭上迎候我們，他是早一天就接到清遠的來信的。我們真像"要人"一樣，受到了中央社和當地報紙（已記憶不起這些報名了）記者們的"採訪"。所以，我們從香港脫險"歸來"的消息，當晚中央社就以電訊簡單傳播了。

韶關（曲江）是粵北的要城，是通向江西的關口，軍事上的要隘。唐玄宗時，出了一個有名的宰相張九齡，他是主張不以資格用人的（可是，他並沒有被“四人幫”“封”為法家，大概因為他專和“口蜜腹劍”的李林甫作對罷），他晚年出的詩集，就名為《曲江集》。

這時，國民黨的廣東省政府，余漢謀的第八戰區司令部，以及許許多多從廣州流亡出來的機關、團體，當然還有大大小小的要人、名流都聚集在這裏，到處是茶樓、酒館、旅舍、花艇，好一派歌舞昇平的太平景象！

我們到後，首先是分館的老陳（他還兼任了一家什麼報的社長）宴請我們。其次，中央社韶關分社和各報社分別請客，酬應了兩三天，我們還被招待到一家最大的茶室飲茶吃點心。這家茶室雖是席棚搭起的，卻很高敞而寬大，可容幾百人，點心也極精緻。還被招待到一隻大的“花艇”上去吃飯，大概和無錫的船菜差大多，當然風味各有不同。是否有歌女陪侍，已記不清了。

總之，當時粵北的抗戰中心，只是這一大批政治、經濟的投機家、寄生蟲的微歌逐醉的銷金窟而已。

我們在韶關休息了四天，就乘火車到了衡陽，當晚轉乘湘桂路車，第二天清晨到了我們的最後目的地——桂林。從此，又在這個新的環境裏開始了新的工作和生活。

離開韶關時，金誠夫向分館支取了一筆錢，分了一百元給我，作為沿路的零用。這是一沓連號的新鈔票，一元一張，紅色的，我捨不得花，一直藏在箱底。直到抗日戰爭後，我回到上海，清理行裝，才又發現了它，已成了廢紙了。而在韶關我接到這一筆錢時，大概可以請兩桌客罷。

今天，里委通知說要傳達中央文件，估計要四小時。有一位鄰居說，她廠裏已聽了報告，是關於鄧小平復出的問題，中央有了新的決定。我估計不會那末快。傳達的可能還是第十號文件。

今天報載，毛主席紀念堂的主體結構已經完工，高三十多米，今後將進行內外裝修。從奠基到現在，只經過五個月的工作，而且大部分是在少見的寒冬，就完成了這樣巨大而要求高的大工程，國家百廢待興，這番又付出了許多人力物力。從這篇報道看來，紀念堂兩側的馬路向南沿伸，可能一直到打磨廠、西河沿一帶，前門、正陽門都將包括進天安門廣場之內，廣場可能是世界第一了。

3月28日 二月初九　星期一　陰間多雲（7℃—14℃）

桂林，在抗戰時期，特別在太平洋爆發到一九四四年淪陷這三年多中，是抗戰後方的文化城，因為不少進步的文化人和比較進步的文化事業集中在這裏。

廣西是桂系軍閥李宗仁、白崇禧等長期（自一九二四年左右老桂系軍閥陸榮廷等倒台後）盤踞的地方，由於它和蔣介石之間存在著控制和反控制、爭權奪利的矛盾，蔣的軍統、中統等特務勢力，不能像在重慶那樣猖獗，文網也因而鬆散些。還有一個重要的原因，是李濟深當時任桂林辦公廳的主任。李在“九一八”前曾被蔣監禁在湯山多年，素來受蔣的排擠。蔣那時所以要派李擔任這個“要職”是因為當時在廣東、廣西、湖南這幾個戰區的司令官張發奎、薛岳、余漢謀等，都是屬北伐時的第四軍系統的，他們都和蔣的中央系統有不同程度的矛盾。李原是老四軍的軍長，蔣想利用李以老長官的身份，對這些人起一些安撫調劑作用。李這個人，雖然在“四一二”時，參加了蔣集團，而且是

“四一五”廣州屠殺的主要人物，但從“九一八”以後，一直反蔣，曾積極參加反蔣的“福建人民政府”，是“福建事變”的主要領導者。我在桂林期間只見過他一面，後來從抗戰勝利後復刊《文匯報》後，在上海、香港、北京和他保持了多年的接觸，覺得這個人還正直、厚道，氣度相當大，是一個愛國者。他生活比較簡樸，也比較清廉，在國民黨中，可以說是鳳毛麟角。

他手下也有不少蛀蟲，同時，卻有好幾位進步人士，有些後來還證明是地下黨員在他下面工作。他對進步文化事業，採取了比較寬容的態度。不少在重慶受壓迫的書店、出版物，改頭換面在桂林繼續活躍。不少進步的文化人士，遷居在桂林。香港淪陷後，內遷的文化機關和人士，極大多數在桂林定居下來。這樣，桂林的文化空氣，在當時的大後方比較活潑，被目為“文化城”。

《大公報》桂林版是一九四一年初胡政之親自主持創刊的。胡在一九三五年左右，曾到廣西遊歷，在天津《大公報》連續發表了幾篇通訊，稱讚當時李、白的“三自”政策（什麼叫“三自”我也莫名其妙，反正是關門“自治”吧，我想），可能因此獲得了桂系的好感。他在創辦桂林《大公報》時，利用這點因緣，向當時的廣西主席黃旭初要求給以便利。所以，《大公報》比較順利地在郊區找到了一塊地，短期內建好了館址，並在市區找到了一個營業部。

前面提到過，那個和我一起參加上海《文匯報》，後來因為和漢奸報發生關係，被我辭退的那個，在香港《大公報》出版後，被任為駐桂林記者；桂林版創刊，他水漲船高，被任為副經理兼採訪主任。我們到桂林時，他已儼然成為桂林社會的一朵交際“花”了。

在我們未到桂林前，早把香港版的要聞編輯蔣蔭恩調來當編輯主任，言論則由胡親自主持。我們到後，金被任為經理，我接任言論工作。有一天，胡找我單獨到他家裏談話（在館內，單獨為他修建了一幢小洋房）。

他說："你在香港的工作很有成績，特別在打仗以後，你處置得果敢、負責，這是我很清楚的。誠夫這人膽小，沒有魄力，聽說後來在敵方的威脅下，有些動搖，是真的嗎？"

胡在職員中，佈置了若干親信，向他打小報告，他這個佈置，我在香港時就有些覺察，同事中對已經暴露了面目的那些打小報告的人，稱之為"小耳朵"。關於金誠夫在港最後的一段表現，肯定胡已得到小報告了。

我把胡離港後我們的遭遇簡單地向他報告了。他說："我已和誠夫談過，他很感激你。為了報館，為了維持他的威信，也為了你們今後的長期合作，希望你不要對別人談這一段經過。"

我說："這事已成過去，而且，誠夫兄只是一時拿不定主意，後來，一切是很信任我的。我決不會對任何人談起這事，你放心好了。"

不久，他去了一次重慶，以"董監事會"主任的名義，宣佈任王芸生為重慶版總編輯（原任編輯主任），我為桂林版總編輯。當然，這樣重要的人事調派，他一定是先和吳鼎昌商量好了的。吳從一九三五年重新跨上政治舞台，做了國民政府的大官後，曾在報上公開宣佈已辭去《大公報》的一切職務（原任社長），其實，他和胡政之保持著密切的聯繫，他那時任貴州省政府主席。

我初到桂林，工作比較輕鬆，每星期大約寫四篇社論，其餘剪用重慶版的。胡政之當時曾對我談，桂林離政治中心遠些，也有好處，可以少談些國內問題。重慶館每天把社論打小樣航空寄來。我看到凡是牽涉到國共問題的，一般不轉載。不久，編輯主任蔣蔭恩辭職赴成都任燕京大學新聞系主任，我兼管版面，就比較忙些。任要聞和國際版編輯的，是香港剛來的，對內地情況不熟悉，主要的新聞要自己處理。以後，帶了一個時期，我就放手了。

除專欄由我自己編定外，還有些重慶來的通信，也要處理。當時，重慶館的記者子岡和徐盈（後來才知道他們是地下黨員），寫的稿子重慶館往往不予採用，有的經過新聞檢查處刪節，體無完膚。他們把原稿寄來桂林，我儘可能把原文登出。當然，桂林也有新聞檢查處，而且一位姓譚的“處長”擅長“慕古”，他要刪扣的稿子，總在電話裏“嘛”個沒完沒了。我有時認為他刪扣的沒有理由，就不予理睬，他也沒有辦法（因為他不能以扣報相要挾，我這是利用了蔣、桂之間的矛盾）。

由於這些原因，當時內地一般讀者的“月旦”，《大公報》桂林版要比重慶版年輕些，也相對的進步些。

在業務生活方面，也不像重慶館這樣烏煙瘴氣（以後要在談重慶館時談到），比天津、上海版出版時也較有朝氣。下午，我或是和編、經兩部的年輕同事一起打板羽球，或是和工廠的工友們一起唱唱京戲，我不喜歡擺什麼架子，職工們對我比較親近而尊重。

在這期間，我也埋頭看了些古書。一部《資治通鑒》和王船山的《讀通鑒論》、《宋論》在一年內比較仔細地讀完了。

當時，桂林除《大公報》外，有廣西省政府即桂系軍閥的機關報《廣西日報》，國民黨黃埔系的《掃蕩報》，還有背景不清楚的《力報》。此外，還有一張晚刊《自由報》。《大公報》雖最後在桂林出版，但發行數卻遠比別的報為多，行銷範圍也廣，到一九四四年桂林淪陷前，銷數已達五萬餘，讀者遍及粵、桂、湘、黔等省。據説，重慶版在桂林版停刊後，曾達十萬以上。

一九四二年我到桂林後不久，資源委員會設在桂林的電工廠有一天來通知我，説宜賓的電磁廠約定當天下午和我通無綫電話。我知道這是我妻弟打來的，他那時在宜賓廠工作，我的老岳母等都在宜賓。《大公報》在桂林東北郊，離市區約三四里，只有小路可通，並無代步。電工廠則在西郊約五六里外的將軍橋。那天，我吃完午飯，急急步行趕到那裏。

用無綫電通話，當時在內地還只在試驗。到規定時間後，我對著一個機器説話，聽到妻弟的答話，相當清晰。我知道他們已接到太平洋大戰爆發後我妻寄出的信，一家老小平安。從香港戰事發生後，我和家中就斷了聯繫，屈指已逾三個月了。

機關仍是每天上午學習，今天起，分段討論“四人幫”的歷史材料，邊批邊揭。

3月29日 二月初十　　**星期二**　　**雨（7℃ — 13℃）**

據説抗戰前的桂林，只是一個人煙稀少的城市。雖説“桂林山水甲天下”，畢竟風雅的人不多，交通又不便（湘桂鐵路是在抗戰爆發後才趕修起來的），外面來訪的人極少。老桂系曾在此建立了它的統治中心，孫中山先生也曾親臨此地，發起第一次北伐。後來，李、白、黃（紹竑）崛起，成為新桂系的後方老巢，也迄未改變它的荒涼面貌。據抗戰初期就流亡來桂林的人説，那時，穿長衫的人很少，著西裝的更少，街市見到的，不是丘八，就是勞動人民。當時，郵遞員收到外省的來信，只消站在市中心路口，看到著長衫或西服的一問，就能找到收信的人。這可能是一個誇張的笑談，當時的市景，也可以彷彿一二。

自從成了“文化城”，特別是大批香港內遷的人擁來以後，人口激增，市容也日新月異，戲院有桂劇院，京劇團，還有田漢、洪深、歐陽予倩主持的話劇團經常在固定的戲院演出。菜館則有廣西菜、川菜，後來還先後開設了“老正興”等“下江”菜館，西餐則有樂群社，咖啡館則有“三教”等，甚至還有專賣“熱狗”的西式點心店。總之，從市面看來，是頗具一個現代城市的雛形了。

香港客大批擁來後，舊貨店、拍賣行一時風起雲湧。發生過這樣一個故事，“電影皇后”胡蝶（當時還未和戴笠發生關係）和她當時的丈夫潘有聲從香港逃出時，曾託專門在九龍、東江間包運客貨的楊慧敏（就是“八一三”後在上海以冒險衝向堅守四行倉庫孤軍獻旗而聞名一時的女童子軍）代運行李十餘件，到桂林交貨時，説是失落了箱子幾隻，其中有一隻是潘有聲的衣箱。有一天，桂林某要人請他們吃飯，他想換一件像樣的西服，因為他個子特別高大，沒法向人借穿，有人勸他到拍賣行去看看。他看到一件長長的上衣，穿上去剛剛合身，他很驚奇，翻開一看，赫然繡著他的“大名”，於是向店主追查，原來就是楊寄售的，人贓並獲，楊在警察局關了幾天，後來由一個特務頭子保釋了。

當時在桂林的食品中，今天想來似乎還有餘味的，一是月牙山的豆腐。月牙山是七星岩旁一個小嶺，嶺上有一個小廟，進去的遊客，大多不是為了進香，而是“吃豆腐”。這在和尚也是知道的，所以，凡是善男信女來了，立即餉以一飯碗豆腐，伴料似乎很簡單，只有蘑菇之類，肯定是沒有雞肉、火腿，而味極鮮美，豆腐是完整成塊的，裏面已煮成蜂巢似的，卻還是很嫩。大約每人報以約值現在的人民幣三、五角“香資”。如果給以一元以上，那末，和尚會再三挽留，端出素麵來了。

其次是花橋（是桂林有名風景區）附近的餛飩，它不像一般餛飩擔那樣沿街叫賣，是在固定的巷口供應，一到晚上，就顧客雲集。特點是肉嫩湯鮮。我初到桂林時，每當路過花橋，總要嘗試一碗。後來，有人說裏面和了老鼠肉，就再也不敢問津了。

我們從市區回報館，必經祝勝里。那裏有八九家小店，是一個極小的市集。如果在晚上，一定要在那裏大約花五分錢（怎麼計算呢，那時的法幣，幾乎天天在跌價，只能按現在人民幣的幣值約略地估計）買一盞紙燈籠，一手提著，一手拄著手杖，慢慢走回去，因為過了祝勝里，就盡是山邊的小橋小徑，最後一段路，還是從墳叢裏走出來的。到了報社，蠟燭也燒完了，燈籠也不能再用了。

這小鎮上卻有兩家別有風味的小吃店。一家名為"故都風味"，顧名思義，就知是賣的小吃，有水餃和"火燒"、醬肉。我特別喜吃它的餡兒餅，皮薄而小，沒有韭菜時則是白菜豬肉的。

另一家門面較大，賣湖南菜，我沒嘗試過，只愛吃它的菌油麵和"臊子"麵。聽說，這個鋪子的老闆是田漢的兄弟。

我在桂林這幾年的主要消遣是學唱京戲。我到桂林不久，認識了上海電影界的陳鏗然、徐琴芳夫婦，還有徐的妹妹路明。陳原是導演，徐則以演"荒江女俠"出名的，而京戲唱得相當好，演鬚生，能登台表演。

他們和幾個同由香港來的朋友，時常一起吊嗓子，我也偶爾去過。不知怎樣，被桂林最有名的一個票房知道了，下帖子請客，當場清唱，似乎有較量一下的意思。這個票房名曰"風社"。

那天，我也唱了一段，最後由風社的教師唱幾段。瘦瘦的，約五十來歲。我聽他的唱腔，完全是譚派和余派的正宗，"韻味"像陳年的醇酒一樣。連忙打聽，原來他叫莫敬一，記得在北京讀書時，他曾掛過頭牌演出的。

第二天，我特地去風社拜訪，我自以為很謙虛地說："我雖然學會了十幾齣戲，但恐怕都有毛病，想請你有空給我'理理'，指點指點。"

他微笑地說："我們從頭研究吧。" 我知道他已聽出我的戲是完全不行了。

那天，他給我談了些京戲的常識，給我幾本如《圓音正考》這樣的京劇的韻書，講了氣口、咬字、四聲、陰陽平、團尖、開合口以及每個字的口勢大小等等。他說："你先把這幾本書拿回去看幾天，我們再研究。" 最後，他還半笑半認真地說："您如果真願意跟我學，我有兩個條件：第一，從今以後，您以前學過的戲都扔了，不要再唱；第二，我們研究過的唱段，非經我同意，不要在外面唱。"

從那天起，我每次進城，總抽空去跟他學，先花了三個月，學會了一齣《打漁殺家》，後來，又費了四個多月，才學會了《洪洋洞》。以後，西皮、二黃的戲算都有了一點根底，再學別的戲就比較方便了。以後，桂林淪陷，他也逃到重慶，我還跟他學，比較難的《桑園寄子》、《碰碑》等也學會了，總共跟他學了十二三齣。

除了唱腔外，他還給我教了《打漁殺家》、《空城計》等的道白和身段。有一次，報館開同樂會，我還正式綵排了《托兆碰碑》。以後，又在重慶館登台表演過一次。抗戰勝利後，我也曾在《文匯報》紀念會上綵排過《空城計》。解放以後，我感到這勞什子太費功夫，而且像抽煙一樣，容易上癮，決心把它完全拋開了。歷年搜購的關於京戲唱腔、音韻，京劇服裝，以及鑼鼓經等的書，也大都在"文化大革命"中當廢紙賣掉了。

徐琴芳和路明也跟莫老師學過戲，她們戲稱我謂"大師兄"。有一次，報社宴會，請鏗然他們三位參加。飯後，我們請琴芳唱了一段，我也和路明合作唱了半齣《打漁殺家》。不想竟因此引起了一些同事們的誤會，甚至流傳到重慶館。一九四二年冬，我因公到重慶。第二天，我的在中央大學讀書的妻妹來看我。她走後，不少同事給我開玩笑說："路明真漂亮啊！" 我不禁啞然失笑。

其實，我和鏗然及琴芳姐妹，一直彼此很尊重，從不曾說半句玩笑的話，和鏗然的友誼更深。

桂林的“三花酒”是聞名的，清而洌，但不及茅台的醇、香。多飲了容易“上頭”。我初到桂林，每逢酬應，我們那位副經理就給我義務宣傳，說我是什麼“香港酒家”。我再三辯白，有時卻不能不招架，往往每餐必飲，每飲必醉。晚上，非回去不可，而又非一步步走回去不可。走過了祝勝里，又非點起燈籠，拄著手杖，打起精神，過小橋，傍山徑，穿越亂墳堆不可。有一次，我勉強到了報館，一進我的臥室，鞋子都沒脫，就昏昏睡倒了。

提起這位副經理，桂林人都知道他是交際“花”。他自己說過，他備有一本小筆記本，那個朋友託他什麼事，缺少什麼，比如，有人想找房子，有人卻有空房想出租，有人想交女朋友等等，他都記清楚了，遇機調度，拾遺補缺，各得其所。

他又兼任採訪主任，往往有許多“應酬”的新聞被我擲入紙簍。他還很不高興。有一次對我說：“我們辦報，應該廣結善緣。”我說：“我不這樣認為。如果真要辦好一張報，應該六親不認。”

今天上午，小組繼續分段學習中央第十號文件，大家都認為，根據已經揭發的材料，江、張、姚三人的結成反黨的一幫，不是偶然的，他們實際是潛伏的國民黨特務，有意打進革命內部，進行破壞和搗亂，所以，他們如此瘋狂地破壞革命和生產，如此仇視敬愛的周總理和久經考驗的老幹部。因此，和“四人幫”的鬥爭，不僅是一般的路綫鬥爭，正如華主席指出的，是中國共產黨及廣大革命群眾同國民黨長期鬥爭的繼續。

據一位年輕黨員同志說，大“參考”前幾天就在頭條中登載外國新聞社消息，說鄧小平是最堅決地和“四人幫”鬥爭的。各地人民紛紛要求鄧出任重要職務，中央政治局已接受了這個要求，鄧將恢復原來的一切職務。也有人說，中央工作會議的重要決議，這幾天已傳達到市、局一級幹部，不久將向廣大群眾攤開。

3月30日 二月十一　　**星期三**　　**陰（8℃ — 13℃）**

桂林的山水的確是很清秀的，市內的獨秀峰，七星岩（《大公報》館址就在七星岩尾部的一座小山旁邊，這座小山名曰星子岩）、象鼻山等等，都十分精奇古怪，四周環列的許多山峰，也各有奇妙。我和幾個同事，曾有一次向大瑤山一帶深入探奇，看到不少無名的山，也都像倪雲林畫中的山水，有一座山，面臨一池綠水，山旁有一個半圓形的洞口，遠望真像是人工鑿成的水上舞台一樣。

那時，稍遠一點的郊區，就到處是整片整片的原始地（處女地），上面長滿著肥綠的茂草，可見土地是肥沃的。在肥肥的茂草中，還可以看到一株株像葡萄一樣的野果，當地人叫“逃軍糧”。長期以來，勞動人民為了逃避抓壯丁，躲進這些山叢茂草之中，就靠這些野葡萄充飢。聽說，它也可以釀酒，好的三花酒，就用它和高粱一起釀造的。

“桂林山水甲天下”，這是大家相傳的。到了桂林，才知當地人在後面還加了兩句，“陽朔山水甲桂林，興安山水勝陽朔”。陽朔，我和胡政之等同去遊覽過，興安則未去過，無從比較。

有一本筆記小說上說，清末端方任兩湖總督時，有一次，一個剛被委任的知縣去見他，要求改派一個差使。這位總督大人回答說："如果差使可以自己挑選，我早請皇上派我去做陽朔的知縣了。"聽這一段話，這位端大人是很風雅的，為了山水，寧可放棄總督的高位吶。而事實怎樣呢？就是這位端午橋先生，在革命風潮四起，清廷已風雨飄搖之際，還千方百計以重金賄賂奕劻，鑽營到了一個暫代四川總督，拚著命帶兵入川，想取代已在鐵路風潮中焦頭爛額的趙屠戶（爾豐）。結果，行至資江，就被部下割下了頭，一命嗚呼了。

陽朔離桂林六十多里，當時乘木炭汽車兩小時可到，船行則要半天。據"老桂林"說，最好是乘船去，陽朔的好風景，大半在灕江兩岸。如果在月夜放舟而去，那就更妙了。

胡政之也沒有去過陽朔，他的老婆也想去。在一個初夏的月夜，我們僱了一隻船，遊客一共四人，胡夫婦和我，還有那個交際"花"。

我們於晚飯後開船，溯江而下。灕江清澈見底，一輪圓月剛從東方升起，天氣晴朗無風，船緩緩下駛，沿途不時見到兩旁漁燈點點。在月光中看到兩岸各種奇形怪狀的山，彷彿向船頭撲來。有時船像直向一座削壁開去，到了接近這山時，江水卻折角彎過去了。記得最奇的一座山是約有幾十丈見方的削壁，高聳在江的旁邊，上面長著藤蘿。船家說，這叫畫壁山，經他指點，迎著月光，果然隱約看到這削壁上，石痕和藤蘿盤錯，真像是一幅駿馬圖。

上半夜，我們一直捨不得睡，貪婪地看著兩岸的景色，有時，山過於逼近船，反而要從江裏的倒景中才能依稀辨出它的形象。

第二天清晨，到了陽朔，借宿在一個桂系要人的別墅裏。

廣西的山，大抵都像假山一樣，平地而起，千形萬態。陽朔的山比桂林更多，更聚集，更奇怪。但因為過於聚集，反而不易顯出各自的美姿，而使遊客有心驚目眩之感。我們沒有跑很多路去訪問名勝，因為這座別墅就建立在灕江邊上，坐在二樓的陽台上，四周名山，一覽無餘。

我們在陽朔住了一夜，第二天乘汽車回桂林。果然，一路只是在山間曲折而過，沒有什麼情趣可言了。

廣西山水好，人物也出了不少。記得一九四九年三月我們剛到北京，統戰部的負責同志就問我們："你們剛從香港來，知不知道李四光先生現在是否在英國？周副主席要打聽他的下落。"這位打破了陸相地層貧油論，開闢了一個又一個大油田的李四光先生，就是廣西人。

學者而又是老同盟會的馬君武也是廣西人，他在孫中山先生任民國第一任臨時大總統時，好像是司法總長。"九一八"後，他寫了兩首竹枝詞譏諷張學良的不戰而失東北，曾流傳一時，其中有兩句，記得是"趙四風流朱五狂，翩翩胡蝶最當行"。不抵抗的責任主要在蔣介石，但張也無法逃脫干係，可見這位老先生的愛國義憤。

我到桂林時，這位老先生剛逝世不久。他晚年息影故鄉，曾創辦廣西大學，自任校長。朋友們曾傳說他晚年和桂劇名演員小金鳳的一段"豔聞"。他為此曾賦有一長歌，中有"一枕相思到衡陽"。年近八十的老翁，還這樣自作多情，那就未免嚴於責人，寬以待己了。

大約在一九四一年春，有一位朋友邀我一同赴宴，主人是一位鬚髮皓白的老翁，原來是龍澤厚老先生（名字記憶不清，《蘇報案》的史料中是有名的），我早知道他當年（一九〇三年）任《蘇報》秘書，和章太炎、鄒容一起被捕的。那天，這位老先生以地主之誼，主要請由重慶到廣西遊歷的章士釗。章當時是《蘇報》的主編，他們在席間暢談四十年前的往事。

同席的人都對章肅然起敬，恭維備至。我卻對這位老虎總長沒有好感，老實說，還有幾分鄙視。這主要我在魯迅的雜文中，看到了他的本來面目。其次，我在上海《大公報》時，就知道他掛著“大律師”的招牌，實際卻和楊度、顧鰲（這兩人都是洪憲餘孽。他們攀龍附鳳時，北京曾流傳一“無情對”、“顧鰲薛大可”，對“潘驢鄧小閒”。薛當時辦《亞細亞報》吹捧帝制，曾上書袁世凱，自稱“臣記者”，成為笑柄）等同為杜門清客，受這個海上聞人的供養，其人品可知（一九六一年至一九六五年間，我曾兼任上海市政協文史資料工作。據一個南京路的大綢布店的資本家說，他在解放前曾受一惡霸敲詐，向法院起訴，法院反而判他敗訴，判他罰金三萬。有人勸他去投靠杜月笙，他購備了重禮，託人活動，才見到了杜。杜說：“你的事，我已知道了，我已託了章行嚴先生，你去見他好了。”他到章的律師辦事處，章開口要五萬元，可以打贏官司。事後聽說，章以兩萬元“孝敬”了杜，以一萬元賄賂了法院，自己得兩萬元。只開了一庭，果然把敗訴改為勝訴了）。

我第二次看見這位老虎總長，是在一九四九年春。那時，我剛到北京不久，和同行的柳亞子等都被招待住了東郊民巷“六國飯店”二樓。有一天，三樓新來了不少客人，接待工作的同志對我們說，他們是南京來的和談代表。關照我們，無事勿輕上三樓，如有認識的人，可以交談、交往。後來，據宋雲彬兄告訴我，他已上過樓，看到了邵力子、張治中和章士釗這些和談代表。他還聽到章士釗說，他們第一次北上奔走和談時，曾到石家莊謁見毛澤東。毛澤東見了他，笑著說：“行嚴先生，我們早就相識了，還記得嗎？”章當時愕然不知所對，經毛澤東說明，他才恍然。原來，在一九二〇年左右，一批以新民學會會員為骨幹的進步青年，準備赴法國勤工儉學，苦於無法籌集旅費。毛澤東中學時代的老師楊懷中先生（楊開慧的父親），當時在北大講學，聽説章士釗手裏有一筆錢，是當時湖南督軍趙恆惕怕旅滬的湖南同鄉反對他，撥這筆錢請章代為疏通應付。楊先生寫了一封信，介紹毛澤東和另一個得意學生蔡和森去見章。

據章士釗説，當時，確有兩個同鄉青年來看過他，我看了楊先生的來信，知道他們的來意，就交給他們一張兩千元支票。以後，就把這件事淡忘了。沒想到這兩個青年就是毛澤東和蔡和森烈士，是徹底改變了中國歷史的巨人。

雖然是無意的，他畢竟做過這一件大好事。因而在解放後受到了優遇，歷次政治運動也未受衝擊，平平安安在香港死去了。

在桂林的廣西名人中，也有一些並非靠新桂系成名的，白鵬飛先生就是其中之一。我在北京師大讀書時，他就是“北平九大院校”之一的法學院的院長，我到桂林後去拜訪他，已是皤然老人了，還很健談，他告訴我不少關係桂系內部的秘聞。據他説，桂系雖説是李、白、黃並稱，其實是實行家長式的統治，李是家長，一個人説了算，白只能在軍事上出些主意，黃紹竑則自投蔣後，早被“開除”了。廣西的所謂省營企業，其實等於李家的私產。無論李在外面擔任什麼職務，每年必回桂林一次，清查一下上一年的“贏利”總數，自己留下一筆。然後，他開列一張單子，給白多少萬，給黃旭初多少萬，給其他軍師長、廳局長等多少，大概二三流嘍囉也各有所得。所以，大家實際上只聽他的話。

上面談過，我在桂林時只見過李濟深一面。這是蔣介石出國去參加“開羅會議”以前，白崇禧忽然從重慶回到桂林，傳説蔣、桂又發生了矛盾，我想找李打聽究竟，順便作為禮貌性的拜訪。問起這件事。他笑笑説：“白健生已經回去了。我看，他連一個上坑老媽子還不如。”他看我不明白他這句調皮話的意思，接著解釋説：“他滿以為他是參謀總長，蔣一定會帶他出國，想不到蔣把何敬之（應欽）帶去。他一氣飛回桂林，向蔣遞了辭呈。前天，蔣來了一電，催他回去，說還要‘藉重’，他就欣然回去了。又乖乖地‘上床’了。”

抗戰勝利後，我曾和李交往多年，從未再聽到他說過如此尖刻的話，可見他對這個號稱“小諸葛”的人，是如何的鄙視。

今天，全室動員，再一次翻閱舊雜誌，尋找“四人幫”的歷史反革命材料。資料室的老高同志，指給我看她找到的一段，是一九三七年初刊登在《電影畫報》上的，大意說，藍蘋在濟南時，曾和 XX 胡搞，到上海後，先和唐納結婚，後和章瑉同居，近來又搭上了張庚。又說：“藍蘋這個人，性情乖張，喜怒失常，有人說：啥人討這個人做老婆，是前世造了孽。”又說：“因為藍蘋勾搭章瑉，使章的老婆蕭某吵著要離婚。他們已有了一個孩子，藍蘋是破壞了人家的家庭。”該雜誌記載，藍蘋當時是二十四歲。

3 月 31 日 二月十二　星期四　多雲（6℃ — 15℃）

今天，小組學習時，上面正式“吹風”說鄧小平同志即將出來工作，四月七日英國保守黨領袖來華訪問，鄧將予以接見。又說，希望大家相信中央，一切等中央宣佈，勿聽“小道”，更不要對中央施加壓力。一旦宣佈，勿寫紅紙報喜，勿放鞭炮。

今天準備回憶一九四二年冬赴重慶的經過。正在此時，聽説《大公報》的同事曹谷冰去世了。他當時是重慶館的經理，在解放前夕，聽説還代胡政之當過總經理。

他的父親曹成甫是張季鸞的老朋友。民國初年，張任政學會機關報北京《民立報》總編輯時，曹成甫任經理。為了《民立報》泄露了袁向五國大借款的消息，他們都被捕，一年多後，張釋放出獄，曹已瘐死獄中。張和曹的舊友于右任等集資撫恤遺孤，並供給曹谷冰上學，後來還送他去德留學。回國後，張即把曹留在《大公報》工作。他可以説是張的親信、心腹。

一九二八年金誠夫由北平調往南京工作，曹繼任北平國聞社主任。一九三四年金被吳鼎昌調去當國民黨政府實業部秘書主任，他又繼任《大公報》南京辦事處主任。

他為人深沉，長期把持漢口、重慶兩館。一九四一年初，胡政之派李子寬到重慶協助工作。李掛了一個董監會秘書的名義，實際上一切不讓他過問，幾年無所事事。胡政之曾親自對我和金誠夫説，他對曹也有些顧忌，每次曹來見他，他必先“整整”容，裝出笑臉，然後接談，以免曹的疑心。

他比我大十二歲，在我們這一輩中，他年齡最大。

一九四二年冬，大概已過了一九四三年的陽曆新年了，胡政之告訴我，王芸生就要出國了，要我趕快飛重慶，在王出國期間，主持言論工作，也就是寫寫社評。

好容易買到飛機票，於第三天啟程，這是我生平第一次坐飛機，也是第一次拜訪這個山城。飛機很小，大約只能坐六七個乘客，這一段不長的距離，飛了四五個鐘頭。

飛機一出桂林，就飛越雲層，上面是旭日當空，下面一片雲海，像在深深的、白皚皚的雪地上馳車一樣，極為賞心悦目。到了重慶珊瑚壩機場，就坐著報館的小汽車到了渝館。

渝館在郊區李子壩，營業部及採訪部則設在市中心區。

當天晚上，李子寬就告訴我，王芸生走不成了，並詳細談了經過。

那時，美國正不斷加強對重慶政府的援助。為了增加彼此了解，美方邀請重慶新聞界訪美，王芸生原是預定訪美參觀團的一員。

自從張季鸞逝世後，王通過蔣介石的侍從室第二處（秘書宣傳）處長陳布雷，繼續和國民黨保持聯繫。《大公報》是重慶八九個報紙中銷路最廣、影響也最大，加上陳布雷的提攜，王的參加，本應是不成問題的，偏偏在陳布雷左右的陶希聖對王最恨（聽說王在公開場合罵陶是漢奸，陶得知王揭他的"傷疤"，恨之刺骨），還有一些蔣左右的人對王也無好感。在王已準備治裝出國的前夕，蔣介石最後審閱該代表團的名單，竟把王的名字一筆勾去了。

我怎麼辦呢？當晚打電話問胡政之，胡回答說，在重慶多住些時候，到各方面走走，乘機摸摸政治的"行情"，對於回桂工作也有好處。因此，我就既來之則安之了。一住就一個多月，到過了春節，快到陰曆正月半時才回到桂林。

當時的重慶，正由蔣介石三令五申，實行"新生活"，說什麼困難當頭，不准大吃大喝。館子裏請客，不准超過四個菜，也不准飲酒（在酒店飲酒，不在被禁之列），不斷有軍隊和警察組成的檢查到各菜館巡查，好像是很雷厲風行的。

我初到重慶，不免有些同業和朋友歡宴，為我"洗塵"。令我駭然的，端上來的菜，都是大盤大碗，而且不是一般意義上的"大"，是大得出奇。據說，為的是適應四個菜的限制。而伶俐的"堂官"對於熟識的顧客更為熱情，每每在軍警離開的間隙，就把已吃過的碗、碟收走了，使桌子上經常保持四個以下的菜，完全符合"新生活"的原則。

陳訓悆、鄧友德等滿口"總裁"的忠實國民黨員請我吃飯時，是嚴格遵守四個菜的規定的，而上來的盤子更大，每個盤子裝了四個菜。一般名之曰“拼盆”云。

每個客人面前放著一個空的醬酒碟子，由茶壺裝著茅台或大麯，倒在碟子裏喝。大概這已成了慣例，巡查人員看到，也就不加聞問了。

我在重慶期間，最感到負擔重的，是陪著曹、王（芸生）打“麻將”，這本來是從天津以來《大公報》的“館賭”（應該說，桂林館是例外），而在重慶館，這風氣更甚，承他們的情，不時我到他們家便約，而每飯之後，必有一局，而每局必至深夜。如果那天王自己不寫社評，則必大戰到天明。當時，重慶是“禁”賭的，而曹王兩家的籬笆牆外都臨近馬路。聽說，有幾次巡邏的警察就著籬笆說：“請你們輕聲一點，外面聽了不好。”他們也就敲敲牆回答：“你不愛聽，走遠些好了。”看，所謂“輿論”的權威多大，而當時的報上，卻不斷登載警察捉拿打牌者的社會新聞，被捉者當然都是小民。

《大公報》有一套不成文法，一般職工，可以透支一個月的薪金，下月扣還。如超過一個月，則必須由經理簽字核准。像我們這幾個高級職員，則可以不受此限制，可以無限度地透支。

我重回《大公報》進了港館後，就獲得了這個特權，但從未濫用這個特權。直到桂林館結束，透支總數一直未超過三四個月。

這次到重慶後，我當然還是可以使用這個特權的。第一次他們邀我打牌前，我暗暗向李子寬打聽了輸贏的約數，寫條向會計課支五千元（大約相當於現在的五十元），會計課給了我一封嶄新聯號的票子。等到打了一牌付錢時，看到曹、王、李三人面前，也各有一疊這樣的新鈔票。原來，他們也是剛剛從會計那裏取來的。

當時，重慶的物價已經很高，到冬天，廣柑要一二十元一隻。聽李子寬告訴我，曹、王兩家，每天要吃十幾個廣柑，還各定了幾瓶牛乳。總之，儘管在報上經常號召節約抗戰，而自己的生活水平卻不但不壓縮，反而越來越隨心所欲，反正《大公報》是賺錢的。

至於胡政之，就更不在話下了。他的家搬到重慶前，就先在紅岩新村（是金城銀行建造的，胡的長婿王恩東是金城的副經理）賃好了一幢洋房。勝利後他移家上海，花了十幾根大條租進一幢大洋房。這些錢，當然都是出公賬的。

當時“大後方”的報紙，一般每天出版一大張，重慶用的，大都是大竹縣一帶出的土紙，粗而黃，不及桂林用的湖南紙（邵陽一帶出的）。另外，還有一種土造的所謂“白報紙”，大概是經過一番漂白的，紙也較厚實，定價則比黃的高一倍以上，定戶大抵是大官和較大的闊門。

這種報紙，當然無法刊印照片和鋅版，各報也根本沒有照相和製版設備，必要的地理插圖，是用木刻的。

重慶版因為印數多，先後購裝了十幾部平版機。李子壩傍山，剛好有一個淺洞，勉強可以裝下這些機器。至於人，警報來了只得進入公共的防空洞。我到重慶時，正值重慶的多霧季節，所以沒有發生過逃警報的問題。

相比之下，桂林的條件是好多了，洞多而深。每次警報時，就在星子岩旁的小洞裏立一下就過去了。裝印報機的山洞也比重慶的寬大。

下午接秀娟函，邀我們星期天去吃飯，大約也約了瑞弟夫婦。我在故鄉初見到她時，她還是一個兒童。一九四二年我到重慶時再和她見面（她就是被同事誤認為路明的），她已在大學畢業，留在中大準備就業了。現在，我已年逾古稀，她也早已退休了。當時，我的一個堂房妻弟也在重慶，異鄉遇至親，備感快慰。回首往事，屈指已三十五年了。

秀娟來信還說，春節時秀文姐曾偕同女兒和外孫女來滬小聚，已經回寧。淺予則不久將再到江南，體驗生活，大概也將恢復創作了。

4月1日 二月十三　　星期五　　晴（8℃ — 22℃）

今天是外國的愚人節，可以相互撒謊騙人。西方報紙也向例在這一天登一條不真實的消息，以愚弄讀者，謠造得愈像真的越好。記得在天津時，何心冷在本市新聞裏登了一隻短訊，說梅蘭芳定是日回國抵津，船靠紫竹林某碼頭。時梅正在蘇聯訪問。那天，有不少梅的友人和京劇界人士到碼頭歡迎，結果，當然是一場空。第二天，《大公報》說明這是愚人消息，因為梅要回來，應由西伯利亞乘車來到，如何會乘船？這是故意按放的漏洞，讓讀者思考云云。這種流習，是十分惡劣的。

回憶十年來的輿論工具，實際是天天過"愚人節"。很多同志說，在"四人幫"被粉碎前，報紙到了，翻翻國際新聞的題目，至多五分鐘就看完了。

昨天的小《參考》，刊載李先念同志對英國《泰晤士報》主編的長篇講話，其中談到鄧小平，說他認為鄧是一位好指揮員，應當讓他工作。"他作為一個黨員，怎麼能不工作呢？"鄧小平同志即將出來的跡象，越來越明顯了。這是人心所向，大勢所趨。對於一個正直、果敢，為國為民，肯於向惡勢力堅決鬥爭的，人民總是衷心擁護的，歷史上往往如此，今天也是這樣。

我既然在重慶暫時留下來，看看當時的政治形勢，就必須看看各方面的人物。我知道王芸生是不肯介紹的，就商於渝館採訪主任徐盈。他問："中共辦事處你敢去嗎？"我說："有什麼不敢！你如果有辦法，請你先探詢一下，能否和周恩來先生見見面。"他說："我試試再給你回音。"

過了兩天，他私下對我講，已聯繫過了，周最近很忙，抽不出時間，已約好林彪和你會面。到了約定的時間，徐盈陪我走到曾家岩，進了一條很狹的街道，快到底時，看到一幢三層簡陋的樓房門前，掛著"第八路軍重慶辦事處"的牌子。進門，穿過一段小弄堂，勤務員招待我們進了一間房，大概是會客室了。佈置很簡單，中間一張長方桌，四周有靠椅。後面有沒有沙發之類，記憶不清了。

坐下後，徐盈說，這一帶四處是特務機關和化裝的監視哨。就連這座房子裏，樓下對面住著人，二樓也一半由別人住著，可能全是特務。

徐盈剛說完，一個穿軍裝的人就推門而進，和我握了手，在橫頭坐下。這當然就是林彪了。他那時還年輕，大約不到四十歲，完全沒有"文化大革命"中看到他照片上那樣蒼老，頭也不禿。

我先問他到渝後交涉的情況。因為當時報上已登載，林這次來渝，是代表中共談商十八集團軍的編制問題。延安方面要求改編為四個軍，蔣則堅持只允編兩個軍。

林說，已反覆談了不少時候了，看來，他們可能答應編三個軍。但我們部隊人數多，非四個軍不可。

我又問："近來國民黨方面鼓吹軍隊國家化。這問題的趨勢如何？將來抗日戰爭勝利後，如果能組成聯合的政府，軍隊能否統一？用什麼方法統一？”

他說：“在政治問題沒有徹底解決，不能組織真正的民主、自由的統一政府以前，這問題是談不到的。” 他說：“他們還要我們交出黃河以南的防地。照目前國民黨見敵就跑、一觸即潰的情況看來，如果我們把解放區交出，他們前腳開進，日寇後腳就跨進來了。這樣，我們如交出防地，實際是等於把艱苦解放的大片土地，拱手讓給敵寇。” 接著，他花了一小時多的時間，詳細介紹了華北、華中和西北軍民對敵艱苦進行武裝鬥爭的一般情況。我對解放區的知識甚少，第一次聽到穿過鐵路綫，要冒險越過鐵路兩旁又寬又深的所謂護路溝，也第一次聽到了解放區實行減租減息以及實行民主政治的各種情況。

談了共約二小時許，我們告辭而去。由於徐盈的說明，我走出大門後，留神看周圍的情況，對面是有一個小店，小街上不斷有賣舊貨等的小販來往，看來，都可能是特務化裝的。

第二天，我看到鄧友德，他開口就問：“你昨天去曾家岩了嗎？” 我說：“是的。我到了一次重慶，各方面的情況，都要摸一摸。” 他說：“這些地方，最好還是少去。” 可見，他們的特務，嗅覺還是很靈的。

我還經過鄧的介紹，訪問了戴季陶和邵力子。戴是蔣介石的最高“智囊”。當年，蔣在上海做交易所時，戴是他的密友。所以，蔣的兒子叫蔣經國，戴的大兒子叫戴安國，是排行的。也有人說，蔣緯國的身材面貌很像戴季陶。

戴的客廳裏供著一尊佛，香煙繚繞。經鄧友德介紹後，他“合十”為禮，和他談話，他滿口“菩薩”、“功德”，儼然是放下屠刀的居士了。我看出他是藉此裝腔賣傻，從他嘴裏，不會漏出什麼政治的機密，敷衍了一陣，就和鄧一起出來了。

邵力子原是報人出身，人也比較誠懇。他當時正受到 CC 和孔宋的排擠，擔任了國民參政會秘書長的閒職。我和他談了些報業往事，當然也談到了張季鸞生前和他的交往。他第二天還在參政會設宴招待我，約王世傑和王雲五作陪。我在漢口工作時，王世傑任武漢大學校長，我們曾在珞珈山見過幾面，至於那個後來被稱為“王八搭”的，那時鬚眉已白，問起來，還不到六十歲。

邵力子是做過了一個時期駐蘇大使，回重慶不久的。據說，他在莫斯科任職近兩年，直到回國述職前夕，才第一次受到斯大林的接見。談話告別時，斯大林說：“希望您早日回來。”邵以為這是向例的禮貌之辭，未加措意。

邵回到重慶後，德軍已展開對蘇的閃電進攻，莫斯科近郊發生了激戰。當時，重慶一片敗戰空氣，認為蘇聯是支持不久了。邵力子公開發表了幾次演講，力言蘇軍必能抗住法西斯的侵略，最後取得勝利。CC 頭目知道了很不高興，說邵不是中國駐蘇大使，而是蘇聯的駐華大使了。蔣介石也不高興，就派他到參政會工作，是不讓他再出國了。

我回桂林後不久，聽說邵又啟程返任了。心中很奇怪，何以忽有此一轉。幾個月後鄧友德到桂林，才知道此中經過。有一天，蘇聯大使特別要求見蔣，說蘇聯政府要他向中國政府說明，斯大林大元帥向邵大使說的“希望您早日回來”，不是一句外交辭令。

因為這個奇怪的“說明”，蔣只得重派邵出使莫斯科。

後來，在解放之初，我和邵老有過好多次來往。他的夫人傅學文是我們宜興小同鄉，江南解放時，我們同行南下，所以，在以後幾年，我每到北京，總去他家訪問，他也到我們辦事處作過客。我們又曾談起張季鸞，我說，張生前的一項主張，是“擁蔣不擁黨（國民黨）”。邵老說：“這就是他最荒唐的地方。國民黨是中山先生創立的，本來是革命的，主要因為蔣盜竊了黨權，才使它變成反動的了。怎麼可以倒果為因，以反黨作為它擁蔣的藉口呢？”

我在重慶，還遇見過一個奇怪的人。有一次，一個矮矮胖胖的人來訪問李子寬（我在重慶時，住在李子寬的房裏）。李介紹説："這位是陳德徵先生。" 在上海《大公報》創刊前，李曾長期兼任《民國日報》後來改為《民報》編輯，和陳是老同事。

陳走後，我問李："他不是當《中央日報》主筆嗎？"

李説："已被蔣撤職了。" 接著，他談了當年陳被蔣關禁和這次被撤職的經過。

在北伐軍進入上海前，陳德徵不過是《民國日報》一個普通編輯，大概因為他賣力參加反共，被蔣賞識，一時成為上海灘的"紅人"，身兼國民黨市黨部常委，市教育局長，《國民日報》社長，還有許多數不清的頭銜。他"紅得發紫"，就不免"忘乎所以"了。

他在《民國日報》上發起"選舉"中國當代十大偉人（選票印在報上，也是當時推銷報紙的一法），過了約一個月，報上"揭曉"了"選舉"結果，第一個當選的"偉人"赫然就是陳德徵，第二名才是蔣中正。這一下，可觸怒了蔣，沒有幾天，便被蔣叫到南京，藉了一個罪名，把他關禁起來，一關幾年。出來後，從此"紅人"變成"黴人"，舊相識都視成路人，再不敢請教了。

抗戰時他到了重慶，找不到職業。大約在一九四一年初，陶百川由香港調到重慶任《中央日報》社長，他倒得意不忘故舊（當陳任國民黨上海市黨部常委時，引進陶任委員），把陳掛名為主筆，其實只是給他一個飯碗而已。

他"上升"還不到幾個月，《中央日報》闖了一個禍，原來，英美決定宣佈廢除對華的不平等條約，另訂新約，事先通知了重慶政府。《中央日報》從外交部聽到這個消息，搶了"獨家新聞"先登了出來。英美方面不答應，説是中國方面泄露了外交機密，提出了嚴厲抗議。蔣介石立即叫陶百川去痛罵了一頓，並叫"侍從室"調來《中央日報》的花名冊，準備追查禍首。他看到第一頁有陳德徵的名字，更加光火，立即在上面"批"了幾個字："此人尚未死乎！著各機關永不錄用。”咬牙切齒之情，躍然可見。

從此，這位一度稍稍翻身的“徽人”，又被打入了十八層地獄。據李子寬說，陳打破了飯碗後，只得在一個同鄉開的小店裏管管賬目，聊以餬口。

而那些真正泄露機密的記者和編輯，反因此得救了。蔣稱心快意地把一腔怒火發泄在舊“仇人”身上，也就無意再追問下去了。

4月2日 二月十四　星期六　多雲（9℃—20℃）

天氣更暖和，該把緊身的棉背心換下了。

今天報上刊載文章和詩，紀念董必武逝世兩周年。董老五十六歲時才生長子，六十歲又生一子。黨中央號召上山下鄉後，他即把小兒子送去河北農村插隊。他平易近人，嚴格要求自己，不搞特殊化。一九四九年我到北京不久，香港《文匯報》曾運來一批鋼纜，想由人民政府收購，以解決報社的經濟困難。我由李濟深的介紹，曾找過他。他態度和藹，接談之下，很善解人意。他當時已分管財經工作。

《毛選》五卷已發到組裏，但每組只有一本，我還未見到，大約一星期或者可以普遍發下了。

支委一級幹部，今天都去聽中央文件，大概是關於鄧小平問題的。

解放以前，我從未參加任何黨派，也沒有參加過任何政治團體或宗教團體，一直以無黨無派無教的自由職業者自居。抗戰以前，相信胡政之的話，以為《大公報》是民間報，抱定了《大公報》的“鐵飯碗”，的確以《大公報》為終身事業。參與《文匯報》後，就想把《文匯報》搞好，作為自己一輩子的事業。一九三九年下半年到一九四五年秋，雖然回了《大公報》，而仍不忘情於《文匯報》。把《文匯報》辦成怎麼樣的報紙？范旭東的一番建立國家支柱的議論，是深深打動了我的，要獨立一張真正獨立的民間報，為大多數人民說話，明辨是非，敢說敢批評，富貴不能淫，威武不能屈。這個想法，現在看來也有些幼稚。解放以前，我是一直以此自豪的。當時自己樹立的道德標準，也類似袁雪芬的“清清白白做人，認認真真做戲”，即“正直立身，認真辦報”。至於我是否做到了這點，解放前從事報界二十多年的歷史，是客觀存在，要經得起子子孫孫的考查評斷的。

在青年時代，無黨派的“清高”思想，並沒有牢固形成，曾有過兩次想參加國民黨。第一次是孫中山先生逝世後，惲代英到我們第三師範演講，他的熱情洋溢的講話，深深打動了我的心，曾積極想找到門路，參加國民黨。後來，聽說一個同鄉又是同學的姓潘的人也已參加了。這人，是我當時最不齒的。這樣的人也混進去了，我恥與同伍，斷然中止了參加的念頭。

第二次是北伐軍到了北京，長期在北洋軍閥高壓下的北京學生，以為光明來臨了，我和我那位好友，曾到新掛了牌子大批吸收黨員的國民黨市黨部去，填寫了登記表，準備接受“口試”。在組織部窗外，探頭一看，原來這個正在審查新黨員的“組織部長”，就是我們的師大同學黃如今（此人後來曾任國民黨時期長春大學校長）。我和這位好友交換了一下眼色，連忙退出隊伍，跑到門外，把手中的“登記表”扯個粉碎。從此，看到國民黨越來越腐敗，就再也沒有動過心。

想不到一九四二年底到了重慶，又遇到了一個嚴重的考驗。

那時，我在香港時交往較密的兩個國民黨人，都在重慶。鄧友德任“中宣部”專員，陳訓悆不知擔任什麼職務，反正他經常出入於他哥哥陳布雷主持的“侍從室”第二處。

鄧介紹我分別見了戴季陶、邵力子後，有一天，對我說：“布雷先生很想和你談談，已約好在今天下午，訓悆也在那裏等你。”

見面後，陳先談起張季鸞的死，說他們是上海辦報的老朋友（一九二四年前，張任上海《中華新報》主筆，陳任《商報》主筆，經常發表署名“畏壘”的社論），交情是很深的。現在，老友去世，不勝哀嘆。接著說：“季鸞雖已作古，有芸生和你，承繼他的事業，是季鸞的朋友們十分欣慰的。”又說：“我們雖是初次見面，但季鸞生前常常對我談起你，說你年輕有為，是《大公報》同仁中最有希望的。友德和訓悆也多次向我談起，說你在香港寫了很多出色的文章，報辦得很精彩。”

他這樣恭維了我一頓之後，慢慢把話引入正題。他說：“我在上海辦報的時候，一直不問政治從未參加黨派活動。一九二七年蔣先生邀我到南昌，讓我擔任秘書，對我誠懇地說：‘一個人不參加組織，單槍匹馬，是做不成任何事業的。’他親自介紹我入了黨。今天，我想把蔣先生對我談的一番話，轉贈給老兄。如果你願意，我願做你的入黨介紹人。”他看到我遲遲不答，又進一步說：“我這個人，一生不願多事，輕易是不肯給人介紹的。公弼（指潘公弼，曾繼陳布雷任上海《商報》主筆多年，當時在國民黨中宣部任職。）是我的老同事，他入黨時想要我介紹，我婉言謝絕了。”很明顯，如果我再不答應，就是瞧他不起，就是存心反對國民黨了。鄧友德、陳訓悆也連忙在旁幫腔，說什麼：“布雷先生真是重視人才，才破例願親自介紹，真是難得的。”

我說：“我很感激陳先生的好意，但這個問題，是關係到一生的大事，過去從未想過，此刻也不該匆促作出決定。讓我好好想想，過幾天再給您答覆罷。”他無可奈何地說：“那也好，應該多多考慮，什麼時候決定，告訴訓悆好了。”

談完話後，陳訓悆領我到另一個會客室，見到了陶希聖，談了些香港別後的話，敷衍了幾句，陶還給了我一本書，說：“請指示。這是未定稿，什麼時候發表還沒決定。”這就是後來影響很大的蔣介石的《中國之命運》。從陶的口氣聽來，這書，主要是由陶執筆的。

很明顯，他們這樣花如此大的氣力拉我入黨，是因為我在香港和鄧、陳交往較密，知道我不像王芸生那樣盛氣凌人，想“扶植”我作為國民黨在《大公報》裏的代理人，真正接替張季鸞的地位。但我不想藉這個勢力抬高我的地位，更不願放棄無黨無派的“超然”立場。我雖然如此決定，但此事不僅關係我個人，應該告訴胡政之。因此，當天晚上就寫信給胡，把此事經過都詳細談了，並說明我的意思：不想參加。幾天後，接到胡的回信，說：“吾兄入黨事，請過筑時與達銓先生一談。”這樣，我就不能再乘飛機回桂，必須乘汽車先到貴陽一行了。

我到重慶後不久，《大公報》的駐成都特派記者張篷舟來信歡迎我去遊覽，我也很嚮往成都的名勝古跡，眼看在重慶的訪問已告一段落，就於一天早晨，帶了簡單行李乘坐報館的小汽車到了兩路口公路車站。很不巧，排隊買票輪到了我，正好當天的票賣完了，“明日請早”。我是從香港到“大後方”不久，沒有嘗過旅行之苦的。一氣之下，就回信給張篷舟，說不去了。

我的內弟也寫信給我，希望我到宜賓去過年。（春節）我打聽到去宜賓的輪船，上水要走三四天，而且船小人擠，也是“香港脾氣”作怪，沒有去。

機會是稍縱即逝的。我早讀過杜甫的詩，也看過李劼人幾部描寫成都社會的小說，對成都早就神往。只因為自己鬧脾氣，失掉了遊歷的機會。解放之初，每年有機會出去遊歷，也很想遊覽從未到過的廬山、青島，重新訪問漢口、長沙、桂林等地，看看那裏的巨大變化。但總以為來日方長，一年一年拖延下去。現在已年過七十，即使有機會，也恐怕無此精力和興致了。

一九四三年一月底，我乘了一部“郵車”（當時，重慶貴陽間的長途汽車是燒木炭的，至少要走四天，“郵車”燒酒精，兩天可達），到了貴陽。

我見到吳鼎昌後，把國民黨拉我入黨和胡政之的回信向他談了。他問我：“你自己的意見怎樣？”我說：“我不想參加。”他說：“也好。留在黨外，説話方便些。”

在貴陽，住了兩天，遊覽了花溪名勝。

回到桂林後，即寫信給鄧友德，回絕了他們的“好意”。

4月3日 二月十五　星期日 多雲到陰（10℃ — 20℃）

一九四三年春回到桂林，生活恢復了正常，每天編報、寫社評。餘下的時間是讀書，打板羽球，進城時則必往莫敬一處學戲，有時也小遊郊區的山水。有一天，大瑤山有廟會，我和幾個同事步行前往觀光。山下有農民交換農產品的集市，山上有個相當規模的廟。菩薩的造型、臉相、衣飾，都和我們常見的佛寺中的不一樣，大概是按瑤族的宗教習慣塑造的。瑤族同胞都穿著民族服裝，朝山拜神，漢族、壯族的人去觀光的人也不少，一路如山陰道上絡繹不絕，山徑則來往行人更擠。我們上午出發，中午在山下小館吃了點麵食，傍晚回到報館，來往約四十多里。

我從一九四二年到桂後，偶然也接到家信，只談家中老小平安，我去的信，也只説自己身體好等等。因為大後方與淪陷區之間，並不正式通郵，敵方的檢查很嚴，“漏網之魚”，大抵只能是平安家信。

看看抗戰還是長期的，我決心到東南戰區的邊緣去，把困居在上海的家眷接出來。商之金誠夫，他表示贊成，他有兩子一女在上海，也想接到後方來工作或讀書。當我正在作此長途旅行的準備的時候，鄧友德來信説他也準備到東南迎接他的未婚妻，希望結伴同行。

七月初，鄧來桂林，我們即踏上了征途。過衡陽、韶關時，有《大公報》的記者接送，少不了同業間有些酬應，延擱了一兩天。

鄧對我說，他在江西公路局有個好朋友，已寫信聯繫好，可以借給我們一輛酒精的專用車，直開到屯溪，車子可停放在那裏，等我們到靠近淪陷區的宜興張渚鎮接出家眷後，再乘這輛車直返韶關。這樣，可以省去旅途很多麻煩。當然，包租這輛車，要付相當高的代價。這個公路局，當時設在于都以北的銀坑。

我們在韶關出發前，我對鄧建議，事前不要函告贛州的友人，悄悄地到那裏過宿一晚，即直奔銀坑。因為我們隨身行李不多，不必麻煩友人接送。他同意了，但他不知我有一段隱衷。

原來，大約在一九四二年中，有一天我正在編輯部翻閱報紙，忽然來了個電話：“您是徐先生嗎？”“我就是。您貴姓？”“我叫蔣經國，剛從贛州來的。我想來看你，車子怎樣走法。”

我和這位蔣公子素不相識，怎麼忽來電話，又要來看我？而且，從城裏下來，彎彎扭扭的路徑，也説不清楚。因此，我說：“下鄉不好走，我來看你罷。你住在哪裏？”“那就太麻煩你了，

我住在樂群社。”（樂群社是當時桂林最新式的旅館，是官方招待貴賓的地方，也接待一般旅客）

到了那裏，他已在客室等候，個子不高，身體好像很結實，臉上還有一股孩子氣。他笑臉相迎，先談了些“久仰”之類的客套話，接著，拿出一卷稿子，說是紀念他的亡友（曾任贛南某縣縣長）的文章，說：“請審閱一下，如果可能，希望《大公報》刊載。”接著，他希望我抽空到贛南玩玩：“我年輕，工作做不好，希望你去看看，指教指教。”

我說：“報館的人手少，抽不出時間，將來有了空一定去觀光。”

他後來請《廣西日報》的黎蒙（即原在香港任《珠江日報》社長的，聽說他是李宗仁的表弟）和《大公報》的王文彬，組織了一個“廣西記者參觀團”，到贛南去參觀了一陣，寫了不少通信，為這個“小蔣”的所謂“新贛南”著實宣傳了一陣。

因為有這段經過，我怕給“小蔣”知道，想偷偷地溜過贛州。

我們到贛州已很晚了，看定旅館後，上街吃了點東西，回旅舍即關門休息。一夜酣睡，起床已近九時了。剛打開房門，茶房進來說：“蔣專員已在廳房裏等候了兩個鐘頭了。”我說：“為什麼不打門叫醒我們？”“蔣專員說，你們路途勞頓，不要吵醒你們。”“那末，請他快進來。”

他進房後，先說了些歡迎的話，問我為什麼不早通知他，可以派車到韶關迎候。我說，此行只為了接取家眷，不敢驚動他，預備明天就上路。

他說：“那不行，到贛州的人，沒有立刻就走的，無論如何，也要屈留一星期，給我們各方面工作提出寶貴的意見。”

經過一番“討價還價”，我們答應停留三天。

這位專員，對於宣傳是有一套本領的。比如，贛州南北兩個城門，向外的一面，都粉漆著大字：“歡迎，歡迎！”裏面則是："請您下次再來！" 街上也有類似的標語。街道也打掃得比較整潔。

他在贛州辦一張報，叫《正氣日報》，看來，他是很提倡"正氣"的（寫《正氣歌》的文天祥是江西人）。該報的總編輯，就是抗戰以前聞名文壇，曾和魯迅通過信的曹聚仁。曹對我們當然很吹捧他們的專員，說他如何勵精圖治。每星期，有規定的日子直接接見民眾，民眾有什麼要求和冤屈，都可以當面向他申述。

在這三天中，蔣天天陪著我們吃飯、參觀，還同我們到附近的山區，看他建造的蓄水池，說是可以解決天旱時的澆灌問題。他還一定請我到他主辦的"虎岡營"去演講國際問題。

我們離開贛州的前一天晚上，一位任江西鹽運使的老先生請我們吃飯，他是鄧友德的朋友，看來，不像是小蔣提帶出來的。席間，我問他："贛南不是很富庶的地方，小蔣先生似乎很有一番建設的規劃，但經費從哪裏來的呢？難道重慶有特別的撥款嗎？"

他說："我在江西已搞了多年鹽政，就拿鹽來說吧。江西是一顆鹽也不生產的，要仰給附近各省。從山東、江蘇等各地運來的鹽，要抽上一道道的稅，而且非經省當局向鄰近各省下功夫、賣交情、施賄賂不可。所以，江西的鹽價，比別省要高得多。現在的贛南就不同了，恐他和委員長的關係，誰不巴結，開口要十萬噸，人家不敢給九萬九。有些地方，還主動把大批的鹽直接運上門來。居民吃的鹽，還是老價錢，成本卻遠遠降低了，而且有多餘的高價向附近省區傾銷，單單這一筆收入，就很可觀的了。"

一九六一年，我參加上海市政協組織的老解放區參觀團到江西參觀，曾在贛州聽到贛南區委書記給我們做的報告，談到紅軍長征後贛南游擊區英勇鬥爭的艱苦情況，說在蔣經國統治時期，經常派特務化裝成小販或算命先生到山區去刺探游擊隊的蹤跡，殘酷屠殺老解放區的人民。我一面聽，一面回憶到，就在這個時候，我曾一度被奉為上賓，想起來真不寒而慄。

我當然不致那樣容易受騙，相信他宣傳的那一套。我此行所寫的“東南旅行記”（曾連續刊載桂林和重慶《大公報》）中關於贛南的一節，不僅沒有渲染他的“德政”，還隱約提到他憑藉特殊地位，做些別人所沒法做的所謂“建設”。

在贛州住了三天，即乘車到了銀坑的公路局。鄧的朋友姓過，是無錫人，在該局任工程師。因為借車的事，鄧在重慶出發前就和他聯繫好了，所以，沒有為這問題多費功夫。但過告訴我們，福建的邵武、光澤一帶發現鼠疫，已死了一些人，最好先打鼠疫預防針，再通過這一帶。

這樣，就不得不在銀坑多住了幾天。我打了針後，曾發了兩天燒。

我們借到的車，是一輛客車，除司機外，還帶了一位車務員。當然，不能讓我們兩個人坐了那末一輛大客車上路。路局臨時掛牌，出售前往鉛山、上饒和屯溪的長途客票，而為我們在前面留了兩個位置。

客票很快就賣完了。因為當時只有開崇安的短途客車，而且還是木炭車。要到上饒一帶去，要輾轉換車，木炭車翻越山路，特別是崇安以北的分水嶺，是很危險的。

我們下午才出發，當天住宿在寧都，那裏還有一個小小的公園，頗有亭台池榭具體而微的佈局。第二天，一口氣直駛到福建的邵武，投宿於當地的協和醫科大學。它是一所教會學校，學生不多，已放暑假。教務長也是鄧的世交，設宴款待我們。

據説，福建請客的規矩，最後是不備麵、飯的，吃到最後一道點心，首座的客人站起，大家就散席了。

我第一次到福建，不懂這個規矩，吃完最後一道菜時，還坐著等吃些飯，其實，肚子早就飽了。於是，炒雞蛋、炒肉絲等等

“添菜”上來了。鄧友德以目示意，我才茫然立了起來。

到瞿溪路秀娟家，菜很精緻，還飲了白蘭地和啤酒，自從春節後胃病時發，很久不飲酒了。

據葉岡所聞，最近中央工作會議增補了好幾位政治局委員，其中有烏蘭夫、粟裕等，而單位裏則傳鄧穎超、聶榮臻、徐向前、蘇振華等已參加政治局。總之，這些都還是“小道”。不久當可正式公佈。目前，“小道”之多，主要是望治心切。

4月4日 二月十六　　星期一　　陰間雨（8℃ — 17℃）

氣象報告，説內蒙古境內又有一股較強冷空氣南下。

昨今兩天，黨員全部去聽報告，還是有關鄧小平問題的罷？層層下達，已到一般黨員了。

協和大學為我們安排的住所，甚為清潔，放心地住了一宿，清晨告辭主人，繼續登程。這輛車子，以我們二人為主，我們上車，即行發動，沒有趕不上車的危險，真也可算是“專車”了。

在崇安住了一宿，這是一個崇山間的小城，旅館極小，現在已沒有什麼印象。過崇安後，有兩件事可記：一是過分水嶺的公路，是馬馬虎虎開出來的，角度極陡，有些地方，幾乎是直上直下，我們是酒精車，乘客行李也不致超載，司機注意些，兩小時就過了山嶺，一路看到有些車子翻在路旁。更多的是乘客下車走，車子搖搖晃晃上去，走上一步，就要把一段三角木頭枕在後輪下面，防止下滑。據同車的說，他半月前就是坐這種客車過這裏前往贛南的。清晨從山下出發，過嶺已日落西山了。

那天，我們在鉛山的《前綫日報》投宿。該報是第三戰區顧祝同的機關報，又是小型（四開）的，但銷路不少。我到桂林後，在各地報紙中，最注意這張報，篇幅雖小，卻“五臟俱全”，而且版面安排極緊湊，評論也短小精悍，不是一味吹捧官方。

該社社長叫馬樹禮，聽說是顧祝同的漣水同鄉，大概還有親戚關係罷。他那天到顧的司令部去了，第二天清晨才趕回來會我們一面。年紀很輕，說話很謙虛。我想（當然，也是事後這樣想的），他唯一的長處是“用人不疑”，把編輯大權全部託給宦鄉，有事能為宦頂住。宦是副社長兼總編輯，不僅全部掌握版面，而且還要親自翻譯從無綫電收到的英美新聞，工作量很大，他的身體結實，是全副精力經營這張報的。他在館內的威信似乎也很高，編輯、記者看來多心悅誠服地聽他指揮。那天，晚飯後，我和他暢談了一小時許，有很多觀點是相同的，真有一見如故，“相見恨晚”之感。旅途是勞頓的，鄧已去就睡了，我是捨不得失去這寶貴機會，在編輯部細細看了他們工作的各個環節，過了十二點才睡覺。老實說，我當時自以為對新聞工作有一套，眼高於頂，對於內地的報館，一向認為是不屑一觀的。那一晚，卻改變了這個態度，虛心地學習了他們的長處。

我和宦鄉兄從此真正訂了交，以後，在《文匯報》還愉快地合作了一段時期。

幾個月後，我早接眷回到桂林，胡政之那時已全家遷往重慶了。有一次，他回桂林小住，和我談天，他談到戰後《大公報》的復刊計劃（他那時想在五個地方同時出版，搞一個報業“托拉斯”的）。我說：“據我看，《大公報》今後的勁敵，不在申、新兩報，它們已‘人老珠黃’，而且在抗戰中受到愛國讀者的鄙視了。異刊突起，值得注意的是《東南日報》和《前綫日報》，《東南日報》有CC的背景，胡健中這個人看來也很能幹。特別是《前綫日報》的宦鄉，是了不起的人才，我在鉛山和他見面，學識淵博，精力飽滿，我認為他辦這張報，是做到了‘小報大幹，官報商辦’的，很受讀者的歡迎。”

他聽了我這番話，大為動容，說：“以後有機會，倒要會會他。”

次日，依然清早登程。

寫到這裏，才想起上面提到過崇安後有二事可記，記了過分水嶺一事，另一事漏記了。是什麼呢？

崇安縣也是一個產茶區，“鐵觀音”、“鐵羅漢”最為有名。據說，真正的“鐵觀音”只有一株樹，是生長在半山中的一個山坳裏，因為茶是要有日照又要有一定的濕度的，這株樹向南，照陽好，而又終日為山間泉水所浸潤。我們在經過這小山下，車中有熟悉這一帶情況的，指給我們看，這樹果然彎出洞口，遠看翠綠可愛。而看到有不少兵在山下放崗，山間上下也有武裝人員，問那位旅客，才知道這是顧祝同特別派了一連兵在此保護這棵茶樹的。每年，他要當地茶行把這棵樹的嫩葉精製了“鐵觀音”，——真正名副其實的，派專人送往重慶。

當時，江西、福建、浙江、安徽，我們經過的幾個省，本地都已被敵人佔領了，只能在山區別開新路迂回行走。比如，我們從寧都北行，如果一直照老路，當天就可以到上饒，但南豐以北，已是淪陷區，不得不折入福建，走了三天，才又回到了江西。

從上饒北行，過了玉山，又是淪陷區了，不得不折經常山、開化、過淳安、遂安，再折往安徽。車子經過常山、開化，已有江南景色，山坡上的房子，瓦房佔多數，也看到田間的墳場，也做得頗為考究了。我們在淳安住了一晚。

在這個小城，對於我這個老“煙”民來說，遇到了一件“喜出望外”的事：

我是二十一歲當了見習記者後，逐漸在採訪、酬應中“請吸一支”而吸上了癮的。香港是一個“自由港”，煙、酒等等，都不抽稅，一般都是吸的英國製造的煙。到了桂林，只有從香港偷運進來的“玉葉”牌（在香港是所謂“苦力”抽吸的）還勉強可抽，但售價幾乎天天上漲。記得一九四二年初剛到桂林，每包大約二角多錢，到一九四三年初，已漲至二元以上。桂林出產不少牌子的土製煙，煙味嗆人且不必說，捲煙的紙多是一般的土製白紙，吸時一股焦味，令人難受。我曾下決心戒過幾次，但每當執筆寫稿時，就不得不取過一支，聊勝於無了。這次開始旅行時，曾極力壓縮，每天只在飯後吸一支，最少時一天只吸三支，看來，就可望接近斷癮了。

那天到了淳安，天色還早，要過一個渡，才能進淳安城。我們在渡口等候渡船開來，只見碼頭上不少香煙攤，售的一律是紅錫包（當時稱為“大英牌”），我當時彷彿眼睛一亮，忙上去問價，每包只六七角錢（十支裝），連忙買了五包，大過其癮。戒煙的念頭，早丟在腦後了。過河後在旅館安頓好行李後，和鄧友德上街找館子吃飯，又看到五十支鐵匣裝的前門牌，每匣五元，又喜出望外，買了兩匣。半小時前還認為奇貨難得的紅錫包，被棄置一旁了。

淳安面臨新安江，當時是通向淪陷區的一個口子，商貨由新安江、富春江通向杭州，比從陸路運輸的蘇南的張渚鎮要方便得多。所以，當時淳安商旅雲集，大抵是來往走私的商人，當然，免不了設有許多所謂“緝私”的機關和抽稅的稅局。解放以後，看到《文史資料》，才知道當時的淳安，已有戴笠和杜月笙合設的機關，向淪陷區運輸敵人缺少的桐油等戰略物資，運進敵佔區的工業品。

第二天，因為去屯溪的路程不長了，決定吃了午飯開車，我們在淳安遊覽了半天，一條長街，百貨雲集，"繁華"是內地少見的。新安江水勢奔騰，竹筏上下頻繁。這裏，還有一二個小花園，大概是地主、巨賈們私有的，看來，已建造多年了。

這個浙東的小城，現在早已沉入水底，成為新安江水庫的一部分了。它的舊貌，迄今還深印在我的記憶裏。

離屯溪還有三十多里，經過歙縣（徽州），看到大街都鋪著一色的青石板，很多高大門樓，房子十分整齊。車子經過一座長的石橋，建築看來已歷有年所了。

徽州人出外經商的不少，上海有所謂"徽州幫"。在小説、彈詞裏，形容一錢為命、殘酷剝削窮人的，大抵以徽州"朝奉"為典型，等於北方人説的"老西兒"（山西幫商人）一樣。我聽過夏荷生説的《描金鳳》中，把徽州商人汪二朝奉刻畫得十分生動。歙縣本身也有豐富的物產，有名的湖筆徽墨，可見它是墨的故鄉，茶葉也是出名的。解放以後，聽説徽州土改中流散出不少善本的古籍和名貴的古人字畫。這也是該地一向富庶的一個證明。這個地方，我來往經過了九次，可惜都沒有下車去觀光觀光。

屯溪是皖南的一個鎮，大概因為水陸交通方便，當時儼然成為皖南國民黨統治的中心，皖南行署，一個什麼軍的司令部等機關，都設在這裏。太平洋大戰後，這裏出版了屯溪《中央日報》，社長馮有真，兼任國民黨中宣部東南特派員，和鄧友德同屬中宣部的"大員"。馮在上海中央社工作多年，我也早和他相識，加之，他的報紙編輯部的兩員大將，主筆李秋生、總編輯程玉西，都是我在《文匯報》的班底。另外，據鄧告訴我，馮的夫人和鄧的姐姐鄧季惺，早年在四川同進一個中學，同參加了"五四運動"。據説，都參加過國共合作的國民黨，她們結婚的對象，都是共產黨的地下黨員。這兩位黨員，在廣州"四一五"

中犧牲了。後來，一個嫁給了馮有真，一個成為《新民報》社長陳銘德的夫人。他們都很能幹，都實行“內閣制”。由於這些原因，加上馮夫婦一向善於交際，所以，他們對我們的招待，比別處更加熱情而周到。

我曾應邀到屯溪《中央日報》去參觀了一下。雖然每天出版對開一張，設備較好，人馬也多。但看過《前綫日報》，它就一無足觀了。簡單說，“前綫”雖篇幅小，但精雕細琢，有自己的風格，有自己的靈魂，雖然在這環境裏不可能顯露，而明眼人是隱約可見的。後者則僅僅刻意摹仿早出的黨報，人云亦云。如果說有個性，也只是一個普普通通的黨棍的個性而已。

我們在屯溪住了四五天，一則為了恢復過去一周長途行車的疲勞，再則，由此出發向張渚，過了績溪，公路全破壞了，唯一的交通工具是轎子，需要先做些準備工作。還有，我們這輛“包車”，暫時要在這裏停放一個時候，兩個車上人員，也需要安排他們的食宿等等。好在這些問題，都有馮有真關照他的部屬代辦，不煩我們多操心。

在這幾天，我們了解到從張渚到上海這一帶淪陷區的大概情況。我對鄧說：“我看，我們可以冒險到上海去闖一下，你有沒有這個膽量。”

他遲疑了一陣，說：“去是冒險的，也有好處。”他說的“好處”，是因為他的那個未婚妻，是一個僑商的女兒，從未離開過上海。如果他僅僅寫信請她設法到張渚，怕他的岳家未必放心，這位小姐也可能沒有獨上征途的勇氣。

至於我，離家已四年多，不知家中的確實情況，把妻兒接出來，有何人可以送到張渚，家中還有老父老母和妹妹，更要好好安排善後。還有，金誠夫的三個子女，也未必有人能護送。我們這樣再三考慮，初步決定了親往上海的計劃。如果到張渚後，不發生無法克服的困難，一定冒險一行。

4月5日 二月十七　清明　　　**星期二**　　　**雨**（10℃—15℃）

馮有真得知我們準備到張渚後，相繼進入陷區，告訴我們，嚴寶禮和高季琳（即柯靈，曾任《文匯報》副刊編輯，那時在《大美晚報》編副刊）都做"地下工作"，在他的"專員辦事處"有名義。嚴經常出入封鎖綫，給他和吳紹澍遞上海方面的消息，做"交通"工作。他還讚美嚴工作很出色，時常以做投機生意的角色，來往於上海至張渚或上海至淳安間，他什麼生意都做，有幾次是在淳安做了一批棺材運到上海出售。他說，我們到滬後，可以找他幫忙。

《中央日報》的庶務安排好後，我們即於翌晨啟行，坐我們那輛包車到了績溪，即下車。公路到一個高坡下，就完全破壞了。我想到這裏是胡適博士的故鄉，遠遠看到績溪的城牆，附近樹林葱鬱。我們分別了送我們的人，轎子已在坡下的小徑上等待我們了。我們成了"過坡卒子"，只有向前了。

當時，天氣正在盛夏，轎夫都赤著膊走，我發現他們的肩上都生著膿瘡，問他們為什麼不治？他們笑著說："這是轎子瘡，抬轎的都要長的，是治不好。"其實，這是一種傳染病，一個人長了瘡，膿水沾在轎槓上，別的人再抬，就必然也生長了。

我們行李不多，我只帶一個小衣箱和一個小包，隨身帶了幾萬元，是準備接家眷一路用的。我把它放在小包包裏，扔在轎子底下，我們大約坐十里轎，步行十里，轎夫看我們老走路，似乎反而很過意不去。

那天，大約走了六十多里，在甲路住宿。這裏只有幾家茅舍，一家雞毛小店，兩三間客房，風景卻極好。我們隨便吃了晚飯後，就在店外乘涼，四面都長著叢叢的毛竹，店前有一小小土場，場外則流過了一彎小河，河水極清，河邊盡是卵石。我們用毛巾在溪河中刷洗，水極清涼。

第二天清早起來，看到對面房門外坐著一個三十上下的婦女，給一個小男孩在"把"屎。這孩子只是哭，我看像是患了痢疾。便問這位婦女，為什麼不找個醫生看看？她說："這一帶哪裏有先生呀，我是帶孩子到附近的廟裏去求個仙方，一定會好的。"

當我們準備動身時，她已端著一碗白飯在餵孩子。我說："孩子拉痢，吃這麼硬的飯怕不好罷，該燒點湯粥給他吃。"她很有信心地說："不要緊，俗話說，餓不死傷寒，吃不死的痢疾啊。"

我自知醫藥常識有限，不敢再多嘴。迄今想來，我還為這個孩子擔心。真的，中國農村是多麼缺醫少藥啊，有時候，缺的還不僅是藥。

繼續上路，一路時常看到有三三兩兩的青年，背著行囊，高高興興地迎面而來。和他們打招呼，知道他們從淪陷區跑出來，他們為脱離敵偽而欣喜，以為迎著他們的就是光明了吧。我暗暗想，這些天真的青年，以後可能會日益陷入失望和幻滅中的，當他們日益看清楚"大後方"真面目的時候。

那天到了河瀝溪，是一個相當熱鬧的大鎮，屬寧國縣（現在，聽說寧國縣府已搬在那裏了）。我們住的一家旅館，設備比贛州、韶關的上等旅館還好得多。旅館面臨江上，下面舟楫如流梭，聽說這是陽江，是天目山區通向長江的孔道。我們很安適地睡了一晚，似乎沒有臭蟲，有蚊帳，所以一夜未受擾動。

下一天又走了六十多里，投宿柏墊，也是和甲路差不多的荒涼小村。

坐轎子、步行，大概是旅行中最保險、最可靠的了，雖然它最原始，它不怕意外的危險，也不像當時在"大後方"等候班車，往往一等就延擱幾天。我們是每天走六七十里，預定在什麼地方住宿，是十分可靠的。我們預定此行六天到張渚，是非常“準點”的。

在廣德又住了一夜。這個小城十分荒涼，城內到處瓦礫成堆，聽說敵軍曾一度竄入擾騷，也可能有些還是太平天國時的遺跡。我看過《曾文正公日記》，這個曾剃頭，曾幾度在寧國、廣德一帶，和太平天國激戰，殺人無數，建立“奇功”。

住的小旅館很齷齪，幸而我們自己帶有被單、蚊帳。飯店是群蠅亂飛，不敢隨便叫菜，要了一個砂鍋燉全鴨，只一元，極大而肥，我們只吃了四分之一，其餘全請轎夫吃了。

下一天投宿流洞橋，這裏已接近宜興了。這個小旅店實在又小又悶，晚上熱得透不過氣，加上明天就要到我已一別七年的故鄉了，大概心情不免有些興奮罷，一夜未得熟睡。

次日，趕早啟行，一口氣走了三十多里，快到晌午時分，上了一座小山。轎夫告訴我，過了山頂，就是宜興地界了。我凝神注意附近村莊中的人聲和迎面走來的行人的談話。我想，安徽話和我們宜興話是絕然不同的，在這交界的地方，該有一種混雜的語言罷，怎麼樣的語言呢？

一路聽來，直到山巔，向路旁一個小攤故意買一匣火柴，他的答話還是一口安徽話，沒有一點宜興話的“味道”。哪知剛步下山頂，從不遠的竹林中飄來了小孩的吵架聲，卻是完全十足的宜興話了。

唉，我已踏上故鄉的泥土了！我的雙手掬起了路邊的土，搓揉不停，發抒我內心的喜悅。

其實，故鄉和我早已沒有什麼聯繫了。十九歲到北京進大學，二十二歲時，我父親移家保定，從此，我在故鄉就沒有家了。我祖父於抗戰開始不久就去世，故鄉就一個親人也沒有了。

一九三六年秋，我剛把家眷接到上海，我們夫婦就連忙帶著兩個兒子（一個七歲，一個才兩歲）去看望我的祖父。祖父一手攬著一個孩子高興地說："有了重孫（曾孫）的，死了見了閻王也不要下跪了，我能看到這兩個寶貝，死了也口眼閉了。"

從此一別，就沒有再見過他老人家。過了一年，日寇入侵，故鄉就大部淪於賊手！

大概因為那時還剛入壯年（三十六歲），處處易動感情罷，離別只有七年，就有這樣濃郁的鄉思。現在，從一九五一年赴朝慰問歸來，到蘇南傳達，曾到宜興勾留一星期，屈指離開它已二十六年了，故鄉的影子早就淡薄了。儘管宜興可以朝發夕到，我從未動過回鄉一遊的念頭。時間，把人的感情也沖淡了。

傍晚到了張渚。由轎夫指點，找到了一家據說是最乾淨又寬暢的旅館，安放了行李，算清了轎錢，這九個轎夫，知道我們一時不回屯溪，失望地告別了。

張渚是宜興的大鎮之一，因為出產竹子、筍、梨、栗子等山貨，市面一向繁盛，我卻從來沒有到過。到街上走了一圈，見到各種店鋪，以及點心店門前的鍋爐，出售的點心，乃至店堂的陳設，都像似曾相識，它們和我童年時看到的都極相似。當然，更感親切的是滿街的鄉音，彷彿都在歡迎我多年遊子的歸來。

我本來是準備到張渚是故鄉做客，嘗嘗"笑問客從何處來"的滋味的，估計這裏沒有熟人，也不會有什麼親戚。可與聯繫的只有馮有真介紹的在這裏工作的外鄉人。想不到我回到旅館時，房裏已坐了不少人，其中，有在某某機關工作的姓童的兩兄弟，他們在抗戰初期都在上海和我見過。有一位是銀行的經理，談起來，才知道他的哥哥曾是我父親當小學校長時的學生，更意外的是我的堂叔也來了。他原是中學教師，敵人侵入後，他的學校也搬到張渚附近來了。此外，還有一位姓姜的，他就是馮有真介紹的人之一，是外鄉人。

畢竟地方小，來了我一個回到故鄉的"外客"，馬上就傳遍了。

當晚，這位我父親學生的兄弟李先生請吃飯，吃的當然是十分道地的家鄉菜。飯後，他還約我到他家裏談談，說有一個人想會見我。到了那裏，他請出他的弟婦，原來真是認識的，是我妻的一個小姨母，我家也和她沾點親戚。雖然以前見面時，都還在青年，而現在時隔多年，面貌還依稀可辨的。她所以急於要和我見面，是因為要打聽她的也在內地工作的丈夫近況。我把所知道的對她談了，她聽得很仔細，當然也很滿意。

第二天一早，就有人請洗澡，洗完澡上館子吃早點。這裏的習慣，所謂早點，也備了四盤四菜，先慢慢喝酒的。最後才吃麵點，我雖早年生長在宜興，也一直不知道有這個習慣的。這也可能是地方富裕所造成的習慣吧。

總之，這次在張渚住了三天，一天被請三次，飽嚐了家鄉的風味。

那位姓姜的是吳紹澍派在這裏負責和上海方面聯繫的。吳名義上還兼著上海國民黨黨部的工作，而主要當著監察院江蘇監察使，這個衙門也搬到張渚來了，設在離鎮十幾里的山鄉。那時，聽說他已去重慶"述職"去了。

姜知道我們打算回上海一行，給我們扼要介紹了淪陷區的情況，說敵偽正在清鄉，清過鄉的地方都用籬笆圍起來，從張渚出去，快到蜀山，就有一道籬笆，出入都有敵偽軍檢查"良民證"。從此一直到上海，過交通要道，上下火車、汽車、住旅館，都要檢查。

"他說，這些，你們都可以放心，我都會給你們準備好的。"

我問："'良民證'怎麼辦呢，難道可以偽造嗎？"

他笑著說："不，我們經常接待由淪陷區經這裏往內地的人，他們有些不預備回去了，這張'良民證'就不要了，換上一張照片，用我們刻好的印蓋上，一點破綻也看不出來的。"

他還說："我們在蜀山有人，我已派人去叫他來，由他護送你們過封鎖綫，是萬無一失的。請放心好了。”

鄧友德本來對於上海之行顧慮重重，聽了姜的一番話，如釋重負。

只等蜀山來的朋友一到，我們就可以出發了。

黨員集中學習傳達報告，聽說是有關即將召開十一大的。

4月6日 二月十八　星期三　小雨轉陰（16℃—17℃）

我們把行李清理一下，只帶一些必要的日常用具，裝入一個小包。其餘，存放在那位銀行經理的家裏，換了一筆偽幣，放在包裹。

蜀山的人終於到了，還記得他姓蔣，在蜀山的公開身份是東坡小學的職員。

出了張渚，在山裏曲曲折折走了約十幾里，便到了湖㳇鎮。這裏也是一個盛產山貨之地，早有“金張渚、銀湖㳇”之稱。此時已變成“無人地帶”，而且不時有敵偽軍來騷擾，居民大半逃奔張渚一帶，簡直沒有什麼市面可言。

從湖㳇到蜀山，是我兒時的舊遊之地，一山一水，都是不陌生的。

湖㳇，還是我父親的“發祥”之地。我的一個姑公，在這裏開設一個竹行，成為鎮上的一個富戶。我父親十六歲時，在他家“坐館”做私塾老師，教的主要是他的幾個表弟，也兼收幾個外姓學生。辛亥革命，一切“維新”了，為了適應潮流，他到江陰去進了“師範傳習所”。六個月畢業回來，仍回湖汶，也許依然是靠他姑夫的扶持罷，設立了湖汶第一個初級小學——廣善小學，他當了校長兼教員，每月大約有十二元薪水。做了幾年，又被調到別的鄉村小學去當校長。

我在初小讀書時，是一個劣等生，功課往往不及格，上體操課曾被教師一鞭子抽了兩個血瘤。做手工時，還靠祖父一手幫忙，才糊了一個紙燈籠。晚上，母親在燈下督促複習功課，一轉眼我就打瞌睡了，母親氣得沒有辦法。好不容易在初小勉強畢了業，母親一定讓父親把我帶下鄉去，好好管教一年。那時，我父親已重回廣善小學，而且已不再是單幹，另有一位姓陳的教員了。薪水大約也已加到十六元一月。這時，我已滿十二歲，第一次到了湖汶。

我父親和這位陳教師的伙食包給一家小館子，每人每月三元。如果再添了我這三元，負擔太重，勢必影響家中的僅可維持的生活。我的姑婆（那時，姑公已去世了）說：“讓他到我家吃口飯罷”，我父親當然很感激。中午放學，我走到姑婆家吃飯。晚上，則每天花一個銅元，叫包飯的多送一碗飯，我和父親“勻”著吃。

吃我姑婆家的白飯，在我等於每天要過一個難關。幾個表叔已經分家各炊了，我去哪一家吃好呢？哪一個表叔表嬸能容我每天去吃白飯呢？好在他們的竹行還未分掉，我每天去了，就在竹行裏等著，哪家來叫，就連忙去悶聲吃了兩碗飯，道聲謝，出門回學校上課。也有誰也不叫我把我忘了的時候，那就只好餓著肚子回來。如果身邊還有幾個剩錢，就買塊煮山芋充飢。在我的印象中，湖汶的山芋是又香又甜的。

這個竹行有一位管賬先生，可算是我在那裏唯一可談談的朋友，他年紀不過二十歲，學問卻不亞於魯迅小說《風波》裏的趙七爺，大概也是熟讀過《三國演義》、《封神榜》之類的大部小說。有一天，我在等吃白飯。他拿了一張單子給我看，說：“要是這幾個人出山，天下就太平了。”我拿來一看，原來是他擬定的一張“組閣名單”：內閣總理：姜子牙；陸軍總長：岳飛；海軍總長：關公（大概因為他能水戰龐德吧），其他記不清楚了，反正我當時確也認為極其理想，因而更增加了我對他的欽佩。

雖然吃飯問題有些困難，在廣善這一年的生活確是很豐富的。學校後面就是一大片竹林，同學們時常領著我進去玩，還給我講如何打野豬的故事。

夏天，也是很涼爽的。但是，不知什麼緣故，蜈蚣特別多，父親教我每晚下蚊帳前，多注意看看。有一次，果然在枕頭下發現一條大蜈蚣，連忙叫“堂丁”（當時對學校工友的稱呼）用火鉗夾走了。還有一次乘涼，脱了鞋子吹風。穿鞋前，忽然靈機一動，該不會有蜈蚣罷？舉起一看，果然一條紅色的伏在鞋底裏。從此，乘涼再也不敢脱鞋了。

在這個小鎮上，童年的故事還可以説上一大車。有些，回憶起來還是甜滋滋的。現在，這裏已經變成一片廢墟，哪裏是我姑婆家的舊址，哪裏是廣善小學，已無法辨認，而且，急於要走出這個“無人地帶”，也不好意思向這位姓蔣的嚮導請教。

過了湖汊，再走七八里，就到一個更小的鎮，湯渡，那也是我童年曾流連過一年的地方。年紀比在湖汊時更小，大約只有七八歲罷，是我祖父去世不久的那一年，父親到這裏的小學當校長，説沒有地方可以包飯吃，我母親和我們姐弟，一家都搬來了。

這所小學記得名為“從善”，大概是學習湖汊的“廣善”的罷（從善如流麼）。學校設在一個祠堂裏，有一間教室，一間教員的寢室，我的一個剛從高小畢業的堂叔跟著來當助教。此外，就是廚房和我們的臥室。後面還有一進矮的平房，住著一戶貧僱農，這個我們叫他老伯伯的，兼做學校的“堂丁”。

大約一共只有三十多個學生，四個班級在一個教室裏上課，——當時叫做什麼“複式教育”。我當時是二年級。

這個學校由一個叫周西叔的周三先生管理。他是這裏的“鄉董”，提起周三先生，方圓幾里之內，沒有一個不敬而畏之的，真像隋煬帝時的麻叔謀一樣，只要說一聲“三先生來了”，小孩都嚇得不敢啼哭了。據說，湯渡人很少到城裏去打官司的，凡有兄弟不和，鄰居涉訟，乃至分家、打架等等糾紛，只要三先生一句話，就等於判決，誰也不敢再有異言了。他整天躺在鴉片鋪上，等到煙癮過足了，喝了一口茶，“進來啊！”於是，兩造便規規矩矩、瑟瑟縮縮走了進來，向三先生陳述各自的理由。三先生默默了半天，然後，講出了他的“判決”。要是有人要申辯，不等開口，他把煙槍一舉，提高了嗓子說：“怎麼，老三，我的話也不算數了！”“不敢，不敢”，於是老三、老大輕輕地退出去了。

我父親每個月要向三先生處領取學校的經費，——主要是我父親薪水十五元，我叔叔八元，還有少量的所謂辦公費。

有一天，父親在課堂裏宣佈：今天區裏的“學務委員”要來考查，大家要坐好，不准亂說話，還有，衣扣要扣好。

大約在下午第二堂課的時候，兩個袍子馬褂的人走進了教室，在旁邊立著。三先生是我見過一面的，小鬍子，三角眼，另一個戴扁圓形眼鏡的，一定是那位委員先生了。

父親正在教我們二年級的“國文”，課文是：“我家有一雞，日生一蛋。”問：“都懂了麼？”

我們，——七八個學生，齊聲說：“都懂了”。

“周永寶，站起來講一遍。”

這個叫周永寶的站起來了，他就是三先生的兒子：“我們家裏養一隻雞，天天生一堆雞蛋。”

我父親馬上説："好，講得很清楚。"

我舉手説："他講錯了。"

我父親狠狠瞪了我一眼："哪裏錯了？嗯。"

"一隻雞一天只會生一個蛋，不是一堆蛋。"

不知什麼時候，三先生已陪著那位委員出去了。

我父親是從來不打我罵我的，那天吃晚飯時，卻狠狠地罵了我一聲"多嘴！"還罰我少吃半碗飯。

已經六十多年過去了，我還能記得這個往事的細節，父親的怒容和三先生儼然的面貌，還宛然在目。這是因為我生平只見過父親這一次這樣的發怒。但是，我卻並未因此吸取教訓，以後常常不免"多嘴"。真是怙惡不悛啊！

雖然有這樣一段不愉快的經歷，在湯渡那一年，我的生活是極其愉快的；小朋友們領我去採菱，坐在一個長圓的大木盆裏，教我如何順著藤去摸菱。菱塘裏是一片青綠，上面鋪了一層紅彤彤的菱角。朋友們都是採菱的能手，還爭著把最嫩的菱角剝給我吃。

一場大雨後，祠堂旁邊的水溝就漲水，發出潺潺聲，朋友們往往領我去看他們安下的蝦籠，分別埋在急流下面，用土堙住兩邊。他們把一個提起來倒給我看，已裝滿著亂跳的大蝦。也有在溝中用小網兜著捉魚的。有一次，山水暴下，溝水也溢出外面，不時看到大魚跳出水面。有一個年齡較大的同學，用鐵叉叉到了好幾尾魚。

夏天到了，那年的西瓜特別便宜，往年，在城裏，大約要一千多文制錢（不到一元）一擔（一百六十斤），在那時的湯渡，只賣四百文一擔。我有一個姑夫，住在離湯渡不遠的瀆上（極小的自然村），特地裝了一小船來送給我們。我母親説："今年瘟疫（指當時流行的痢疾、霍亂）厲害，我們不敢多吃。"婉言讓他搖回去了。

我對於這位姑夫，一向是特別有好感的。我的姑母嫁去不久就死了，但他還不時進城來看望我的祖父和曾祖父。他大概是一個中農，臉黑黑的。他每次進城，必帶我上點心店吃饅頭（比上海的“小籠”略大）。平常，我只有在曾祖父吃饅頭時，才能吃到一個，至多兩個。只有這位姑夫請我時，才能放量地吃，七個，八個，甚至十個。實在再也吃不下了，他還誠懇地勸我再多吃些。

湯渡的街市在塘河邊。說是街市，其實只有三四爿小店，一家是豆腐店，旁邊放一個肉墩頭，肉是不一定天天有的。一爿茶館，還有一家是賣油鹽醬醋的小店。另外，橋腳下有一個小攤，賣火柴和一包包的旱煙。那時，彷彿香煙在小鄉村還很少見到。

這次我路經湯渡，自然沒有這樣的閒情逸致去尋覓舊遊之地。路經塘河邊，看到這個小街，還是這三四家小店，只是茶館裏坐的人少了。橋腳下依然有一個小攤，不同的只是旱煙改為“大英牌”、“強盜牌”了。三十年的時光，似乎在這鄉村裏白白流過去了。

過了那頂曾鋪滿我兒時足跡的石拱橋，便遠遠看見了一道籬笆牆，果然，口上站著幾個背著槍的偽軍。這位嚮導蔣先生先走上去，和一個便衣的嘀咕了幾句，用手一揮，我們便在偽軍的注視下過了這道封鎖綫，——當地人叫“陰陽界”。

到了“陰間”不遠，就穿過鼎山（亦稱丁山）鎮的一條街。丁山，和相隔一里的蜀山，現在已合稱丁蜀鎮，成為全國聞名的“陶都”。當時，還是分開而且有分工的。丁山，是生產和批售粗陶器的，如水缸、砂鍋，乃至連累我們宜興人的“臭名昭著”的夜壺。蜀山，則生產和出售茶壺茶杯之類的細陶器。我在湯渡讀書的時候，夜間往往看見點點噴出火光的長龍，就是燒這些粗細陶器的窯。

這兩個姊妹鄉鎮的確靠得很近，剛跨出丁山，蜀山就在望了。

到了蜀山鎮上，雖然冷落，似乎還看不到武裝敵偽的蹤跡。蔣先生領我們在一家茶館裏，泡了一壺茶，說在這裏等等他們的校長，好領我們去學校住宿。

一忽兒，一個人走了進來，蔣剛準備給我們介紹，我和進來的那位不約而同的："你，你，你……"，我連忙把"良民證"掏出來給他看，一面說："多年不見了，我就是老王啊！"

原來，進來的那個人，姓呂，是我無錫師範的低班同學，我早聽說他一直在東坡小學當校長，想不到淪陷以後，還在這裏。我"借"用的"良民證"，原是一個常州人，姓王，所以暫時變成老王了。

在茶館沒有多談，約我到他家裏吃了飯，便和蔣一同送我們到東坡小學安頓下來。晚上，我們也沒有出去，這位老同學派人送了晚飯來。學校在暑假中，只有一個堂丁看守，我和鄧自由自在地在院庭中乘涼，並談到明天的行程。我說："明天是我們要獨自上路了。一路上，你最好不要開口，我能說本地話，應付方便些。"我們決定明天一天趕到上海，路上找旅館可能引起麻煩。

蜀山，相傳是以蘇東坡得名的。他在被謫居這幾年，曾來宜興遊覽，看到這座山，——其實只有幾百米高的小山，大概當時很有樹木葱鬱之秀罷，他老先生讚嘆地說："此山似蜀"，因此，這裏便變成蜀山了。鄧友德是四川人。聽了我這一段介紹，很有興趣，頗有"樂不思蜀"之感。

侖兒來信，說中央決定在毛主席紀念堂後，建開國元老紀念館，內有總理館、總司令館、綜合館及電影館等。據說為華主席親自提議的，這又為一件深得人心的大事。

4月7日 二月十九　　星期四 多雲轉陰（10℃—18℃）

第二天清晨，蔣君把我們送到輪埠，上了開往和橋的班輪。這種小火輪，也好久沒坐了。在我兒年時代，它是通向外縣和往來於宜興縣城和蜀山、和橋等之間的主要交通工具。

舟行約半小時，即開入東氿。不久，即隱約可見縣城的城牆。這個直徑只有一里，周圍只有三里多的小城，曾是哺育我成長之地。在小學時代，城外的西氿邊上更是我們這群小孩子的樂園。直到十九歲去北京進大學前，每當寒暑兩假由無錫回家，也總集二三好友，在此徘徊，沐浴這一帶的湖光山色。現在，它已成狐鼠盤踞的巢窟，我只能默默地向它憑弔了。

從氿水的倒影中，清澈地看到了青翠的銅官山。這裏，也記錄著我幼年傷感的事。大概是一九一九年我剛從湖汊回來進入敦本小學高一的第一年。學校宣佈要遠足了，目的地是銅官山，這個朝夕可望而不可及的名山，多麼令人嚮往啊。可是，學校又宣佈了，學生每人要製操衣（制服）一套，由學校代做，每人交款一千文。這後一宣佈，等於兜頭一瓢涼水。我是知道家庭經濟情況和處境的，每天晚上，母親先叫我記好日用賬，才複習功課。每天不是豆腐十文，青菜五文，就是青菜五文，豆腐十文；只有供太婆，祖母吃飯時，才有肉六十文，或魚五十文。一千文，雖然不滿一元，在我那時的家中，是多大一筆開支啊。果然對父親一提這件事，父親就說："我們是做不起的。" 而學校的規定是嚴格的，不做操衣，就不許參加遠足。我大概是全校僅有幾個不去的之一罷。不僅是這一次眼看著同學欣然而去又雀躍而回，而且，以後也就一直沒有再去的機會。今天，我立在船舷，也只能遙遙向它注目致意。

到和橋已過午時了，匆匆到一家小飯店裏吃了飯，連忙奔到汽車站，先看壁上貼著的火車、長途汽車時刻表，有一班火車五時過常州開往上海，而開往常州的下班汽車則為二時半，估計可以接得上，就買了兩張車票，等候上車。

哪知，車到了漕橋（宜興—常州和宜興—無錫公路交叉點），車就停了，乘客要一律攜帶行李，聽候日偽軍檢查。好在我們每人只有一個小包，沒有查，“良民證”也沒有破綻，順利通過了。但經此一番延擱，車子誤了約一小時，到常州已近四時三刻了。常州公路站和火車站相隔有幾里，黃包車拉到火車站，五點已過了十幾分鐘。到售票處探詢今天有沒有火車去上海？回答說：有，還有三刻鐘就開出。原來，我們預定乘坐的那班車恰好也誤點了一小時。如果它不誤點，我們只好冒險在常州過夜。

車廂裏很空，坐在我們對面的是一對男女青年，男的穿著整齊的西裝，桌上放著一疊小報，他聚精會神地翻著看，一面嘴裏吹小曲，旁邊旗袍革履的女人，則倚在男人的肩上朦朧睡著了。

到上海已九時許，經過排隊、檢查，出站就和鄧分手，各僱了一輛出租汽車。他是到他伯父家裏去的。

家中已經好久沒有通過信，是否搬了？即使還住在老地方，房子是否有一部分轉租出去了？在車裏一直恐懼著。

幸好後門的鎖還沒有換，我把多年帶在身上的鑰匙一試，居然開了。慢慢摸上樓，經過二樓我父親原住的房間，不敢去碰。到了三樓，輕輕地把門叩了一下，裏面惶恐的聲音問：“是誰？”我一聽，是妻的聲音，一塊石頭落地了。

我像做夢一樣到了家裏，妻也像做夢一樣起來迎接我。她是做夢也沒有想到我會忽然回家來的。我先問了家裏的情況，鄰居的情況，弄堂裏是否有漢奸，是否有偽軍警檢查等等。問明後，我讓妻先下去叫醒我父親，輕輕告訴他們我回來了，然後我下去。

把窗簾放下，一家人輕輕地談別後的情況。三個兒子也都起來了，笑嘻嘻地看著我。

二兒子只有八歲，那時在讀小學二年級。若干年後，我偶然看到他的舊日記，記述那天晚上的情景："昨晚，我已睡覺，媽媽把我叫醒，説爸爸回來了。爸爸在內地做生意，怎麼回來的呢？到祖父房裏，果然看到爸爸正抱著弟弟，和祖母、祖父説話。姑姑和哥哥坐在旁邊聽。爸爸説我長高了，放下弟弟硬要抱我，還親親我。我這麼大還要抱，我的臉都紅了。"旁邊還有老師批的分數，大概是學校規定的課外作業之一，所以他説爸爸是做生意的。

第二天，先去找到金誠夫家，看到他的老父，説明我這次回滬的目的。他聽到我準備把他的三個孫兒女都帶到內地去，十分感激。我留給他們一筆錢，叫他們儘快做好準備。

另外，還有章家、王家兩個同事的家眷，聽説我回來，也來要求帶他們一起走，還有楊歷樵的未婚媳婦，也要求同行。

我父母不願離開上海，因此，我妹妹也不能走。三個孫子一定要留下一個，否則，兩位老人太難受了。決定把老二留下。這樣，粗粗一算，我要帶十二個人上路。這浩浩蕩蕩一彪人馬，加上行李，要通過火車、輪船、封鎖前往張渚。這副擔子的確是夠重的，我只能寄希望於嚴寶禮了。

里弄裏還是幾家老鄰居，我的突然回來，沒有引起他們的注意。在這孤島上，壞人和甘心附敵的畢竟是極少數，告密的風氣，似乎還沒有盛行。就是一向看弄堂的"巡捕"，雖然換了號衣，見到我，也只是點點頭，沒有問我是從哪裏來的。

把二兒子留下來，我也捨不得。我特地帶他出去吃些點心和冷飲，以表示我對他的"歉意"。因為我的"良民證"姓王，而這小孩的面貌又很像我，怕路上盤查，關照他在馬路上隔開一段路走，他果然很能體會我的意思，遠遠地跟著我，看到我走進店裏，才跟上來。

一次，我在淮海路一家咖啡店裏請他吃了一客冰淇淋，他喜出望外。吃完後，我又給他叫了一瓶橘子水。他睜大眼睛幾乎叫了起來："還要吃橘子水啊！" 我眼睛一酸，幾乎掉下了眼淚。由此可見，這幾年，家中的日子過得多麼艱苦啊！我再一走，不知何年何月再見到他們。以後，恐怕他要吃一支棒冰也困難了。

我和嚴寶禮通了電話。當然，他也完全出於意外，立刻就來了，記得他還帶了一聽"三炮台"香煙來表示歡迎。當天，他請我在一家熟的館子吃飯，並約了哈瓦斯通信社的費彝民、儲玉坤來作陪。我把內地的情況簡略給他們談了。

當天晚上，費約我吃晚飯，席設在他的連襟袁仰安家裏。他還預先告訴我，他那位親戚雖然是偽律師公會會長，但是，心是向著"重慶"的，請我放心。

袁家裏的排場很闊綽，菜也很豐盛，還約了幾個大商人作陪。我提心吊膽地吃完了這頓飯。

這位大律師，後來在抗戰勝利後，安然無恙，解放前離家去了香港去了。一九五〇年我去香港時，聽說他開了一家影片公司，因為費的關係，也成為愛國人士了。

當時，敵人正忙於加緊搜刮物資，實行所謂"米統制"和"紗花統制"，淪陷區人民更加陷於水深火熱之中。我回桂林後，曾寫了幾篇連載，詳細記述我在淪陷區所耳聞目睹的情況，總名曰："陷區進出記"，重慶版也全文轉載。

有一天，嚴寶禮約我散步，說要和我談談心。我們在八仙橋附近走了幾個圈子，他先談了些別後的情況，又談到《文匯報》出版時的心情，流露出他對過去的深深懷念。我問他："戰後你還準備復刊嗎？" 他說："當然，我目前為吳紹澍、馮有真賣點力，就為了將來可以得到他們的幫助。至於資金，我也有辦法，任筱珊和虞順懋會幫我忙的。問題只看你，如果你不參加，我就死了心，不再作復刊的打算了。"

虞順懋是虞洽卿兒子，三北輪船公司的老闆，是嚴的同學，上面已介紹過了。任筱珊，大名叫任傳榜，曾做過滬寧、滬杭甬兩路的局長（北伐前），是嚴的親戚，嚴是靠著他的關係進路局的。

我說："我也是總不忘記《文匯報》。"

"你在《大公報》這樣重要，胡政之會放你嗎？"

"問題還決定於我自己，如果我能夠放手辦，相信一定能把《文匯報》辦好。胡政之也無法留住我。"

"只要你願意來，我一切聽你的，這還不簡單嗎？你完全可以放開手辦。"

我笑笑說："問題沒有這麼簡單。第一，勝利後復刊，自然不用再掛英商招牌了。但你這幾個朋友，徐恥痕、沈彬瀚、胡雄飛，我已領教夠了，《文匯報》如果還和他們有絲毫關係，我就決不再踏進《文匯報》的門。"

他說："這好辦，一定和他們一刀兩段。"

我接著說："第二，報紙的編輯方針，如果要我進來，也應由我一個人決定。你知道我是無黨無派的，我只想把《文匯報》辦成一張真正代表民意的民間報。第三，不是我要爭權，要我唱這台戲，配角、班底一定要我選擇，因此，我要求編輯部用人的全權。"

他斷然地說："只要你肯來，這些，我完全同意。你儘管放手幹，我決不牽制你。" 他是相當聰明的，知道我提出這些條件，完全是針對他過去對我的牽制，以及後來一度準備復刊時，他曾和李子寬設計了一個管理章程，想控制編輯部。因此，他接著說："過去的事，我非常後悔，希望你不要再放在心上。"

經過這樣的"約法三章"，我答應抗戰勝利後一定回《文匯報》。他聽了很高興，說："這樣，我就放心了，可以慢慢地把應做的準備工作先做起來了。"

上午，單位召開全體會，揭發批判“四人幫”的歷史罪行。我也發了言，這是我到“辭海”工作四年多來的首次“開口”。

4月8日 二月廿　　**星期五**　　**雨（8℃—14℃）**

上午，繼續開全體會，介紹上海圖書館及本室從舊雜誌中查閱到張春橋、江青的歷史及革命材料，其中最駭人聽聞的，張在一九三四年左右，美化蔣介石的“新生活運動”，說蔣是中國唯一的領袖，他以這個運動拯救中國人民。在另一文中，他說濟南已有很大進步，日本資本並不佔壟斷地位，濟南的繁榮是共存共榮的結果。他不僅是蔣的特務，而且是甘心作賊的漢奸。另一材料揭示，張曾為上海雜誌公司標點某話，並預定標點《金瓶梅詞話》。他只知五言、七言，亂標一通，反說本子有錯。《詞話》標好後，張靜廬看了大駭，給以三十元，說是“過目費”。張收了錢，反狂飈言這類標點書，本是毒害青年的，早知道他就不搞了，完全是一副流氓腔。

報載浙江生產已大有起色，鞍鋼也上去了，令人鼓舞。

馬路邊的法國梧桐已綻芽了，這說明暮春已到了。

在家裏住了約十天，曾全家去看了一次京戲，當時的小報上，狂熱吹捧童芷齡的“劈”、“紡”。我們就看了她的“劈棺”做得十分黃色，一臉色情。後來，她也入黨了，人是最會變的。

其他，電影等等，全是為敵人宣傳的，無意問津。

鄧友德說他的伯父想和我談談，我應邀去訪問。原來，這位老人叫鄧孝可，是辛亥前成都保路風潮的領導人之一，曾被當時的四川總督趙爾豐（人稱趙屠戶）關了幾十天。現在，已年近古稀，銳氣全無了。若干年後，我曾和他們的對立面趙爾豐的謀臣策士周孝懷（人稱周禿子）一起參加第一屆政協，還在上海一起參加過座談會，他那時已八十多歲，精神似乎還比鄧孝可好些。還有張元濟老先生，也一起開會，當時年已近九十。這些，都是從戊戌到辛亥革命的歷史人物，雖然各人所扮的角色不同。

我託嚴寶禮照應我留在上海的眷屬，如有人要匯款到內地，可交給我家中應用，我在桂林撥還。他滿口答應，還設法先買來了一擔米（當時米已統制，不易買到）。

他慨然答應護送我們到張渚。鄧孝可的一子一女，也決定跟他們的堂兄一起到內地去讀書。這樣，一行已達十七人。根據嚴的安排，分兩批走，到張渚聚齊。第一天是鄧及其未婚妻和一弟一妹，加上王家大小三人，章家母女二人和楊歷樵未過門的媳婦共十人，由嚴的一個也常往來於封鎖綫的朋友護送。第二天是我家四人加上金家三姐弟，由嚴親自護送。

那天，我們午前就到了無錫，開旅館開好房間，就在那裏吃了午飯，嚴去預購了第二天凌晨開往和橋的輪船票。他說，下午沒有事，何不到惠山、梅園去玩玩？我也以為泡在旅館裏反而引人注意，欣然同意，僱了黃包車，先到惠山，後遊梅園，並在梅園附近的旅館吃了晚飯。

我在無錫讀中學那四年，惠山是常遊之地。當時，師範的管理很嚴，沒有走讀生，全住在校內，每星期只有星期天下午放半天假，一般是到崇安寺逛逛書店，買些文具，到公園走一圈，至多再去吃一碗餛飩就算度過了假了。如果有興致，約上二三個同學，吃過飯立即奔出老北門，沿著山塘大路，不久，錫山的塔尖在望，到了惠山，對所謂天下第二泉和泥人是不感多大興趣的，多半是躑躅於寄暢園和附近幾個小花園。然後，匆匆趕回校，可以免於“遲到”而受罰。

現在，寄暢園輪廓依然，遊人幾已絕跡，亭廊也多破敗。至於張巡祠，以及一個什麼祠前的一對所謂竹葉瑪瑙石獅子已經不見蹤跡。

當時正值盛夏，梅園自然無花可訪，而梅樹也所留無幾，園中心的亭閣上，我記得原有兩塊匾額，還有這樣一段故事：當時的“麵粉大王”榮德生造好這座梅園後，曾花了一千元託人請寄寓在上海的康聖人（有為）寫了一塊匾額，題了“香雪海”大字。過了一二年，康到無錫，榮設席請他賞梅，康看到這塊匾，大詫，硬說這不是他寫的。於是，主人趕快叫人備了毛筆，康另寫了“香海”二字，並在旁邊寫了兩句：“名園不愧稱香海，劣字為何冒老夫。”何等大的口氣。自然，主人當另致“筆潤”，自然要比“劣字”的一千元要豐厚些。這兩塊匾一直是並懸著的，當時傳為佳話。現在，只有“劣字”還掛著。

金誠夫的女兒已二十多歲，兩個兒子都還是少年，我的大兒子才十四歲，小兒子七歲。這四個孩子一見如故，在園裏石山中躥上跑下，吵吵鬧鬧，玩了半天。

回到旅舍，已上了燈，為了明天趕早，關了門就睡覺。

我剛入睡，茶房就來打門，說趕快起來，軍警來檢查了。我們到了樓下，一個偽警已在指揮，叫旅客排好了隊，等候檢查。我故意和家人分開，排在金家姐弟一邊（金家是常州人，我這個姓王的也是常州人）。有一個敵軍軍曹帶著兩個敵兵仔細看了各人的“良民證”，結果，把三個人叫了出來，被帶走了。我們才如釋重負，回到房間。

這家旅館，嚴似乎很熟，大概他每次到無錫，總住在這裏。據茶房告訴他，駐江陰的日軍，有兩個被游擊隊打死了。日軍到處搜查，這三個被帶走的，都是江陰人。我想，好在我在張渚選“良民證”時，指定要宜興或常州人。

從無錫開往和橋的輪船，清晨八時就開行。這條航綫，我可以說是常客了。當年，每次放假來回，總是坐這樣的輪船，前面一條小火輪，後面是載客的拖船，當時，客艙票每人八角，房艙每房四人，則要四元。我總是坐的“煙棚”，在房艙頂上，坐在裏面，頭也不好抬的，腳坐麻了，下來在船邊站站，票價只收小洋三角。從無錫到宜興要走一天，半路要停靠幾個碼頭，有提籃小販來兜售，我多半是買幾個“洋糖饅頭”充飢。有時，也花二角小洋叫一客蛋炒飯，米白，油多，蛋是黃澄澄的。以後無論在哪裏，吃到的蛋炒飯，總沒有在這小輪船上吃到的好。這倒並不完全由於我當時的要求低，在我的親友同鄉中，對於“輪船上”的蛋炒飯，稱讚是眾口一詞的。我母親對宜興素無感情，大概因為在家鄉時，受盡了艱苦，飽看了冷眼，所以，曾再三聲言，決不要回故鄉去。但是，她是愛吃蛋炒飯的，每次吃時，總是說：“吃來吃去，總沒有輪船上的好吃。”

我們包了兩間相通的房艙，中午，我想再嚐嚐蛋炒飯。嚴說，還是吃客飯罷。四菜一湯，也還滿意。

不知是機器出了毛病，還是另有原因，船行很緩，駛到離和橋十多里的藕塘橋時，天已昏黑，輪船停了下來，說是前面的柵門已關閉，駐守的敵偽軍已停檢查放行了。

這裏是一個小村。上岸後，好不容易找到了一家借住的地方（不掛招牌的旅店）也還清靜。主人指點我們離此不遠有一家小飯店。到了那裏，居然有紅燒的肝腸、麵筋團，而且還有清燉的雞。我看到兒時在酒店常見的洋錫筒，問有什麼酒？店家說，有“老枯”。這也是家鄉的名酒，我叫燙了一斤，嚴是不喝酒，我妻也只能飲一小杯。他們和小孩先吃飯，我一人獨酌。像在兩年前在北江道上一樣，意外地碰上這好菜美酒，稱心快意，所不同的，那時已遠離虎口，現在則雖身在故鄉，還在危險之中。

我回到上海，才知我妹妹和兩個外甥此時遷居在和橋，於是，在離滬前，先寫信告訴了她。

第二天，上午九時左右到了和橋，大的外甥已在碼頭守候了，連忙僱人把行李搬到了妹妹家。

為了避免輪船上受檢查，請妹妹代僱好一條船。大概我們的行李搬上搬下，已引起鷹犬們的注意了。第二天清晨，我們剛把行李裝進船艙，有一個戴著墨鏡，口咬煙嘴的傢伙，後面跟著兩個也穿著黑色短衫的人，站在碼頭上，高聲說："開到哪裏去？"我說："到蜀山。""去做什麼？""到東坡小學去，是教書的。""怎麼？東坡請這麼多先生？昨天去的一批，也說是去東坡的。把良民證拿出來看看。"

我連忙跳上了岸，一面向船上關照，把良民證拿出來，一面自己把"良民證"拿在手上，伸到他面前。我這爭取主動的辦法很有效，他推開我的手，上船把每個人的"良民證"看了，又要翻看行李。嚴上岸和跟來的兩個傢伙嘀咕了幾句，塞給他們幾塊錢。他們打了一個暗號，這傢伙才跳上了岸，說："沒有什麼，開船罷。"

如果他看我的"良民證"，發現我和孩子們是不同姓，是可能引起麻煩的。

金誠夫有個連襟在蜀山行醫，已經早聯繫好了。我們到了蜀山，就寄居在他家裏。

周醫生和我們商量如何去張渚的問題，他認為，這麼多人過封鎖綫是危險的，而且有那末多行李。再說，要小孩們從蜀山一直步行到張渚，也不可能。他建議僱船到湖汶，他說，他和偽軍的旅長姓史的有些來往，常給他看病，不如向他講明，我們是去內地的，請他派兩個偽軍"押"船，到湖汶後也請他們代僱伕子，就好辦了。"如果你們同意，我先去看看他。"嚴寶禮也說，他和這位偽軍旅長史耀明也見過幾面，他對“中央”的人經過這裏，一向眼開眼閉，“對你，估計他也不會為難的。”

周醫生去了不久就回來，一進門就說：“史旅長看你們來了。”果然，後面跟了一個穿軍官裝束的人，他叫兩個衛兵立在門外。他先通了姓名，坐下後，先說了些“失迎”、“久仰”等客套話。然後說：“我是混飯吃，不得已才幹這個。我也是宜興人，對家鄉的百姓，是不敢為非作歹的。”這位周醫生連忙說：“真的，我們蜀山人對史旅長是清楚的。徐先生回到後方，見到有關當局，可以代史旅長通通氣。”我說：“我只是一個普通新聞記者，沒有什麼力量。我想，只要愛護老百姓，又不忘祖國，總會得到原諒的。”他再三說：“是，是”。並且一定要請我和嚴去吃晚飯。我說：“這樣，對彼此都不方便，你的情，我們心領了。”

他說：“這就太怠慢了。明天，一定派兩個弟兄來護送。”

我們宜興出了一個大漢奸，叫任援道，一直是“前漢”、“後漢”的實力派。抗戰勝利後，他也和周佛海一樣，搖身一變，就成了蔣記的什麼“行動司令”了。而且，他比周佛海還見風使舵，上海被“劫收”不久，他就溜到香港去了。我一九四八年去香港創辦《文匯報》時，聽說九龍彌敦道有一家最大的飯館，就是他開的。大概現在還在做海外寓公吧，如果他沒有死。

而這位史“旅長”，大概最後終於沒有打通“內”綫，在宜興“光復”後不久，就被槍決了。

第二天，我們乘船到湖㳇，僱到幾個人，挑了行李，一路順利地到了張渚。

在蜀山時，這位史“旅長”還說，聽說敵人就要進行“掃蕩”，叫我們轉告張渚方面作好準備。我們到張渚後，即把這消息告訴了那個姓姜的和那位銀行經理。同時，我們也連忙作好準備。到張渚後的第三天，就重新踏上征途。

這次，是僱了十幾頂轎子（年小的是二人一頂），還僱了四個挑行李腳夫，真是浩浩蕩蕩了。

後來，我們到了屯溪，才知道敵軍果然在我們走後第四天就發動了“掃蕩”，一直突進到廣德附近，才退回去了。張渚方面因為早有了準備損失不大。

4月9日 二月廿一　　星期六　　陰（10℃ — 17℃）

接福兒信，大小都好。陝西大旱，夏收物大受影響。他將參加省府組織的抗旱檢查團，本來是準備到無錫開會便中來滬小住的，因此只得作罷了。

我們離開張渚後，仍按來時的站頭寄宿。轎夫中，有兩個曾抬過我們的，相處更為相得。在蘇皖交界處，到處是大片的毛竹林，修修參天，時已初秋，清晨走經林蔭深處，清涼之極，竹子的根部和叢石間，往往看到彷彿像蛛網的東西，上面還鋪著一層露球，在網上流動，晶瑩奪目，真像明珠一樣。

到績溪時，天已晚了，屯溪方面沒聯繫好，車子未到，只得在績溪郊外旅店投宿。那天恰好是中秋，月圓如鏡。在此時此地度此佳節，也極難得。我們還買到了月餅，分餉同行。

在屯溪休息了三天，鄧家四人仍住馮有真家，我們則寄住農民銀行宿舍裏。

這次出發真是“專車”了，不再招徠外客，除我們一行外，馮有真介紹了三個朋友，搭我們的車往內地，這三個人，鄧也是認識的。

一路沒有什麼可記的，過贛州時，浩浩蕩蕩一行，當然更沒法逃過“小蔣”的耳目，他仍設宴為我們洗塵。奇怪的是不見陪客中有曹聚仁。

一位同業偷偷告訴我，曹已經辭職往上饒去了。據說，蔣經國左右當權的，大部分是他們的留蘇同學，其中尤以秘書長高理文最受親信。有一天，高和曹聚仁聚晤，高似乎無意中談及，贛州有人購買大聽的美國克利姆奶粉餵孩子，實在闊綽。曹聽了以為這是好材料，便寫了一篇諷刺的小品文，大意說，蔣專員勵精圖治下的新贛州，居然有人如此浪費，實為輿論所不容之云。想不到這個“有人”，就是蔣經國自己，他的蘇聯老婆本來不漂亮，而且年紀大了。他的一個年輕女“秘書”，在贛州郊外共營了一個“香巢”。這當然是極秘密的，只有極心腹幾個人知道，不僅要瞞住他的老婆，也不能讓一般人民知道，破壞他的“廉潔”、“有為”的形象。此時，這位女“秘書”已生了一個孩子。

第二天，曹就收到高的一封信，說由於“專署”政務繁重，聘請曹為高級諮議，《正氣報》事，著由高秘書長兼理。曹吃了一悶棍，有口難辯，只得黯然離去了。

我們在贛州停了一天就繼續登程，請這輛“專車”直送我們到韶關。然後，轉乘火車，第三天清早就到了桂林。

報社已為我們新建了宿舍。我住了大小三間，兩間寢室，一間客廳兼餐室。報館還為我買了一套“桂”式的沙發。完全仿照沙發的樣子，大小三件。木料倒是真正的樟木，可是既無彈簧，也無其他襯底，只是個形式而已。

附近的居民說，我們住的是二層樓。明明是平房怎樣說是二層樓呢？他們解釋道，這一帶，原來也是一片亂墳，建造前，就把墳地打平，蓋起房子，下面不是有一“層”鬼宅嗎？

這個說法，倒並沒有使我們心驚肉跳，真正有些威懾的是不時聽到狼嗥。星子岩一帶，大概本是狐狼出沒的荒原。報館設立後，它們不能不有所斂跡。但我們每次進城，總帶了手杖，以防萬一。我們住的宿舍，是在山的後側，離編輯部和工廠有一段路，而四周的籬笆又是既矮且疏的。有好幾次，我們聽到清晰的嗥叫聲。

我把沿途的見聞，整理了兩組通訊：《東南紀行》和《陷區進出記》，共約十幾篇。以後，就完全恢復了正常工作。

那時，開羅會議已開過了，美國在積極以大量兵力投入歐洲的同時，開始部署太平洋上的反攻。桂林被選為對日遠距離轟炸的基地，於是，桂林的機場大規模擴大，美國空軍和地勤人員不斷增多，於是，咖啡館、跳舞廳等等，也相應地增設了。美國新聞處和英國新聞處在桂林設立分處，不斷向各報分送了它們的特稿。

進入一九四四年，美國 B29 "空中堡壘" 轟炸日本本土的消息開始傳來。當時，桂林的大機場還在加速擴建中，這些飛機，肯定還不是從桂林起飛的。

到了夏季，敵軍就發動了對蔣管區的新進攻。先是在河南，湯恩伯的幾十萬大軍，一觸即潰，河南的幾條鐵路綫很快被它打通了。

接著是湘北吃緊。敵軍這次是認真進攻湘北。不久，長沙失陷，衡陽吃緊，桂林也感到戰火臨頭了。

在衡陽吃緊之初，桂林各報都派記者到前綫採訪，衡陽守將方先覺，在桂林設有辦事處，天天發佈反攻大勝，殲敵多少的消息。當時，大家以為他總還能抵擋一陣，但不久，方就發出了"與衡陽共存亡" 的 "悲壯" 的通電。這就說明，衡陽的陷落，已在旦夕了。

金誠夫和我商定，先把家眷送往柳州，不急用的物資及部分機器，也陸續運往重慶。

當中央社發出方先覺打給蔣介石最後一電“來生再見”的時候，敵軍已侵佔衡陽，他已簽了投降書，坐著日軍的飛機到南京謁見汪精衛，聲言要致力於“大東亞新秩序”了。

桂林的民氣還是高昂的，在李濟深的倡導下，進步人士發起了“國旗大獻金”，準備組織武裝民眾，誓死保衛桂林。蔣介石聽到這消息，認為一定是共產黨人策動的，馬上派白崇禧飛到桂林制止。一夜之間，把這個轟轟烈烈的群眾運動被撲滅了。同時，桂系大批扣留車輛，把他們的資財，甚至把李宗仁老婆經營的“桂林大戲院”的木椅也全部由火車運走。而逃命的小民呢，日夜守候在桂林西站，幾天都難以上車，偶有一輛列車開出，車頂、車底，凡可以放下身子的地方，無不擠滿了人。車站內外，一片呼叫號哭聲，棄嬰的，一家失散的，皆有所聞。

一度燈火繁華的“文化城”，立即變成黑暗地獄了。

晚上，轉播北京電視，日本新製作座友好訪華演出，十分精彩。感人最深的，是堅決要求歸還北方四島的表演唱。佈景很新穎，裝、拆極快，還可見水波起伏，可見日本科技發展的情況。蘇對日的態度越來越惡劣，把北方四島納入二百海里經濟區，而又要日本接受蘇聯漁船在日本十二海里範圍內捕魚，其橫蠻無理，仗勢凌人，恰如抗戰前日本軍國主義之對待中國。

4月10日 二月廿三　星期日　多雲（10℃—20℃）

連日陰雨，今日放晴，精神為之一爽。氣溫也開始升高了，但願能多晴幾天，對江南的早春作物有好處。而久旱的北方，希望能早下一場透雨。

上海的豬肉供應，改每人兩元為兩斤。據侖兒來信說，北京本月起，也限制豬肉供應為每人二斤。這樣，全國比較平均些，也合理。看來，總要大治三年，國民經濟飛躍發展後，人民生活才能徹底大改善。

那次跟我們從上海到桂林的金誠夫的大女兒，不久就和電工廠的副廠長王某結了婚。王是陝西人，大概和杜斌丞有親戚關係，杜那時正在桂林，給他們當了證婚人。杜是民盟西北總支部的負責人，回陝不久，就被蔣介石逮捕殺害。一九四九年我們經過山東解放區，當地人民政府曾把監禁中的杜聿明提來審訊，柳亞子質問他為什麼殺害杜斌丞。他說，不是他殺的，杜還是他的一家人，早年還曾教過他的書。我在王、金結婚時曾和杜周旋、談話，他的長鬚飄灑，莊嚴誠懇的形象，還留在記憶中，轉瞬已三十多年了。

湘北戰爭初起時，金誠夫的態度還比較沉著，和我們一起佈置了如何有步驟的疏散人員和物資。到衡陽失守，他的老毛病又犯了，慌忙收拾細軟，跑到電工廠女婿那裏躲起來了。不過，這次不是不告而別，行前曾對我說，電工廠有一輛小汽車，已為他保留了一個位置，可能隨時要開走，所以，他只能去那裏等著，因此，只能一切請我"偏勞"了。

衡陽戰爭時，美國飛機曾成批助戰，要求國民黨軍能"頂"住一段時間，讓美軍撤退人員，搬走物資，破壞機場。可是，真是兵敗如山倒啊，敵軍的影子還沒看到，就爭先恐後地撤退。所以，後來敵軍侵入桂林，很快就利用了這機場，還獲得了大批美軍物資。

引起桂林居民極度恐慌，不得不狼狽逃難的，不是敵軍已過了黃沙河，逼近全州的噩耗，而是國民黨援軍的開到。衡陽吃緊時，中央社就宣傳重慶已派大批勁旅火速開到廣西增援。桂林居民，也對“中央軍”寄以希望。哪裏知道，開來“增援”的，就是在河南潰敗下來的湯恩伯部。他們一到，就和桂系的部隊劃定了各自的“防區”，並貼出佈告，限令桂林居民一律於三日內撤離。佈告一出，沸反盈天，搞得家家啼哭，雞飛狗跳。原來，他們這個佈告，名義是為了佈置防務，實際是趕逐百姓，甚至不准老百姓帶著東西逃難。而所謂“防區”，實際是他們的分贓，誰的防區，就歸誰洗劫一空。所以，敵人還遠在幾百里外，桂林已經火頭四起，幾乎成為一片火海了。

到了十一日，看到到處火光、濃煙，市民攜老扶幼，大哭小喊，到處是結隊成群的逃難隊伍，我和報社的幾個高級職員商量，情勢擺在面前，已維持不下去了，決定第二天停刊。當晚，我寫了一篇《暫別讀者》的社論，宣佈從那天（九月十二日）起，“暫時”停刊。這是我親自埋葬的第三個報紙（上海《文匯報》、香港《大公報》和這次的桂林《大公報》）。

一年多以前，我在桂林剛建立家庭以後，養了幾隻小雞，我和兩個兒子，都喜愛它們，但一個不小心，就被老鷹啄去了兩隻。在這空曠的原野，老鷹幾乎經常在上空盤旋，伺機覓食。鄰居告訴我，只有有母雞保護的小雞，才能安然成長。於是，我買了一窠剛孵出的雞，母子共十二三隻。當然原《京報》的女老闆湯修慧也在桂林住宅，聽說我喜歡養雞，特別把她心愛的一窠白拉克雞送給了我。這樣，我就養了大小二十四五隻雞，有四個雞籠。果然，從此小雞就再也不被叨走了，上空一發現老鷹，老母雞一聲“警報”，小雞就立即奔向它的卵翼之下，直到老鷹飛得無影無蹤，才解除“警報”。

至湘桂戰爭開始時，小雞都成長了，雌的都已開始生蛋。每天，孩子們可以在雞窠裏搜拾到一大碗雞蛋。

戰火慢慢延伸到衡陽，我和老婆商量，這些雞是帶不走的，趕快吃罷。可是殺了一隻雞，大兒子堅決不吃，連湯也不嚐一口，說看到雞的眼睛就難受，不忍下箸。孩子的感情是真誠的，不像我那末“殘忍”。剛吃了兩隻，我妻就帶著兩個孩子先疏散到柳州去了。以後，我大概還叫保姆殺了兩隻，燉了“雞精”。其餘的約二十隻，交給了保姆，她說自己是一個光身，不想逃，準備敵人來後，到山裏去躲躲。

報社養了幾口豬，原來準備過年時殺了全社打牙祭的。停刊前一天，庶務處決定送給附近駐軍，作為慰勞。哪裏知道，就在停刊的那天早上，一隊“國軍”如狼似虎地闖進了報社，把這幾口豬和每家所有的雞全部捉去了。

這些所謂“國軍”，在桂林“分區”洗劫的結果，很多士兵搶飽了鈔票、光洋和金戒之類，把軍衣脫下，換上搶來的便服，混在難民中逃掉了。

停刊以後，我本來準備跟著職工們一起，步行到融安，看看情況，如果敵軍不再深入，就在那裏發刊小型報紙，繼續宣傳。否則，就撤至宜山，轉往重慶。

十四日晨，金誠夫來一電話，叫我趕快帶著行李到電工廠去。我帶了一隻小皮箱，趕到那裏。金正準備出發，說廠裏有一輛撤退職工的大客車，也馬上開出，已為我保留了一個位置。

這樣，我就在那天上午，離開了濃煙四起的桂林。

從桂林到柳州的公路，要經過好幾道河，沒有橋樑，只靠一條木船來往擺渡。渡口的車子，每每一字長龍，總要耽誤一二小時。

一次等過渡時，已是下午一時左右了，見到路旁有飯攤，就坐上去要了一碗飯，比起桂林當時的食價，實在便宜，一塊一兩多的紅燒肉大約只有一毛錢（只能“大約”。當時偽法幣一日數變，究竟多少，也無法記清），燉雞塊是兩毛，也可以只買白飯吃，攤頭放著一大盆奇鹹無比的煮黃豆，夾一些來下飯是不另收費的。還有，那整鍋的原汁雞湯，去討一碗，也是免費的。

到傍晚終於到了柳州。跟著電工廠的職員，一起在旅館裏安頓了一宿。

第二天清晨，聽説載我們這輛客車又開回桂林去接其他的職工了。問還要來回幾次，我們何時可以繼續登程。答覆是不知道。

是耐心等待呢，還是另覓門路？正在彷徨無際的時候，在街頭忽然遇著楊歷樵的兒子，他是在湘桂路全州段工作的。他説：“徐老伯，你在等客嗎？”我把當時的遭遇對他談了。他説：“我們有一列專車，是路局撤退職員家屬的，馬上就要從這裏繼續開出，坐我們的車走罷，找個位置不成問題。”我問：“你的夫人（就是同我們一起從上海進來的）也在車上嗎？”他説：“不，她前幾天已經走了。”我想，這機會是再好沒有了，路局自己的列車，肯定可以暢通無阻，很快就到獨山了。就欣然向電工廠的職工們婉言告別，上了這列專車。

豈知事與願違，想象往往在事實面前碰了壁。

車開出一小站，就停了下來，説是站上管綫路、揚旗的人條件還沒有講好。這位小楊先生告訴我，過了柳州，就歸黔桂路局管了，他們湘桂路的車子，到了這裏，就要受人指揮了。大概要送一筆錢，才能放行。就這樣，每到一站，就要交涉“買路錢”，討價還價一番，到少停個把鐘頭。上午開出柳州，到天黑了才過宜山。

天一黑，我就開始受罪了。同車都是路局的職工和眷屬，只有我一個是外人。白天，小楊匀一個位置給我坐，吃罷晚飯（當然只是乾糧），一車人爭著搶地盤，鋪席位，以便晚上睡覺。我是有自知之明的，趕快把箱子抱在身上，以便讓出地位給人家去佔領。但是還不行，因為我這雙尊腳，總還是妨礙別人的一統天下的。於是，只好在一片白眼中把腳縮上來，像蹲坑一樣蹲著。

好不容易熬了一夜，天亮了，車子走走停停，開到了一個小站又停下了，而且過了兩個鐘頭還不開，好在走道上的臨時鋪位已捲了起來，我下車去散散步，遇到兩對年青夫妻，交談之下，一個女的還是我在《文匯報》時的一個同事的妹妹，他們是坐在另一車廂裏的。據他們說，車頭上的煤已燒完了，已開回柳州去湘鄂路裝煤，什麼時候再開回來，還不知道。

經他們一說明，我才看清楚，我們這一列車已被拋在站外的一條發了鏽的軌道上。車子盡頭，有一個小池，有一個明眸皓齒的姑娘，伏在池邊洗滌什麼東西，背後墜著兩條不長的辮子。想不到在這個小小山村裏，看到這樣漂亮的女郎。

快到中午，很多人已等得不耐煩了。有一單身人準備步行到南丹去公路搭“黃魚”（臨時攬客的人）車走了。我認識的兩對年輕夫婦中，一個男的也決定先走。據他說，此去南丹，約五里路，公路站離火車站不過二三里。我想，自己也沒有多少行李，走七八里路不算什麼。而且，火車頭即使快要開來，這“蹲坑”的滋味，實在夠受了。於是，就把皮箱託給小楊，毅然上了路。

豈知，造化卻在我的前面佈置了一個奇遇，在小說家的筆下，或者也可說是一個“豔遇”罷，總之，是我生平唯一的一次巧遇，而經過之曲折、巧合、偶然，寫出來倒很像是筆記小說中的傳奇似的。但我保證，卻是百分之百的事實，一絲一毫的杜撰、渲染或加工也沒有。

我沿著鐵路走了半小時，就到了南丹車站，心想，把皮箱留在車上，總不大方便，最好託人把它帶來就好了。於是，就走進站長室去碰碰運氣。

站長看了我的名片，問明來意，抱歉地說：“對不起，今天沒有車子開去，而且，要去查問一隻箱子，也不容易。”我本來不抱多大希望，說了一聲“打攪”，就準備走了。忽然，從裏屋走出來一位少婦，“先生，請不忙走。”我只得又坐了下來。

站長茫然地立起來向我介紹說：“這就是敝內。”

“什麼敝內，我就是王太太。”說著，她爽朗地笑了。接著，她說：“先生你是剛從桂林出來的嗎，桂林的情況怎樣？聽說您是《大公報》的總編輯，我的哥哥該認識罷？”

我問：“是哪一位？”

“就是黃紹竑。”原來她是這樣一位桂系頭頭的妹妹，無怪她在丈夫面前有這樣的聲威了。

“原來是季寬先生，我是聞名沒見過面。”

“你的箱子是託誰保管的？在哪一節車廂裏？不要緊，你寫一張條子，我叫人開一輛手搖車去取來。我有一個親戚也在車上，趁便接了來。今天已不早，上路不方便了，就在我們家裏住一夜，明天一早去罷。”她不須徵求丈夫的同意，就這樣安排了。

盛情難卻，我再三向這對伉儷道謝。他們領我到一幢小洋房裏，先吃了點心，便在他們安排好的客房裏睡了一覺。

因為前一天“蹲”了一夜，所以睡得十分香，醒來被領到餐廳，桌子上已擺滿了菜。餐廳裏除王先生、王太太外，另外有一個小姑娘笑嘻嘻打招呼。我幾乎不相信自己的眼睛，竟是在小站上心緒萬分惡劣時看到的在池邊沖洗的那個兩條辮子的姑娘。

王太太給我介紹：“這是我的表妹，她要到獨山去，明天想和徐先生同行，請一路照顧。”

吃罷飯，在王太太的盤問下，我盡自己所知，談了桂林最後幾天的情況。王太太不斷嘆氣，最後說：“想不到好端端的桂林，遭到這樣的浩劫。”

敵寇的鐵蹄，後來一直深入到都勻，南丹自然也遭了浩劫。一九四八年，我在香港初次認識黃紹竑。解放後，在北京多次晤談，有一次還和他同遊了十三陵，我竟忘了問他令妹的情況。現在想來，是很歉然的。

第二天清晨，吃了早餐，王太太已代僱好了一個瑤族女工，挑了我們的行李。我們告別了兩位主人後，步行到了公路車站。

在路旁茶館佔了座位，泡了茶。我看到車子開到，就上前向司機要求搭車，都被回絕了。到了中午，還一點沒有希望，心中頗有些著急。又像是傳奇似的，忽然一輛客車停下來，似曾相識，跳下了幾個乘客，原來就是送我離桂林的電工廠的車子，也還是這幾個乘客。他們見了我，奇怪地問："徐先生還在這裏？"

我簡單談了三天來的遭遇，說："正湊巧，又見到你們，我只能要求又搭車了。"他們說："沒有問題"。

他們都注視著我身旁這位小姐，我就介紹說："這是我路上搭伴的小姐，也想乘你們的車到獨山。"一位大概是車中負責的人說："擠一擠，沒有關係，好在兩三個鐘頭就到了。"

這車子是燒酒精的，跑得很快，想不到到了六寨，就"拋錨"了。司機宣佈，一時修不好，只好在此過夜了。那些同行的年輕人對我笑笑說："徐先生，我們各自去找旅館罷。"顯然，他們對我逃難途中忽然有了一個漂亮的同伴，發生了懷疑。

我們提了行李，走了幾家小旅舍，都說客滿了。後來，問到一個農民家裏，一個少數民族裝束的老人說："我家有一間乾淨的房子，你們兩位住下正好。"我疑慮地看了看這位女伴，她泰然地說："好罷，我們就借住在這裏罷。"

上樓看了房間，的確還相當乾淨，一張大床，桌子和兩張凳子，是地板房。我們付了定錢，放下行李，就上街去吃晚飯。

回到那小樓上，這位小姐下去倒了一盆水，說："你把汗衫脫下，我給你洗洗，晾一晾，明天早晨一定可以乾的。"

我從離開桂林就沒有換過內衣，特別在火車上“蹲”了那一夜，又悶又熱又累，汗衫曾幾度乾了又濕，這樣髒的東西，怎好意思叫人洗呢。“不敢麻煩，我想等明天到了獨山再換了。”

她笑著説：“有什麼麻煩，我自己也要洗的，快脱下來吧。”我只得照辦了。

她把衣服晾好，就從小箱子裏取出一條毯子，鋪好了床。問我：“還不睡？”我説：“你請睡罷，我在椅子上靠著是能睡的。”

她坦然地説：“還是床上睡的好，反正大家横一横，馬馬虎虎就過了夜了。”

我看她和衣睡下後，我也在床邊曲身而睡，不久，就入夢了。

半夜，她忽然把我推醒，輕輕地説：“徐先生，你看，你看！”臉色很驚惶，一面指著床下。

我起身向床下一看，床下面的地板上有一個洗衣盆那末大的一個圓洞，真像是小説中的“黑店”一樣，莫非真有人會從洞中鑽上，對我們行劫？她靠近我有些戰慄。洞下面火色閃爍，更增加了恐怖的氣氛。我輕聲安慰她，叫她沉住氣，一面低頭從洞口下望，看到那個老人在吆喝什麼。我對她説：“不要怕，可能下面是他們養牲口的地方，他可能正在拴牲口。”她問：“為什麼要在床下開這麼一個洞呢？”“也許這是一個樓梯口，平常，他們是從這裏下牲口棚去的。”

她似信非信，一直緊靠著我，直到樓下的火光沒有了，老人也顯然已走了，她才放心地重新睡下。我雖然已睡意全消，也只能再躺下，閉上了眼睛。

天終於亮了，她起來收拾好衣服和毯子，我的汗衫果然也乾了，重新穿上。付清了房錢，走上車站，車子已修好，等了一會兒，同車的乘客也陸續來了。車子開得很快，只一小時多就到了獨山。她向我告別，我問她到哪裏去？她説：“我在中央銀行工作，剛才車子上我已看見這裏的分行，不要您送了。”說罷，伸手和我一握，說聲“謝謝”，就翩然而去了。

記得明人的筆記中有兩句詩：“曾與玉人同臥起，不曾片語話溫存。”我這一段傳奇式的“豔遇”，大概也可以用這兩句作為結語罷。

對於這位曾經關心我的姑娘，一起生活了一天，連她姓什麼我都沒有“請問”，事後想來，不僅有點“矯枉過正”，也太失禮貌了。

由於司機的指點，我找到了金誠夫，他已到獨山兩天，並且告訴我，前幾天從桂林運出的印報機已到了，只等僱好了車子，就可以一同到貴陽去了。

我們的家眷，在桂林吃緊前，早已安然到貴陽了。

4月11日 二月廿三　　星期一　　雨（10℃ — 18℃）

當我“蹲”在火車裏經過宜山、金城江，以後在南丹、六寨做夢似的過了一二天傳奇式的生活之際，柳州曾發生火車相撞的慘劇，《掃蕩報》總編輯鍾期森一家都慘死，同列車死傷的達幾百人。我們的同事何毓昌也在鐵皮悶子車廂裏，他在車角裏席地而臥，被劇震震醒了，到處是頭破斷臂的人，一片呼叫，他卻絲毫沒有受傷。

在這幾天，金城江發生了大火，那裏有不少新建的工廠，為柳州以西最熱鬧的市鎮，但房子基本是竹木結構，火燒起，蔓延不可收拾。一夜之間，變成了一片焦土，燒死的人成千上萬，物資損失就更嚴重了，因為不少從桂林、柳州疏散出來的機器物資，大部還存放在這裏。

更出人意外的，我們離六寨後不到十天，美國飛機把六寨和附近的麻尾當作敵人已侵佔的地區，集中轟炸，把這一帶炸成焦土，很多撤退在那裏的機關，以及張發奎的一個指揮部全被炸平了。我們曾借住一夜的"黑店"，以及那位少數民族老人，可能也被炸毀、炸死了。

總之，在那一段時間，國民黨軍隊是聞風潰散，美國飛機則昏頭轉向，亂炸一氣，敵人未到，所謂後方的秩序就全亂了。由於國民黨當局的無能，社會秩序和經濟秩序完全垮了。蔣王朝的千瘡百孔，在敵人的入侵下完全暴露。上面提到的，鐵路局的列車通過，也一站站要"買路錢"。聽說，在從桂林後撤的難民群中，餓死、踐踏死、被謀害死的，數見不鮮。聽說，為了剝取一件毛綫衫，也會把人殺害的。這一片淒慘景象，是國民黨政府統治的集中寫照。

我過去長期受著張季鸞、胡政之以及鄧友德等的影響，對國民黨政府還存在一些幻想，以為它還能在抗戰中維持到勝利。經過這次湘桂大撤退，親眼看到這一切，不僅幻想全破滅了，而且由衷地對國民黨發生痛恨了。當然，我那時還不清楚解放區的情況，對毛澤東和共產黨還談不到有什麼認識。但肯定以為現狀必定要變，徹底地變。至於怎麼變法，還一無所知。我思想上朦朧的理想，還是英美式的民主和自由概念。

我在獨山住了兩天，就偕同金誠夫坐上包僱的大卡車，押運機器離開獨山，途中看到路旁和懸崖腳下，翻了不少車子，有些還是相當新的小汽車。我們的車子在上一個陡坡時忽然斷了車軸，車子直向後退，幸而快退到懸崖邊緣時，被一個大枯樹墩阻住了。

直到深夜，車子才開到了貴陽，和家人重新相見。

4月12日 二月廿四　　**星期二**　　**陰（12℃—19℃）**

去機關，大家到紹興路聽報告去了。看了一會報，步行至王家沙，在兒童商店購玩具一件，乘車回家。

今天廣播《湖南教育》雜誌的文章，介紹華主席從擔任湘潭縣委書記時起，就注意抓教育革命，無微不至地關心教師們的生活和思想改造。這是重視和關心知識分子的一個信息。

從歷史上看，第二代每每是一個關鍵。漢文帝、唐太宗、宋太宗，清康熙等，能夠勵精圖治注意國家建設和人民生活，國家就長治久安了。反之，遇著秦二世的昏庸、魏文帝的華而不實，晉惠帝的愚昧，好端端的家業就葬送，人民就陷於塗炭。

貴州一向是西南最貧窮落後的地方。抗戰開始後，吳鼎昌來任省府主席，他以一個老官僚，安福系政客，受到蔣介石的重用，成為方面大員。當時，省府主席必兼任省保安司令，他曾穿著上將的軍裝，檢閱部隊，退而飲酒賦詩，出版《花溪隨筆》。他的志得意滿，可以想見。曾幾何時，他被列為頭等戰犯，逃到香港，默默而死，令人扼腕。

金誠夫在去香港任《大公報》經理前，曾隨吳鼎昌到貴州任省府秘書長。所以，他到貴陽後，他的很多老同事、老部下紛紛設宴款待，酬應極忙，我也沾光吃了不少豐盛的酒席。吳鼎昌也在省府設宴招待我們及兩家眷屬。在這些廳司長中，建設廳長周貽春是老留學生，曾任清華學校監督，那時已年逾六旬，談吐間似乎還保持一點書生本色，沾染的官僚氣味不濃。

我們下榻的地方，是租用一間大敞廳，用被單一隔為三，除我家和金家外，還有跟著我妻一起逃難的徐明誠太太和孩子。

《貴州日報》是省府機關報，是金在貴陽時主持創刊的。那時，總編輯是我的堂表兄朱虛白，此人在新聞界混了多年，上海淪陷，我主持《文匯報》時，他曾任徐朗西的《生活日報》總編輯。太平洋大戰後到了內地，大概由金的推薦，擔任此職，寫的社論，八股而已。編輯主任是金的兄弟金慎夫，卻是個有心人，他對桂林《大公報》極讚賞，而不滿重慶版。對我一見如故，傾談他的辦報理想，對他自己的老兄卻頗有微詞，說有官僚氣云云。

我們在貴陽大約休息了一星期，仍舊包了一輛車，主要是裝載我們兩家眷屬，開向重慶。

出發前，我託《貴州日報》的經理趙君，買到幾瓶多年的陳茅台酒（華茅），一路自我陶醉，第二次到重慶。那時的重慶，已經被敵軍的長驅直入駭昏了。我剛到重慶，就聽說國民黨政府準備遷都，有些本來對抗戰沒有信心的政客、官僚、黨棍，則暗暗散佈哪裏也不去的論調，說："抗了七年，還有哪裏可走呀！"不走怎麼辦呢？

當時，重慶《大公報》為了迎合廣大人民對敗戰的不滿心理，曾一再發表社論，痛罵貪污腐化。很使得一些人拍手稱快。其實，仍然是"小罵大幫忙"的手法，轉移讀者的視綫，把戰爭潰敗，經濟癱瘓的責任推在貪官污吏身上。

我初到重慶，曾根據一路的見聞和感觸，寫了幾篇社論。後來，由胡政之授意，寫了一篇《為國家求饒》，大意是說，請你們這些毒害國家、侵奪人民的人，趕快"高抬貴手"罷，為了國家，求求你們趕快懸崖勒馬罷。文章似乎寫得很有感情，陳句也工整，很有些讀者來信讚美。其實，仍舊不脫“小罵大幫忙”的框框。

當時重慶《大公報》設立了社評委員會，胡政之為主委，王芸生為副主委，我和金誠夫、曹谷冰、李純青、楊歷樵等為委員，每周開會一次，研究下周主要寫哪些主題，由誰執筆。實際，胡是通過這樣的形式，把他的意見灌輸給我們，從而達到控制言論的目的。

當時，胡規定我的任務，除主編新創刊的《大公晚報》外，每周為日報寫社評一至二篇。

在張季鸞生前，《大公報》內部早已分了“家”。香港、桂林館是胡政之直接抓的，漢口、重慶館，由張季鸞管，胡一向不加過問。張死後，胡雖然到了桂林，對重慶也只是管而不理。曹谷冰是張的親信，加上他利用張和蔣介石的關係，以及他自己和蕭同茲、朱家驊（和曹是留德的同學）的關係，向銀行兑款，囤積紙張，使渝館很賺了錢，依然和胡分庭抗禮。所以胡曾説，見了曹，必先“整整容”，惟恐曹疑心胡不尊重他。

我們剛到重慶，胡就找我和金談話，説曹、王兩人局變狹小，要我們善於“以小事大”，處處忍讓。這好比兩個久已分家的兄弟，弟弟破產了，依靠哥哥過活，這日子是不好過的。

果然，他們的下馬威施出來了。桂林館經理部的科長，其中兩人是金的親戚，據説因為桂林撤退時帶了“私貨”，被曹、王在總監理會提出，立予開除。連重慶館的一個廣告科主任（是金的內侄）也一起辭退。金吃了一悶棍，無可奈何。渝館為了“安排”桂林館人員，增出了《晚報》，曹谷冰自己兼任主編，但他修改的標題，要聞編輯表示不同意，解釋了幾句，曹赫然震怒，向胡政之陳訴，立即把這人開除了。這無疑是向我示威，我只好“忍讓”，落得站在一旁吃一口閒飯。過了約半個月，大約他對晚報這副擔子感到並不輕鬆，只得讓我挑了。於是，我才掛個“主編”的名。

為了好好“以小事大”。我決定了兩個原則：一，晚刊不寫評論，連小評也沒有，以免被人挑剌；二，不和官場接觸，不印“主編”名義的名片，除按時上班，照例看稿和每周寫一二篇應試式（別人出了題目，我按題寫卷）的社評以外，百事不管，以免他們多心。

這日子是不好過的，特別是對於胡政之這樣欺善怕惡，過河拆橋，是有反感的。我後來的終於再度離開《大公報》，而且從此一刀兩斷，這也是又一個原因。

在重慶第二個受不了的“罪”，是陪同賭博。前面已經談過，我第一次到渝時，曾奉陪曹、王他們打過麻將。這次攜眷前來，才知這“賭局”的規模又早已擴大了。從曹、王以下，包括編輯部的正、副編輯主任、經理部的科長以上，包括他們的太太，總數約有二十人，每逢有人生日，則第一天公請，即“羅漢請觀音”，第二天還席，即“觀音請羅漢”。這兩天，從午後一二時開始，直至天亮，必有兩桌“麻將”，一局“沙蟹”（撲克賭之一種）。我和金到渝後，也奉命加入這個“集團”，每月至少平均有四天四夜狂吃狂賭，雖然輸了錢是報館倒徽（無限透支的權還是可以享受的），但人生幾何，把大好光陰消耗在這自己並不愛好的勞什子上！

4月13日 二月廿五　　星期三　　陰（12℃ — 17℃）

上午全室大會，工宣隊老施又作一次檢查，我未去聽。

據同志們說，昨天全社大會，傳達了華主席、葉副主席的重要講話。內容主要說明目前形勢大好，對毛澤東不能有絲毫懷疑情緒。毛澤東是我國空前的領袖，在國際上也是無雙的。過去，對"四人幫"所以未作處理，是因為投鼠避器。

在重慶，等於是過著隱居生活，幾乎割斷了和外界的一切聯繫。每天主編晚報兩小時，如果輪到寫社評，多花了一個多小時。此外，整天沒有事，在家"修真養性"，要是沒有"生日"的大賭，真是神仙日子了。

難得進一次市區，或是去找莫敬一學戲，或是同妻兒一起去看親戚，到打銅街去吃一碗"抄手"或擔擔麵。大兒子在沙坪壩南開中學讀書，有時去看看他，順便去中央大學訪晤妻妹。

在重慶十個多月，只進城看過一次話劇，文娛生活等於零。

一九四五年八月十日，有人來報告，說從無綫電得知，日本已接受無條件投降。那時，我正在金誠夫房裏聊天，聽到這消息，大家欣喜若狂。不久，就聽到近處、遠處鞭炮聲不斷。

那時，胡政之正在美國參加聯合國創立大會。八月底，董監會決定，派李子寬和我去上海籌備復刊上海報，李子寬決定先乘車去柳州，搭乘湯恩伯部運輸機（運載接收滬寧地區的國民黨軍）赴滬。我則等待搭乘飛寧參加受降典禮的新聞界專機前往。

九月四日，接到通知，受降典禮將於六日舉行，專機於五日晨飛寧。

五日晨七時，只帶一小衣箱，乘了報館的小汽車到了九龍坡機場，等了約兩小時，肚子餓了，買了一隻廣東月餅充飢。飛機終於在十時半起飛，同機都是新聞界同業，每報一人。我認識的有陳訓悆、成舍我、曹蔭稚（中央社編輯主任，我在漢口時，他任漢口分社主任）、趙敏恆等人。此外，尚有《新華日報》的徐邁進，《商務日報》陳落，《時事新報》張萬顯，以及"中宣部"特派員詹文滸等。後面這幾位都是第一次接觸。

也是一架運輸機，沒有正式座位，兩旁可以坐人，中間放行李。

飛機飛得不高，沿著長江飛行，中午不到，飛過三峽，以後就飛進淪陷了八年之久的區域上空了。過武漢時三鎮歷歷在目，彷彿還可以辯出江漢關的位置。下午三時左右，有人發現，飛機的一個馬達不響了，我從窗口看去，果然，一個馬達的翼子不轉了。大家為今後的一段路程擔心。

下午五時許，總算飛到南京，在城內明故宮機場降落，《大公報》的記者張鴻增君迎接我，他是三天前隨美軍一起從湖南資江飛來的。他告訴我，城內秩序還很亂，機場及鐵路也還由敵軍駐守。我們由一個中央社的記者（後來聽說他其實已落過水了）招待，到前"國民大會堂"休息。我把行李放好就和張鴻增出去，找到一個據張君說是南京最闊的廣東館吃飯，餓了一天，先叫了兩樣點心狼吞虎嚥地吃了。然後要了四菜一湯，開了一瓶三星白蘭地，一罐三炮台煙。當時"二百作一"還未公佈，在南京，一元法幣市價是二百四十元偽幣，我這樣豪華的大吃一頓，才花了法幣不到九元。而在重慶，還不夠買一包華孚牌香煙。那天上午我在九龍坡吃一隻月餅，就花了十元呢！想不到一向不值錢的法幣，到這裏便身價二百多倍了。

據張鴻增說，因為雙方的條件尚未談判，明天的受降典禮決定改期。我這次來，目的本不在此，便問滬寧車票好不好買？他說，頭等票容易買，但車上的秩序不好。於是，我託他去包了一個頭等車廂（有四個鋪位）。不到二十元。

我回到"國民大會堂"，陳落問我是否也準備今晚去上海？我說："是的，車票也買好了。"他說，他也想立即去上海，但到車站去，不知能否買到車票。我慷慨地說："你要去，我請客。"

我們坐了張鴻增君借用的吉普車到下關車站，上了車。站裏、車上和鐵路綫上，站著失敗了而依然虎視眈眈的日本兵，在檢查監視著勝利了而垂頭喪氣的中國人，真是四十年代目睹的怪現象。

4月14日 二月廿六　　星期四　　多雲（14℃ — 20℃）

太陽出來了，有些悶熱，出門，駝絨襖好象穿不住了。

上了開往上海的夜快車，買了一沓上海的小報。兩人關起了頭等包廂的門，居然一統天下了。

看看小報，吃些水果，望望窗外，浮想聯翩。兩年前回滬接眷，是像耗子一樣偷偷地乘上滬寧車回到上海的。今天重回上海，雖非"劫收"英雄，卻也是"重慶飛來的"，坐著頭等包車，心懷坦然地回家，今非昔比了。而且，就在小皮箱裏，有著報館給我的五萬元法幣，也是沾了"劫收"的光，儼然千萬富翁了。

所以心懷坦然，是自問八年抗戰，沒有做過一件有愧於國家民族的事。上海淪陷之初，也曾冒險在上海辦報，盡了報人的職責。以後，雖然又在《大公報》工作了幾年，儘管幼稚、思想落後，可能受到一些蒙蔽，自問沒有出賣過良心，沒有為了自己的名利地位去寫違犯自己一貫主張的文章。

一覺醒來，車已到了上海，僱了一輛“孔明車”（是車座在前，車夫在後踏的一種三輪車，大概有些像戲台上諸葛亮羽扇綸巾坐的那種“車”罷，上海人名之曰“孔明車”。坐著逛逛街景是蠻好的，可惜不久就被取締了），到了萬福坊家裏。

在弄堂口，看到二兒在和同伴玩，兩年不見，長高多了。我叫了一聲“福福”，他注視我一眼，也沒答話，就拔步向家跑去，接著，我父母和妹妹都到後門口迎接我。

母親告訴我，手頭只存有三千多偽幣，物價天天飛漲，正愁著今後的日子如何過下去，沒想到我回來得這麼快。

天氣還熱，母親叫福兒去買瓶汽水給我喝。我說不要了，買兩塊大冰磚來大家吃罷。我給福兒五元錢，他買了回來，還給我一大堆偽幣。

勝利了，上海人說天亮了。我看到那些苦熬了八年的上海人，不免一陣陣心酸。他們日夜盼望著勝利的旌旗，盼望著祖國的溫暖的懷抱，而根據我在內地幾年所見所聞，特別是看到湘桂大潰退所暴露出來的國民黨政府的極端腐敗、專橫，心想，這些善良、天真的同胞，不久就要大失所望，就會感到迎來的並不是親人。

我捫心自問，是不臉紅的。

對日抗戰總算是勝利了。作為歷史的一頁，是寫完了。中國進入了新的歷史時期，對我來說，也掀開了生命史新的一頁。

4月15日 二月廿七　　星期五 多雲到陰（15℃ — 23℃）

天氣暖和，換上了呢制服和羊毛褲。

《毛澤東選集》五卷今天開始發行，全市敲鑼打鼓，鞭炮轟鳴，彩車疾馳，有些單位還遊行慶祝。我室是九時送到的，九時半開了慶祝會。

我先看了《批判梁漱溟的反動思想》，可以說是以勢壓人的批判文章的典型，是面對面揭發批判的典型。

提起梁漱溟，使我想起了一九四二年他寫的一篇文章，當時我看了感覺他自大狂到了可笑的程度。一九四一年，他和范長江一起在港辦《光明日報》。香港淪陷後，長江保護他通過東江游擊區到了內地。他到桂林不久，在《廣西日報》上發表了一篇文章，說當他們乘船離港時，日軍追擊，子彈橫飛，當時范長江嚇得面如土色，他卻十分鎮定。因為：一、中國正在存亡絕續之際，共產黨太激進，國民黨太保守，能夠融會貫通中國的治道，調和國共兩黨的，只有他梁漱溟。天如果不要中國滅亡，他梁漱溟就決不會死。二、中國的文化，從文、武、周公、孔子、司馬遷、韓愈、朱熹以來，今天能承繼發揚，只有他梁漱溟“區區一人”。天必欲亡中國之文化則已，否則，他梁漱溟決不會死。

另外，毛澤東在這篇文章中表揚了傅作義，說他轉變了自己的反動立場，在北平和平解放時為人民立了功。這也使我想起一件事，不可不記：

一九四九年九月第一次全國政協開會期間，有一天我在侯外廬家吃晚飯，同座有周嘉彬，他是代表傅聯繫綏遠和平解放的。

據他說：蔣介石曾通過董其武致傅一電，說他自己在西安事變時糊裏糊塗答應了共產黨的條件，國共重新合作，以致造成今天的局面，追悔莫及。"希望吾兄吸取教訓，毅然脫離虎口"云云。傅宜生面謁毛澤東，呈交此電，並說，綏遠問題，懸而未決，如果讓他親往綏遠一行，必能促成綏遠的和平解放。毛澤東說："你完全可以自由地去，願意留在哪裏，甚至去台灣，也是你自己的事。"周說這話時，傅已秘密去了綏遠。所以，全國政協初開幕的幾天，傅沒有參加，名單中也沒有他的名字。隔幾天，傅回到北京，董其武通電接受和平解放。傅和董都被增派為政協代表。可見傅是真誠的。

今天去地段醫院檢查了心臟和血壓，都很好。但年紀畢竟老了，寫此回憶時，極普通的字往往想不起怎樣寫，還有常常心裏想著寫這個字，寫時，卻是別一字了。所以趁我還能寫時把這些陳年爛賬寫出來，也了卻畢生的心事。否則，時不我待，也許就永遠寫不成了。

4月16日 二月廿八　　星期六　　晴（15℃—24℃）

一九四五年九月五日回到上海。翌晨，報上就登出了消息。

當時，除明顯的漢奸報《新中國報》、《平報》、《中華日報》已停刊外，申、新兩報照常出版。屯溪《中央日報》搬來上海出版，接收了《中華日報》（汪偽漢奸報）的房子機器，改稱上海《中央日報》。《前綫日報》已搬至上海，接收了虹口一家日本報，仍由馬樹禮、宦鄉主持。

我到滬的第二天清晨，宦鄉即偕徐明誠來家見訪。據宦說，前綫接收的東西，尚待清理，目前暫在《中央日報》編輯、印刷。

嚴寶禮也已把《文匯報》復刊了，由儲玉坤主持編輯工作，暫出半大張。嚴本想接收《新中國報》的（地址原是《文匯報》舊址，機器和排字房卻是克明置備的），卻先被吳紹澍搶去作為《正言報》社址。當時，馮有真也是"接收"大員，因爭權奪利和吳紹澍發生矛盾。馮為了安撫嚴寶禮，特在他"接收"原日本海軍俱樂部的圓明園路一四九號大樓，讓一層給嚴作為《文匯報》社址（其餘為中央社所佔用）並由《中央日報》代印《文匯報》。

當時，重慶發表的上海市長錢大鈞還未到，吳紹澍以副市長兼市黨部及三青團主委，成為主要的"接收"大員。馮有真則以中宣部東南專員的名義，控制上海新聞、出版，也"接收"了不少房子。此外，軍統特務到處"接收"包庇大漢奸，湯恩伯則負責接收滬寧地區，他的部隊在河南，在廣西望敵披靡，而且被河南人民詛咒為"水、旱、蝗、湯"四大災禍之一，今天，卻儼然以勝利者的姿態，對滬寧人民耀武揚威了。湯到滬的一天（約在九月十日左右），大場機場車水馬龍，安排了盛大的歡迎場面。我當時非常生氣，第一次在翌日的《文匯報》上寫了一篇社論，大意說，八年抗戰，上海孤島人民是受盡了艱辛的；漢奸降敵，上海廣大人民卻沒有低頭，而是英勇對敵偽鬥爭的；所以，一切"接收"的英雄們，沒有理由對上海人民耀武揚威。相反的，倒該問問自己，回憶八年的往事，是否臉紅？

我初到滬時，雖然"五子登科"的"刦收"大員已十分猖獗，上海人民對"中央"和"中央軍"還寄以極大希望。到處懸掛著蔣光頭的照片，南京路、淮海路還搭了幾座牌樓，上面懸著"河山光復”、“抗戰勝利”等等橫額。有一天，嚴寶禮請我在新雅酒店吃晚飯，看到對面新新公司的大樓前，懸掛著蔣的大照片，四周鑲有五色電燈，足足長兩層樓，還寫著長幅標語“熱烈歡迎勞苦功高的蔣委員長”。我當時心想，為什麼上海人民對蔣和國民黨政府還這樣熱情呢？因為，八年以前，這個“中央”是在抗戰中撤離了上海的。八年中，他們受盡了敵偽的壓迫凌辱而對蔣政府在後方的行為是沒有身受，也所知不多的。所以，他們今天還像離散已久的子女一樣，把“中央”當作親人來迎接。

這實在是一個悲劇。幸喜這個悲劇演得沒有多久，國民黨的倒行逆施，以事實教育了上海和廣大淪陷區人民。曾幾何時（真是曾幾何時啊！），一九四九年五月我從解放區回到上海，也是嚴寶禮請我在新雅吃晚飯，而掛在對面新新公司大樓上的，卻是“解放全中國，活捉蔣介石”的大幅標語了。

不僅是一般市民，就是一些愛國的知識分子，對於當時形勢和蔣介石的面目，也茫無所知。我到上海不久，有一天，柯靈對我說，鄭振鐸等想請我吃飯，趁便談談後方的情況，地點在呂班路巴黎新村傅雷的家裏。屆時，我應約前往，看到了馬敘倫、鄭振鐸、夏丏尊、周煦良、傅雷、徐中舒諸位。馬先談，他說抗戰總算勝利了。我們好不容易熬到了天亮，今後應該為國家好好做點事，幫助政府把國家搞富強起來，真正成為四強之一。其他各位也極為興奮，紛紛問我後方的情況，看看哪些工作最值得做。我說，先不談這些，讓我把一年前我的所聞所見給各位談談。我就把湘桂大撤退，前方崩潰，後方混亂的情況擇要談個大概。他們好像聞所未聞，驚訝地說：“原來如此呀！”我說：“以前，我對這個政府還寄以希望的。這幾年，越看它越不成樣子，蔣這個人，我看要靠他把國家治好是不可能的。特別經過去年的親身經歷，我對他是絕望了。”馬敘倫說：“這樣說來，我們該好好重新考慮考慮了。”

以後，馬夷初先生等組織民主促進會，出版了《民主》周報，日益堅強地對反動政府開展了鬥爭，發展到赴京請願，發生下關事件。他們所以終於走上了爭民主、反獨裁的道路，當然不是因為聽了我一夕談，主要是共產黨的幫助和事實的教育。但可以說明，剛勝利時，確有不少人還沒有看清楚蔣介石的面目。我自己，也只是對蔣已絕望但未深惡痛絕，至於時局將如何發展，更沒有正確的認識，對和平還存著不切實際的幻想。

4月17日 二月廿九　　星期日　　陰雨（14℃ — 19℃）

《大公報》要復刊，首先要解決房子問題，原在愛多亞路福建路口以西的社址是租賃，租賃權早已放棄了，幸喜印報機還押在金城銀行倉庫裏，可以提取。營業部原在四馬路的房子，則當初轉租給《文匯報》，後來被克明搶去出版了《新中國報》，此時由吳紹澍接收作為《正言報》社址了。

我到上海的第三天，就去看吳紹澍，他志得意滿地對我說："以後咱們得好好幹一下了。你來主持《正言報》罷，我保證給你用人、言論的全權，決不絲毫牽制你。"我說："無論如何，《正言報》總是黨報，你知道我是無黨派的，不合適。再說，《大公報》也不會放我。我想請你幫個忙，我們《大公報》想早日復刊，房子找不到。"他說："《大公報》不是原來租有房子嗎？"我說："原來的營業部在四馬路，停刊後暫時借給《文匯報》用的。"他明白了他接收的《新中國報》本是《大公報》租用過的房子，想了一想說："南京路江西路附近，我們接收了日本人開的咖啡館'大可樂'，市口很好，房子比四馬路的還大，你去看看，如果中意，就讓給《大公報》吧。"接著他還以關切的口氣問："嫂夫人還沒有回來罷，如果需要，我可以幫助你解決房子問題，找一家好的公寓房子比較方便。"我説："謝謝你的關心。我原來住的房子還保留著，可以對付著住。"

我同李子寬去看了"大可樂"的房子，的確很合適，不久就租下了，開始裝修，工廠和編輯部則在民國路上租到了一座大樓。館址問題解決了，但印報機的裝配，排字房的安排還需要時間。經李子寬向《新聞報》的汪仲葦商定，暫請該報代印，編輯部要和排字房緊密聯繫的，在代印期間，由該報撥一大間房子暫作我們的編輯部。

餘下的問題是人員的配備。日本投降後，重慶的各機關以及廠商等等，紛紛搶著回到淪陷區，而交通工具甚缺，主要靠美國"支援"交通的運輸機和民生公司的幾條小船。到了十月底，從重慶來滬的《大公報》幹部，除李子寬和我外，只有楊歷樵和管理部兩三個處科長。此外，只有一個探訪美軍方面消息的朱啟平，不時來往於上海、南京和東京之間。我要搭起編輯部的班子，至少要二十多人，我決定把朱啟平留下來，編輯要聞。楊歷樵除譯稿外，兼編國際，副刊則由李子寬推薦他的親戚蔣天佐編輯。其他的人，只能就地解決。當然，想進《大公報》的人不少，我的一條起碼的原則是，凡和漢奸報沾過一點關係的決不用。第二是招聘的人儘量少，以後慢慢地調重慶館中的職工來補充。新招的幾個外勤，一個是抗戰前《大公報》的練習生，淪陷時期一直在錢莊工作的，另兩個是從內地飛來的原在別的報紙擔任過記者的。

我當時的確還不知道胡政之已向蔣介石要了二十萬官價外匯（當時，美元的黑市已漲到幾百元合美金一元，"官價"則依然維持二十比一，所以，這等於是二十萬美金）。我復刊上海版的想法是：在抗戰期間，《大公報》偏袒蔣介石，還可以把“抗戰第一，勝利第一”作為口實。現在，抗戰勝利了，一切要按照人民的要求作為編輯的準則，且沒有理由袒護國民黨了。既然是“民間報”就該真為人民說話，而勝利後，人民殷切盼望的是和平與民主。上海版是《大公報》在淪陷區首先復刊的，一定要讓淪陷區人民相信《大公報》確是一張人民的報紙。因此，我決定，社論主要由我寫，國際問題請楊歷樵執筆，重慶版的社評儘量少轉載，其中明顯偏袒國民黨的一律不用。星期評論也在上海自己組織，我請馬敘倫、鄭振鐸等撰述。開始，他們對《大公報》還有些不放心，後來，看清了我的言論態度，他們熱心地投稿了。

當然，幾乎同時在上海復刊的兩張報紙，一張《大公報》，一張《時事新報》，當初都是上海淪陷後自動宣佈停刊的，此時都請《新聞報》代印（《時事新報》當時的總編輯，就是在《貴州日報》當過總編輯的朱虛白），而且，《時事新報》還是上海的“地頭蛇”之一，歷史僅次於申、新兩報，但是復刊後的聲勢卻絕然不同。《時事新報》復刊之初，只有萬把份，以後每況愈下，跌至三四千份；《大公報》則復刊之後為兩萬份。以後，每天激增，南京路營業部門前，幾乎天天排隊訂閱，我看了十分興奮和感動。我於翌年三月中離開《大公報》前，該報發行數曾超過了十萬。可見，淪陷區人民的感覺是靈敏的，他們要睜眼看清楚，究竟哪些報紙是真正“民間報”，能夠為人民說幾句話。

上海《大公報》是一九四五年十一月復刊的。不久，就發生了昆明慘案，國民黨特務包圍和闖進西南聯大，打死打傷了學生多人。那天，國民黨嚴密封鎖新聞，中央社隻字不提此事，《大公報》及各報的記者也打不出一個字的新聞。那天，我正在埋頭看稿。時已深夜，忽然，工役拿了一張名片來說：“這位先生說有急事要見你。”我看是《掃蕩報》記者，而且素不相識。我到客廳看到來人是一個年輕人，著了一身美式軍服。他見了我，誠懇地說："我是為良心驅使，冒險來見您的。" 接著，他把昆明慘案的經過詳細向我敘述，並說："現在，昆明的電信和航空全部封鎖了，我因為是《掃蕩報》記者，才得到一個座位，剛下飛機就來看你的。" 說著，從裏衣口袋裏掏出一疊紙交給我，原來是昆明學生的抗議和宣言。我謝謝他的信任，保證不泄漏新聞來源。他走後，我立即寫了一條詳細的"昆明特訊"，節要發出了昆明學生的抗議書，並趕寫了一篇短評，要求徹底查辦此事。第二天，成為《大公報》的獨家新聞，轟動了讀者，震動了國民黨的特務和黨棍們。

以後，昆明連續發生李公樸、聞一多被暗殺案，重慶發生滄白堂事件和校場口事件。徐盈、彭子岡等都把重慶版不登的新聞，詳細拍發給上海，我都醒目地刊出，並寫了激烈和憤慨的社評。重慶版的社評，一概不予轉載。當時，《大公報》渝、滬兩版對這些事件的態度，截然不同。

當時，新聞界有名的"瘋狗"龔德柏在他的《救國日報》上對我破口大罵，而且可笑地說我是中共的地下黨員，曾任中共中央的秘書。有人告訴我，蔣介石曾一度來上海，看到上海《大公報》極為不滿，說完全是為中共宣傳。他的左右問他，"要不要找徐鑄成談談？" 他說："不，我回重慶後找胡政之算賬。"

胡政之於一九四五年底從美國回到重慶，曾飛滬住了幾天，大概那時蔣介石還沒找過他。所以，他對我談話時，並沒有明顯地表示不滿，也沒有對編輯工作有任何"指示"。翌年三月初，他再度來滬，準備長住下去。大概蔣介石已找他算過賬了，態度就大不相同。這是後話，詳細經過以後再憶談。

4月18日 三月初一　　星期一　晴到多雲（6℃ — 16℃）

在一九四三年我回滬接眷的時候，嚴寶禮雖然口口聲聲說如果我不回《文匯報》，他就不想復刊。其實，他對我並不真心想合作，而是又想利用，又怕我，怕我控制編輯部，他不好插手，不便操縱。因此，他不等我回滬，就把《文匯報》復刊了。

他和儲玉坤及另一編輯一起受馮有真指揮，搞過一段時間地下工作。這兩個人，都是他的心腹，儲沒有什麼能力，嚴一向不把他放在心上，認為易於駕馭，他們又都是國民黨。那編輯在抗戰時的《文匯報》任職，那時嚴的一個新寡的年輕表妹安排在編輯部當收發，不知怎麼，又和他發生了關係。嚴明知他已有了兩房家室，不僅不加干涉，反而在經濟上支持他們。

我回滬後，看到這情況，就決定不忙回《文匯報》，先全力把《大公報》辦好了再說。

儲玉坤雖是學新聞的（國民黨中央政治學校新聞系畢業），但對於西方新聞報紙的基本原則也一竅不通。比如說，西方國家的報紙，即使完全是某一政黨、某一資本家出錢辦的，也還算是社會的輿論機關，至低限度要維持住一個報的“報格”，不輕於對人吹棒。而在儲的支持下，《文匯報》竟變成了“野雞”，見人（當然是有權勢的人）就拉了。舉兩個例子。一是杜月笙回到上海，連申、新兩報和馮有真的《中央日報》也只在新聞裏加了渲染，儲卻寫了一篇社論，題為“歡迎杜月笙先生回滬”，肉麻地說杜對抗戰如何勞苦功高。二是張道藩到上海。儲竟在新聞和標題上寫上“請張立委（大概是國民黨中央的文化委員會罷）莅臨本報指導”。這恐怕連上海灘上最下流的小報，也不會這樣寫的。

讀者的眼睛是雪亮的，儘管《文匯報》以“在抗戰中誕生，在勝利中復刊”為號召，儘管上海人民不忘《文匯報》曾和他們共過患難，對它有特別的感情，但看到它現在這樣，也為之齒冷，把它拋棄了。復刊之初，據嚴說每天曾發行一萬多份，到一九四五年底，連贈送的，不到三千份了。嚴看到這情景，越來越躁急。柯靈仍編副刊，對儲的編輯態度，也極為不滿，要我設法補救。正在這時，發生了宧鄉脱離《前綫日報》的事。我聽到宧已脱離了"前綫"，便到他家裏去看他。據宧告訴我，顧祝同前不久從上饒過上海赴南京，特地找宧談話，説他對宧是"親任"的，但他的部下都説宧是共黨，向顧要求處置宧的"呈文"和密信有幾百件。顧説："現在，我也沒法再庇護你了，只有你自己表示態度，或者你公開聲明自己不是共黨，或者在報上登載一篇你署名寫的指責共黨的文章。"宧當時説："讓我考慮考慮，等你下次來滬時再答覆你吧。"宧對我説："顧一走，我就向馬樹禮辭職不幹了。"

我説："《大公報》或《文匯報》，我都可以負責介紹。你是否願意？"

他説："如果能進《大公報》和你合作，那很好，《大公報》的作用大得多。"

當時正巧胡政之第一次來滬。我對胡説："宧鄉的能力，我在桂林時就向你談過了，現在他已脱離'前綫'，我們應該趕快把他拉進來。"胡説："那很好，你就去進行吧。"我問："你預備派他擔任什麼職務呢？"他説："上海版的副編輯主任。在你領導下工作，不很合適嗎？"我説："你預備找誰當編輯主任？"他説："費彝民。"我激動地説："那就太不重視這個人才了。"他板著臉説："上海版是我們的重心所在，他和《大公報》素無淵源，我放手讓他來當副編輯主任，還不夠重視嗎？你可以徵求他的意見，如果他願意去重慶，我願意把重慶版全交給他，讓他當經理兼總編輯。"

我再去找宧，他果然不同意，我説："既然這樣，你還是進

《文匯報》吧。”我得到嚴的同意，請宦主持《文匯報》的言論，為了避免儲玉坤的反對，嚴説：“最好你把總主筆的名義掛上，可以壓住陣腳。”我同意了，對宦一説，他也欣然同意。於是，我重新掛上《文匯報》總主筆的名義，宦任副總主筆，實際負責。宦推薦陳虞孫和孟秋江參加，經我們二人商定，陳的名義也是副總主筆，秋江則任採訪主任。另外，宦並推薦他的“前綫”同事張若達參加，幫助撰寫次要的社論。

這樣，總算把《文匯報》從死路上拉了回來，開始給它灌輸了新的生命。孟秋江進《文匯報》後，大刀闊斧，把幾個思想右傾、能力薄弱的記者辭退，經我和宦的同意，聘請了幾個新的記者。從此，儲玉坤只保留了發稿權，言論和新聞採訪，兩頭都落空了。

在勝利之初，儲玉坤也曾是煊赫一時的人物，他除主持《文匯報》的編輯部外，還和 CC 小頭目陳高傭辦了一個“中國新聞專科學校”，陳任校長，他任教務長，接收中學畢業，或小學畢業甚至小學沒畢業的青年，只要交得起學費的，一律錄取，以“畢業後介紹至各報任編輯、記者”為號召，學習期只有六個月，一時失業的青年，趨之若鶩。似乎像一個“記者速成所”。此外，他還組織過一個“新聞界聯誼會”，自任會長，儼然是新聞大師兼新聞界的權威了。可惜好景不長，兩三個月，從內地坐車來的（如馮有真等），從天上飛來的（如詹文滸、陳訓悆等）各種新聞大員來到後，他這個“地下鑽出來的”就被淘汰了，只剩下中國新專還維持了一個時期。它也的確“速成”了一批記者，在解放以前乃至解放以後，有不少記者是出身於這個學校的。當然這些學生中，有些隨著時代前進，在工作中不斷學習，成為人民的新聞工作者。

《新聞報》在抗戰開始後，一直沒有停刊。上海陷落後，乖乖地接受了敵人的新聞檢查。《申報》曾停刊了一個時期，企圖在漢口、香港出版，都沒有成功。這似乎是一個考驗，這兩個報，雖然歷史悠久，發行數較多，但像鹹水魚一樣，離開了上海，遷入了淡水，就生存不了。不像《大公報》到處可以生根。

太平洋大戰爆發，敵軍侵入上海租界後，《申報》、《新聞報》都被敵偽佔領，前者由老牌漢奸陳彬龢主持，後者由親日的安福系李思浩主持。

日本投降後，史泳賡、汪伯奇兄弟雖企圖復辟他們的世傳"大業"，但 CC 系早就看中了這兩個報，先把它們當漢奸報接收了，然後威脅利誘，給史、汪等一部分股權，而把這兩個報變成了 CC 系的喉舌，《申報》由上海的 CC 系潘公展任總主筆，陳訓悆任總編輯。《新聞報》則由詹文滸任總理，程滄波任總編輯。不久，這兩個報就改頭換面，繼續出版。

在《大公報》委託《新聞報》代印期間，我曾在《新聞報》編輯室裏工作了一個時期。在總編輯的辦公桌旁邊，有一張躺椅，該報的工友告訴我，李浩然（伯虞）任該報總編輯二三十年，經常在吃過宵夜後即躺在椅子上睡著了，各版來稿子，把李推醒，戴上眼鏡，蓋了個戳子，又躺下睡著了。這位老先生也是陝西人，據張季鸞說，是他的同學，中文是極有根基的，但在這個老報館裏養成了"無為而治"的作風。他從不和外界的黑暗勢力來往，至少是"有所不為"的。在一九三九年間，他有一次從弄堂口走向電車站，被疾馳而來的汽車壓死。我當時曾在《文匯報》作短文悼念這位先輩。

嚴獨鶴一直是《新聞報》的副總編輯，實際上，他們編輯副刊"快活林"聞名，成為鴛鴦蝴蝶派的首領之一。我和他比較熟，大約在一九六八年左右去世，年已八十歲了。和他齊名的在《申報》編《自由談》的周瘦鵑，則結局更慘，張春橋指使"四人幫"在蘇州的爪牙，指明來揪鬥他，他聞訊連夜投井自殺了。

下午，我們老夫妻帶了二胖赴人民公園逛了一小時許。今天，又把毛綫衣褲著上了。

4月19日 三月初二　星期二　多雲（12℃ — 22℃）

下午，同二胖至復興公園，旋赴萬福坊，晚飯後九時始回家。

一九四五年十二月，妻帶了復兒回滬，那時，我家已搬至愚園路七四九弄。侖兒留渝在南開繼續學習。

一九四六年春，新聞界發起到無錫遊覽，我夫妻參加。

中學時代，我是在無錫度過的。當時，省立第三師範是江蘇有名的中學之一，它十分守舊，國文以外，還有讀經課，五年之內，要讀畢四書和詩經、書經、易經，此外，每周還有兩小時“課餘坐抄”，摘錄報刊中老師認為好的文章。我的寫作能力，主要是中學時代打下根底的。

我曾在宜興、無錫、北京、保定等地讀過書，以後曾先後在《大公報》、《文匯報》工作了三十年。現在已年過七十了，還偶爾在夢中置身於無錫三師，為考試而著急，或依然在《大公報》編輯部撰寫社評，以獲得警句而高興。可見在我的生命史上，這兩個地方是留下深深的烙印。其餘，儘管清華園的生活豐富多彩，香港的生活闊綽，卻一次也沒有闖入我的夢境。

兩年前，曾到過一次淪陷後的無錫，並曾遊了惠山、梅園，卻沒有膽量也沒有時間去訪問我的母校。這次，寄居在我姨母家，行動比較自由，只在遊黿頭渚那天和同業們在一起，其餘兩天時間，都是獨自行動。卻巧，有一個同學在三師（當時已改稱省立無錫師範）對面的國家專修館工作，我便在他的陪同下拜訪了母校。

4月20日 三月初三　穀雨　　**星期三**　　晴（14℃—24℃）

上午，討論案例，一共討論了五十多個犯罪者的罪情，其中心貪污盜竊和兇殺為多，而且，不少是二十歲左右的青年。這些人，也是受害者。

今天，又把毛綫褲脫下了。

我是一九二六年夏離開三師的，這次重回母校，相隔恰已二十年。離校那時，我還有過一段冒險史：師範學生的膳宿都是不收費的，當時的教育部規定，畢業生必須在小學教育了兩年，方可升學。同時規定，每次學期考試，有兩門功課不及格，就勒令退學。以我們這班為例，進預科時是五十人，到本科三年級時，就只剩下三十六人了。我那時為了急於向上爬，不甘心當一個小學教員，還不待畢業就在三年級時借了高班同姓同學的文憑報考了清華。為了逃避追繳膳費（為中途考進大學，應追繳歷年學費和膳宿費），我故意在學期考試時不參加兩門的考試，準備讓學校開除我。

這實在是破釜沉舟的冒險行動。那年，清華招考第二期大學學生，名額為八十名，單單在上海報名投考的就逾千人（還有在北京投考的）。我應考後回家，沒有幾天，三師的通知單來了，說“該生考試有兩門不及格，照事應予斥退。”幸好這個通知落在我手裏，沒讓母親看到。一星期後，《申報》登出了清華錄取新生名單，在萬分緊張中，總算找到了自己的名字（當然是所借文憑的那位同學的名字）。

但是，冒險的故事並沒有因此完結。當時家裏很窮，幸而清華是和出洋一向聯繫著的，出了洋自然可以飛黃騰達，所以，母親能夠在親戚中借到一百多元，供我晉京求學。

開學才一個多月，媽媽來信說，三師校長陳綸叫人通知我母親，說要追繳膳宿費二百元，否則，將向清華舉發。我讀信後十分著急，家中為籌我的學費，已經借了債，哪裏再去籌這二百元呢？我立即寫信給這位校長先生，說我已是被開除的人，不應再受規章的約束，而且，我相當尖銳地指出：“如果您認為我還受這規章的約束，則追繳費用後仍該舉發，否則，就沒有追繳的理由，因為二者不能互相抵消。”過了一個月，母親來信說，好不容易糾了一個“會”，湊到了二百元，冒著漫天大雪，乘船至無錫，見到這位陳校長，豈知這位校長冷冷地說：“這筆錢我們不收了，你回去罷。”我心中是清楚，他是不敢私受這筆賄賂（實際是敲詐）了。

清華的學年終了時，教務長梅月涵（貽琦）找我談話，說：“你和母校校長有什麼冤仇，非把你置之死地不可？”我把離開三師的經過坦率對他談了。他很同情地說：“借文憑考學校，雖是違法的，但也是常有的事。學校內倒是不加深究的。但這位校長卻逼得我們沒有辦法了。他先來了一信，舉發你是借文憑投考的。我們回了一信，說我們核對報考時照片，並無不合，且該生來校後，學習成績與品行亦無可議之處，擬不予處理。豈知這位校長，又來一信，附上你所借文憑的那個同學的照片，並說：如貴校再不依法處理，即向教育部檢舉。這樣，我們是不能再庇護你了。”他說畢，把來回的信件底稿都交給我看，並安慰我說：“你不要絕望。我曾在南開畢業，我可以寫封私人信給張伯苓先生，介紹你去進南開大學，明年，你再轉學來好了。”

我對梅先生十分感激，但南開的費用遠遠超過清華，父親是無論如何負擔不起的，無可奈何，到保定父親處，進了河北大學，半年後才考進了北京師大。

我和這位校長有什麼冤仇呢？大概還是因為幼年時的舊病未改，喜歡“多嘴”，不知在什麼地方觸怒了他。回憶起來，他對我似乎是很不喜歡的。有一年，選舉級長，我當選了。這位校長宣佈這次選舉無效，命令上一學期的級長蟬聯半年。半年過去，重新選舉，我又得了滿票，而且同學們揚言，如再不宣佈，就要向校長質問。這樣，他才不得不承認我這個級長，而且直到我離校，同學一直選舉我連任。而我們這一級，是他認為最不聽話，最不易指揮如意的。

一九五一年，我從朝鮮慰問回來，到蘇南傳達，蘇南行署主任管文蔚是我三師的同班同學，那位陳校長已被聘為蘇南文物保管委員會主任。有一天，管問我：“谷岑先生見過沒有？”我說：“我不想見他。”他笑笑說：“學生時的事，忘了罷。你去看他，他自己會慚愧的。”我說：“我不是為了個人的意氣，他如果真是一個教育家，不該對於一個有志深造的青年，下這樣的毒手。”他說：“算了，別再提了。”一面囑咐交際處長，立即備車送我去文管會。

我只得遵命而往，見了這位校長先生，不自然地問了好，他雖竭誠表示歡迎，態度極為尷尬，這是不難看出的。

嚕嚕嗦嗦談了這些往事，把那次遊無錫、回母校的“主題”

丟在一旁了。明天再言歸正傳吧。

4月21日 三月初四　　　　**星期四**　　　　**晴（14℃ — 25℃）**

今天換了嗶嘰上衣還覺熱，是初夏氣候了。

人民廣場齊集了幾百輛載運廢鋼鐵的卡車，顯然是動員支援鋼鐵元帥的"升帳"的，大概工業學大慶會議即將開幕。

我夢寐中的母校，一直是完整的，一排教室，兩排樓下的休息室，樓上是寢室的樓房，還有風雨操場、大禮堂和博物館，大操場以外，是一疇平野，直到城牆。現在，大禮堂和博物館都不見了，教室大樓也已傾圮，我曾朝夕攻讀和休息的寢室、自修室都已變成白地，學校已搬在原附屬小學的房子裏上課。這些，當然都是日寇建設"王道樂土"的業績。

我的重回母校，本不存遇著故人的奢望，豈知經過傳達室，那位矮矮的堂丁還在，他已多了一把鬍子，我道出姓名，他還似曾相識。我忘不了他的一件小故事。大約在一九二五年吧，他有一次到火車站去取信，回來向老門房說："奇怪，今天火車站有很多人，說是接一個大官，怎麼，班船坐火車來了。"我恰巧在一旁聽了，也很納悶。第二天看報，才知是班禪活佛到無錫遊覽，無錫土音，禪、船是同聲的。

去附小舊址參觀時，更意外的是遇著我的老師向賓楓先生，已經六十多歲了，還在教書。他是教歷史和地理的，他不用教科書，自己編講義，而上課時，卻比講義大有發揮。比如，講三國時代，他把三國的關係和人物的性格、政治主張以及當時的社會經濟情況，講得十分生動。同學們都認為他的課不好筆記，考試時的題目也不易解答。他的功課，能考到七十分是極困難的。我當時喜愛歷史和地理，對於他的講課，由衷感到興趣。所以，每次考試，我總是第一名。大概由於這個原因，向先生一見我就認出來了（雖然他是高度近視），並且知道我在《大公報》工作。他說，在淪陷時，一直在家鄉一個私立初中教書餬口，勝利了，才重回這個學校。

一年多以後，《文匯報》被國民黨封閉，一家雜誌約我寫稿，我以"懷念我的老師"為題，主要寫這位老師勤勤懇懇，數十年從事教育青年的堅毅精神，用以表示我決心用筆和反動勢力戰鬥到底的決心。解放以後，一位黨員朋友請我吃飯，說是為他從故鄉江陰來的岳父洗塵，他岳父是認識我的，因此約我作陪。原來，他岳父就是這位向先生，那時已年逾七十，鬢髮皓白了。

那次的無錫之遊，玩了錫山、惠山、梅園、黿頭渚、漁莊等名勝，經過八年抗戰，到處荒殘，還沒有修理。解放以後，一九五一年、一九六〇年我兩次重遊無錫，這些地方，已面目一新，太湖裏還出現了工人休養所等建築。唯一使我失望的，記得中學生遊覽太湖時，曾登臨萬頃堂，松風稷稷，十萬里湖光山色盡收眼底。這個建築，竟沒有重新恢復，問問導遊的同志，連這個名稱也茫然不知所對。

還有一個叫東大池的，十分幽靜，湖水碧澄，四周樹木陰翳，鳥語花香，一亭翼然臨於池濱，它也一直在我的記憶中留著美的印象。現在，也找不到了。

一九五一年我再到無錫，為了在蘇州專區（當時包括崑山到無錫、宜興、溧陽等縣）傳達赴朝慰問經過，曾在此先後停留在十天左右，住在作為高級招待所的原繆斌的住宅裏。那次，肯定又被招待遊了各名勝古蹟，但印象十分淡薄，無錫師範雖離招待所不遠，卻沒有再去參觀。

提起繆斌，上了年紀都一定記起這個人，他是“劉姥姥”吳稚暉的外甥，靠了這關係，他很早就在國民黨裏混到一個“中委”。也因這關係，在CC頭子陳果夫任江蘇省政府主席時，他任民政廳長，他公然定出了一二三四五六的“官價”，即一等縣縣長為六萬，二等五萬，三等四萬；公安局長則按等為一二三萬。一手交錢，一手掛牌，倒是十分公平的。抗戰期間，他隨汪精衛落水，當了南京傀儡組織的監察院長，這本來是一個閒職。勝利後，他卻第一個被槍決。據徐明誠告訴我，在日本宣佈投降前幾個月，繆曾去東京謀求中日單獨媾合，事將垂成，而日本已宣佈無條件投降。繆說這是受蔣介石之命去的。所以在勝利之初，不加審訊，即將繆首決“正法”。

4月22日 三月初五　星期五　陰雨（17℃—25℃）

《大公報》復刊之初，託《新聞報》代印。才一個多月，《新聞報》改組出版，《大公報》找到滬西一家印刷所代印。到一九四六年二月中，自己的機器和排字房都安裝好了，工作上了正軌。那時，從重慶也逐漸調來了同事，人手也比較寬裕了。

就在那個時候，胡政之於三月初第二次來滬，找房子，準備把他的家眷搬來。

一天，他找我談話，他說：“重慶政府中，有芸生的朋友，也有你的朋友。芸生的朋友說你一手執住《文匯報》，一手把《大公報》竭力向左的方面拉，顯然有政治野心。” 他的話雖然婉轉，但聽得出來，所謂我的朋友，無非指鄧友德、陳訓悆，而所謂芸生的朋友，顯然是指陳布雷等。而這是他故意施展他的一貫伎倆，挑撥我和王芸生的關係。其實，我心中是明白的，蔣介石已向他“算”過“賬”了。

我説：“別人怎麼説，我不計較。我跟你辦了那末多年報，我有沒有政治野心，你應該清楚。我現在想問的，是你對我主持的上海版，有什麼意見？”

他説：“老實説，我也覺得太激烈一些。有些偏離了我們的一貫方針了。”

我説：“別人説，《大公報》是政學系的機關報，我不相信。我覺得，抗戰勝利了，對每個人，每個事業，都是一個關口，究竟站在什麼立場。在抗戰時，打出‘抗戰第一，勝利第一’的口號，態度偏袒些政府，可能還有人原諒。今天，如果還是這個態度，讀者就不會原諒了。我初到上海時，就深感淪陷區人民是很敏感的，他們對後方回來的報紙，要睜著眼睛看看，是否是真正的民間報。我認為，我們今後應真正為人民説話，爭取和平與民主。我就是本著這個主旨復刊上海版的。如果還是老一套，我不相信會有今天這樣十幾萬份銷數。”

他聽了，知道我動火了，把語氣更放緩和些説：“你沒有野心，一心想把報辦好，我是很清楚的，但你應該考慮到另一面，我們有幾百個職工，如果政府把《大公報》查封，這幾百人的生活如何維持？”

我聽了這話，是真發火了，立即回答説：“如果辦報只為了生活，那還不如開一個鋪子好，賣油條大餅也可以謀生。而且，《大公報》在國際上也有影響，蔣介石是怕美國人的，他敢於輕易查封《大公報》嗎？他能不考慮考慮查封《大公報》後的後果嗎？”

他說：“你把問題看得太簡單了，今天我們就談到這裏。芸生過幾天就要到了，等他來後，我們三個人再好好商議商議。”

我那時還不知道二十萬美金的事。的確，我對《大公報》，對他，都是看得太簡單了。

這次談話後，我幾夜沒有好好入睡。我的妻問我：“有什麼大心事。這樣連天吃不香、睡不好？”我把和胡政之的談話對她談了，並說：“現在，是要決定去留的問題了。我想辭職到《文匯報》去。”那時，我和嚴寶禮已搬住在一個院子裏，她對嚴的滑頭已有所警惕，我母親也有這個看法，都勸我不要輕舉妄動。我母親還說：“《大公報》是鐵飯碗，跟著嚴寶禮太冒險了。”我父親對我這個獨生子是百事信任的，對此不表示任何意見。

這個時候，《文匯報》內部的矛盾也日益激化，版面上出現了怪現象，新聞和標題“打架”，言論又和新聞“打架”。同一件事，新聞及標題表示擁護，社論則加以抨擊；有些新聞，明明是反對蔣政府的措施的，卻標了相反的標題。宦鄉和孟秋江一再向我反映，儲玉坤不僅刪改新聞，而且還擅自改動社論稿。柯靈對儲也極表不滿。嚴寶禮說：“只有你親自來主持，才能把報辦好。”我說：“我要來，就要專心一志地把全副精力放上去。我也考慮過了，不該再騎兩頭馬了，想決心辭去《大公報》的事。”他說：“那太好了，我是求之不得的。”

我說：“為了把報辦好，我要求有一個保障。”

他說：“你放心，你的生活我完全負責，也像《大公報》對你一樣，你要用多少錢，只管支用，不受任何限制。”我說：“我不是這個意思，還是以前我談過的，我要求編輯部用人的全權。還有，我要求在報頭‘發行人’之下，加上總主筆某某某，這樣，是向社會表明我已負《文匯報》的筆政了。”他當時滿口答應了。

我之所以破例要在報頭下登出自己的名字，當然決不是為了要出風頭，也不僅僅是為《文匯報》做廣告，認為自己有多大的號召力，而主要是怕嚴寶禮反覆無常，怕他在緊要關頭出賣《文匯報》。這是在抗戰期間，我已受過教訓了。我想，如果他要變卦，我退出《文匯報》，這一行"總主筆徐鑄成"在報頭下消失，讀者就立即明白《文匯報》改變態度了。

這一著棋，後來的事實證明是下得對的。

過了幾天，王芸生果然從重慶到了上海。我不等胡政之召開"三人會議"，就寫了一封信向胡辭職。大意說："上次談話，我的意見，似未蒙接受；您的意見，也說服不了我。我退而思考，《大公報》是您和張、吳三位先生創辦的，我不該輕於冒險，我決心重回《文匯報》，一試我的主張。《文匯報》過去是由我培育的，萬一由我毀之，亦心安理得。我是《大公報》多年培養的人，如果我到《文匯報》有所成就，想必您也會感到高興。從即日起，我即不再工作，好在芸生兄已到，滬版有人負責主持了。"

就這樣，我就和先後工作過十八年並為之付出過不少心血的《大公報》斷然分手了。

4 月 23 日 三月初六　　**星期六**　　**晴（18℃ — 28℃）**

昨晚廣播，全國工業學大慶會議已於二十日在大慶開幕，華主席親自主持，李先念同志致開幕詞。

天繼續暖和，棉毛衫褲也穿不住了。

我辭職後的第三天，李子寬乘車來訪，邀我一同前往，説胡在家等我。

胡見到我後，即説：“你的信看到了，我代表全館職工懇切挽留你。上海版還請你負責，至於你和芸生的分工，他不管滬版的編輯工作，言論名義上雖由他負責，我和你都一起參加商量。你看這樣好嗎？”

我説：“我的決心辭職，原因已在信上寫明白了，決不是為了和芸生兄爭什麼權，而是言論主張上我有固執的看法，想到《文匯報》去試試。”

他説：“記得我們在香港時就談過了，要創辦一件事業不容易，《大公報》是已成的事業，你可以盡力發揮所長，這比另起爐灶要方便得多。再説，嚴寶禮是個投機商人，你不是不清楚，你能和他合作得好嗎？我年紀大了，事業今後要由你們幾個人負責。在你們幾位中，你的年齡最輕，事業的前途，你的關係最大，我對你是抱著很大希望的。”

我説：“我知道，我去《文匯報》是冒險的。但我已決心要去試一試。今天，我已決定辭職了，我想説幾句話，該可以不至誤會有什麼別的企圖了。我一向把《大公報》當作自己的‘家’，今天，不得已要和這個‘家’分開，但是，感情上還割不斷。由於這個感情，我想向胡先生提一個問題：你上次對我談話，怕我態度太偏激，引起被封門的危險。我想反問一句，三年五年以後，中國將變成什麼情況？如果《大公報》不改變立場，三年、五年後是否還能存在？能不能還存在廣大的讀者？”

他遲疑了一下説：“我和張、吳兩位創立這個報，使它能站起來，我們的責任基本上已盡到了。至於將來，我是未必能看到了。將來如何使這個報站得住，繼續發展，這是你們的責任了。我還要説一句，你年輕，應負最大的責任，所以我誠懇挽留你。”

顯然，從上面的談話中，我和他對於時局的估計是不同的。我估計三五年內國民黨必倒台，他則認為國民黨還可以維持下去，他生前不會看到人民的勝利。所以，他後來決心到香港去重創《大公報》，是基於這個基本估計，以為蔣介石雖然暫時失敗，還可捲土重來，到一九四九年，解放軍過江，國民黨退出了盤踞二十多年的南京，胡政之就在那時去世。他的最後時期，昏迷了許多天，沒有留下什麼遺言。也可以説，他是帶著遺憾走的。

當時，他看到我辭意堅決，無可挽回了，就説：“這樣吧，你要試試，就去試試罷，你不忙辭職。算是請幾個月的假，哪一天你想回來，我們還是十分歡迎的。”

承他的好意，據後來李子寬告訴我，還給我保留每月的一份薪水。兩三個月以後，我再寫信給他，要求即日清結我和《大公報》的關係。那時，他已看到《文匯報》已確實站穩了（當然是從報紙在廣大讀者中的影響而言）。他讓李子寬把幾個月的工資以及積欠清了，送給我剩下的一筆錢，具體數目記不清了，反正我把這筆錢掃數為我母親鑲了一個金藤鐲，作為紀念。

下午大熱，和二胖去了淮海路一趟，回來幾乎渾身是汗，連忙準備洗澡，澡後，把棉毛衫褲都脱去。這個冬季的最後痕跡，在身上消失了。

4月24日 三月初七　　**星期日 陰有陣雨（18℃—28℃）**

一九四六年四月初，我即每天到《文匯報》工作，先是只抓社論，和編輯部的同事個別談話，了解他們的工作和對報紙的看法。更多的時間，是與宦鄉、陳虞孫、柯靈等規劃設計版面的新安排，決定改版後每天出版兩張半，除廣告大約佔兩版外，要盡力做到每版有重點，有特色。第一版是要聞版，也就是外國報紙的"櫥窗版"，把當天的重要新聞，不論是政治的、經濟的、社會的乃至教育、體育的最重要的新聞，都集中在這一版，彷彿百貨公司把最新最好的貨物陳列在櫥窗裏一樣。第二版除次要的國內新聞外，每天一篇社論，儘可能評論當天發生的主要新聞，代表編輯部，發表對當前重要問題的看法。

過去，有些報紙都有短評，一般是評論次要新聞，以補社論的不足，但很多報紙，對此並不重視，只是備為一格，每天隨便抓一兩個小題目，寫一點小感想。等而下之，像北洋時代的《申報》、《新聞報》每天刊出的署名"冷"、"默"等的短評、小言，則更是言之無物，玄之又玄，讀者簡直莫名其妙，只是一種文字遊戲或"報八股"而已。

為了力求做到編者和廣大讀者心意相通，我根據多年編報的經驗，決定打破短評的常規，開闢一個小專欄，名曰"編者的話"，把每天發生的重要新聞，不論是政治的還是其他方面的，或加評論，或加闡述，有些是揭出其背景，有些則劃開其內幕，每天不限一段兩段，有時可寫四五段，每段有話便長，無話即三言兩語，沒有套頭，打破老框框，每一段只在前面加一個簡明的標題。後來的事實證明，這種形式的評論，是很受讀者歡迎的。有些文化界的朋友告訴我，他們每天收到《文匯報》，首先是看大標題和主要新聞，接著就看"編者的話"。然後，才慢慢地讀社論和其他新聞。等工餘回家後，再翻看通信及各版副刊。

和“編者的話”對稱的，是“讀者的話”，擇要刊載讀者的來信，包括對本報評論和新聞及其他編排方面的意見，而主要是讀者對時局的意見以及他們對政事、社會方面提出的問題。必要的時候編者或綜合答覆，或單獨答覆，或請專家們答覆。這也打破了過去各報的所謂“讀者來信”或“社會服務”版的常規。這一欄，最後擴充到一整版，最初由柯靈一人編輯，後來有兩個助理編輯幫助他，主要時間是花在拆閱讀者的信件，分門別類加以處理，基本上做到每天的來信當天處理不積壓，更不許隨便拋置。

我過去有一個想法，報紙除立場堅定，言論公正，新聞翔實外，還要做到“耐看”，那就是說內容要充實。所謂充實，不僅僅是篇幅多，字數多，而且在選稿上要力求精當，編輯方面要精雕細琢，使讀者愛不忍釋，讀了有所收益。我常自己以讀者的地位衡量當時各報，我覺得作為《申》、《新》兩報的讀者，儘管它們每天出六七張，但至多看十分鐘、十五分鐘就看完了，至於《中央日報》等黨報，則五分鐘就翻閱一過了。就是抗戰前天津時代的《大公報》，至多我也只能讓讀者看半小時，就再也沒什麼可看的了。我的理想，要把《文匯報》辦成這樣一張報紙，既在言論、編輯上受到讀者的信任，又在內容上能吸引人，使讀者不忍釋手，每篇新聞、文章都不是敷衍篇幅，而能對讀者有益。即使只有兩張半報紙，也要讓細心有閒的讀者可以看上兩小時，而工作忙的讀者，也要看上一個小時。

在天津《大公報》時，張季鸞和胡政之全神貫注從事這張報的言論、編輯，並每天指導本埠、外埠記者的採訪活動。那時，《大公報》每天出版四張，張季鸞有一天慨然地說：“我們花了這麼大氣力，只做到第一張還精力飽滿，像這樣子，其他各張、各版，都還瘦弱，我自己看看都不滿意。”

我吸收了《大公報》的經驗教訓，根據自己多年的體會，加上宦鄉、陳虞孫兩位，都有主持過一個報紙的成功經驗，而柯靈則對編輯副刊，不論在約稿、編排方面都有特長，我們反覆討論，深入研討，最後，形成了一個改版計劃，由我執筆記了下來，再廣泛徵求編輯、外勤的意見，也向文教界的朋友徵詢他們對報紙的意見。最後，於四月中旬，在報上刊登了"本報定五月一日起擴充篇幅，革新內容"的預告。在上海有些小報上，也已把我離開《大公報》重入《文匯報》作為"報壇內幕"新聞登出了。

這時候，儲玉坤向我辭職。在這空氣下，他當然留不下去了。不知是事前早有成約，還是由於他的臨時奔走，他離開《文匯報》後，就立即進入《申報》，被聘為主筆（《申報》當時的總主筆由社長潘公展兼任）。

儲在抗戰時期，曾寫過一篇社論"一個建議"而使報紙一落千丈。勝利復刊，他主持編輯，把《文匯報》辦成傾向國民黨的野雞報（改版以後，我把報紙編號緊接抗戰時被封前的號碼，剔除儲主持這個時期）。而在《文匯報》將要走向進步的時刻，他就離開了。所以，在一九五六年《文匯報》在上海復刊時，中宣部副部長張際春介紹儲重回《文匯報》，我曾一再拒絕（儲於解放後，入華東新專學習，後在進出口公司學習，一九五六年時，他在北京某中學教書，一九五六年他聽到《文匯報》將復刊，寫信給中宣部要求"歸隊"）。但張部長堅持主張讓他"歸隊"，我只好收容了。當時，我確曾極力爭取《文匯報》編輯部的老同事回來，終於成為罪狀之一——招降納叛。而儲卻實不在我的"招"、"納"之列，是他自己硬是鑽空子擠進來的。

話再說回到一九四六年四月，儲走以後，我把《大公報》的一個老同事郭根（曾在香港、桂林《大公報》工作，在重慶《大公晚報》時，因觸犯了曹谷冰而被開革了的）從北平找來，接任總編輯（實際上是編輯主任），金慎夫不久也來找我，要求參加《文匯報》，我請他任副總編，並請他們二人，主編第一二版要聞。

在《大公報》的同事中，很有些同情我的辦報方針的。《文匯報》改版以後，先後向大公辭職轉來文匯的，有王坪、李肇基等，王原是《廣西日報》記者，勝利之初來滬，經我介紹進了《大公報》。李原是《大公報》跑外事新聞的記者，中英文都有根基。解放以後，他參加外交部工作，一九五五年去印尼參加萬隆會議，被台灣特務安放了炸彈，所乘飛機中途炸毀，成為殉難者之一。他的夫人麥少楣，也是文匯記者，曾因英勇採訪學生運動消息，被國民黨關禁了個把月。解放以後，也一直在外交部工作。

經過了一個月緊鑼密鼓地籌備，五月一日，《文匯報》終於以嶄新的面目出現，從言論到編輯，從要聞到副刊各版，都生氣蓬勃，自己看了也相當滿意。讀者的眼睛是雪亮的，改版之初，我每天去發行課打聽，每天平均增加一兩百份，以後，北平、南京、杭州等處的銷數也打開了，每天多的時候增長四五百份，到六月底七月初，發行已由改版前的幾千份增至近三萬份，成為當時上海僅次於《申報》、《新聞報》和《大公報》等銷路最好的報紙了。就其影響而言，實超過了以上三報。這在不久後發生的幾件政治風潮中，充分證明了這一點。

據《大公報》的老同事私下告訴我，胡政之每天到報館，首先就抓一份《文匯報》悶著頭看，有時還不住的點頭或嘆氣。我自己的評價呢，這份報，不管它的言論態度如何，內容是相當豐富的，至少可以讓有心的讀者看一兩小時。如果按張季鸞生前的話，他只編好第一張，那末，此時的《文匯報》，兩張半每版各有特色，而自成一整體。

無論如何，寧馨兒也如期分娩了，應該說是潔白健康的。當然，他的前途將是多災多難的。作為一個主要的保姆，我早已準備為哺育他而付出艱辛和危難。

改版的鑼鼓，總算打響了。

報載：華主席及中央領導同志接見大慶領導及英雄模範人物，並親到大慶各單位詳細訪問，大慶幾十萬職工及家屬，受到極大鼓舞。

今晚電視，江西省話劇團演出之《八一風暴》實況轉播，演周恩來者，每一出場，觀眾即報以掌聲。

4月25日 三月初八　　星期一 多雲轉陰（15℃ — 23℃）

五月一日以後，版面還不斷革新，內容也不斷充實。

副刊除《世紀風》外，另闢一純文藝批評的《筆會》，此外，還闢一專欄《文化街》專門登載戲劇、電影等文化活動，並載劇評、影評等等。

為了向讀者介紹新聞背景材料，每天闢一新型的副頁《新聞窗》。此外，每周有一“星期座談”，就當前讀者主要關心的問題，請有關的專家座談，將記錄如實發表，所有這些，似乎都是很有創造性的，是過去報紙所沒有的。

在改版之初，整個工作由我親自抓，要聞版的主要標題也由我自己寫，這是我在《大公報》時的一貫做法，因為主要標題，實際帶有評論性與言論的態度必須吻合。各版大樣也由我審閱，往往到午夜三四時才能回家。過了一二個月後，我和宦、陳二位定了分工、輪換的辦法，即一個寫社論，一人管版面並撰寫“編者的話”，另一人則照顧些雜務，早回家休息，第二天下午早到報館，指揮副刊和外勤方面的工作。

工作是相當辛苦的，但看到報紙蒸蒸日上，廣大讀者，特別是青年學生的熱烈喝彩，眼看辛勤勞動得到預期的收穫，也十分興高采烈。

六月中旬，我四十初度，親友為我祝壽，我沒敢驚擾職工們，編輯經理兩部主要同事都來了，《大公報》的王芸生、曹谷冰、金誠夫、李子寬等也都來了。文藝界也有不少相熟的莅臨，老畫家丁悚、吳湖帆還當場合作了一幅祝壽圖。嚴寶禮還約請了一個曲藝團來堂會，上下客堂設席十餘桌。這是我生平最鋪張浪費的一次壽辰。所喜父母健康，夫妻友好，兒輩頑健聰慧，除侖兒還在渝讀書外，一家團聚，這些都是極為難得的。記得三十初度時，《大公報》上海版創刊不久，妻兒還留在保定，我孤身在滬，自己到飯館叫了一個菜，飲了一瓶啤酒，自我祝了壽。而五十歲時，我方在北京，曾在翠花樓請了兩桌客。是年冬，即為侖兒、陶媳舉行了婚禮。

今天氣溫下降了五度，又回復到暮春天氣。

4月26日 三月初九　　星期二　　陰雨（14℃—20℃）

經過了八年水深火熱的淪陷生活，上海及江南廣大淪陷區人民，好不容易盼到“天亮”，而迎來的卻不是和平和安定。經過了半年多，而國民黨政府的貪污、無能暴露無遺。加上國共摩擦日劇，內戰隨時可能爆發。

我們就是在這時候，改組、革新了《文匯報》，使它走上進步的道路。

我在改版的五月一日那一天，寫了社論，説明了報紙今後的立場，主要説明《文匯報》是一張超然獨立的民間報，為和平、民主而努力。我特別強調闡述“獨立”的意義，既不依附於任何黨派，也不在黨派間依違兩可，偽裝“中立”。這顯然是針對《大公報》等偽裝的民間中立報而言的。我還舉例説明“獨立”的涵義，比如，以“偽國大”而言，進步黨派為了委曲求全，爭取和平，可以靈活地主張有條件地接受，而我們則認為這個“偽國大”是抗戰以前國民黨一手包辦的，本來就不代表人民，經過八年抗戰，時移勢易，更失去一切合法的根據，我們決不因為黨派間的妥協，而改變徹底反對它的態度，這就是“獨立”的態度。總之，我們一切以人民的意志為指針，明辨是非黑白，爭取國家的和平、民主、繁榮、富強。

這個立場，今天來看，依然是經得起歷史考驗的，雖然以後我也多次思考過這是不是錯誤的，是不是資產階級的新聞觀點。這在當時，對於揭發、抨擊國民黨反動派政府的內外政策，以及揭露國民黨黨報和偽裝中立的《大公報》等的真面目，是有一定的政治意義的。所以，我們改版以後，立即得到進步知識界及廣大青年的熱烈支持，北平、南京、重慶、昆明等地學生，主動為我們寫寄該地的新聞，反映為民主、進步鬥爭的情況，進步文化人士如郭沫若、茅盾、鄧初民等積極為我們寫稿，大力支持我們。

國民黨想在群眾中破壞我們的聲譽，先是造謠説我們是共產黨的宣傳機關，或者説“為共黨張目”，但大家看到我是總主筆，決不會是共產黨，他們的謠傳不攻自破。因此，又說我們是民盟的機關報，民盟的成員中，不少是高級知識分子，我們選登稿子的作者中，如鄧初民、吳晗、費孝通等確是民盟的成員。我們是憑他們在學術界的地位和文稿的質量而選登的，有些天真的讀者，不免也懷疑我們和民盟的關係。其實，我們的成員，沒有一個是加入民盟的，我當時和民盟的主要領導骨幹，一個也不認識，可以說，沒有絲毫關係。

我們和國民黨政府第一次交鋒，是所謂警管區問題。當時（一九四六年五六月），從上海開始，國民黨警察當局，宣佈實行警管區制度，實際是以類似保甲制度，鉗制人民自由，加強特務統治。我們先以"讀者的話"版初步揭露它的陰謀，讀者熱烈響應，來信如雪片飛來，我們摘要登載，以醒目的標題，揭露國民黨的獨裁。接著，我們有計劃地採訪這方面的新聞，撰寫社論和編者的話，集中加以抨擊。還邀請各界知名人士，座談這個"制度"之惡。

接著是攤販事件，由於國民黨的肆意搜刮，加強內戰準備，通貨惡性膨脹，工商凋敝，勞動人民，無以為生，成千上萬在馬路兩旁擺設攤頭，謀取蠅頭之利，苟延螻蟻之生。反動軍警當局，以維持市容為名，宣佈取締，軍警藉此敲詐勒索，任意"沒收"或砸壞攤頭貨物，最後激起了攤販的憤怒，聚集數千人，向黃浦區警察分局"請願"，要求釋放被捕同業，並保障營業安全，反動當局，竟出動軍警，如臨大敵，打死打傷了多人，《文匯報》始終站在攤販一邊，直接指出攤販之所以發生，完全是政府經濟政策的結果，要解決此問題，只有釜底抽薪，停止內戰，發展工商業，解決失業問題。事件發生後，更嚴詞指出軍警之責任，呼籲各界同胞，為攤販聲援。

此外，我們對於美國兵在上海招搖過市，不斷發生毆打車夫等事件，也嚴詞予以揭露和斥責。三輪車夫臧大咬子被美軍打死，我們除詳細記載慘案經過，寫社論聲討外，還派記者詳細了解臧的家庭情況以及時間過程，寫了一萬字以上的"臧大咬子傳"，連載了幾天。

我們和國民黨政府的第四次交鋒，是關於下關的血案。當時，上海各界進步人士，以及廣大愛國青年，對於國民黨實行獨裁統治，積極準備擴大內戰，十分憤慨，醞釀組織各界代表團赴南京請願。《文匯報》連天以整版篇幅，登載各界讀者的來信，並撰文積極聲援。以馬敘倫為首的代表團出發的時候，有幾萬群眾，打出旗幟，遊行歡送。上海的國民黨黨報以及《大公報》等或則公開説此舉為受人利用，或則故意抹殺此事，不予記載，只有《文匯報》大張旗鼓加以宣傳和聲援。在南京國民黨軍警特務包圍毆打請願代表及進步記者，發生了震動一時的"下關慘案"後，我們更及時報導此事真相，揭斥反動派的罪行。

經過了這幾次交鋒後，國民黨政府就越來越把《文匯報》當作眼中釘，必欲拔除而後快了。原來，在抗戰勝利之初，國民黨宣傳部就頒發了一個所謂恢復區報紙的控制辦法，規定過去不曾在上海出版的報紙通信社，一律不准登記出版。它的矛頭，當然主要是針對中共的，《新華日報》所以未能在上海出版，就是這個原因。國民黨滿以為這樣，上海這個國際大城市的輿論，就可以一手操縱，一統天下了。

國民黨對於《文匯報》，開始是很放心，以為嚴寶禮、儲玉坤都是國民黨員，可以利用。以後，宦鄉等參加《文匯報》，它也沒有重視，當時上海的所謂大報，除《申報》、《新聞報》、《大公報》、《時事新報》外，新出的《東南日報》、《和平日報》、《前綫日報》等（這些報，以前都未在上海出版過，可見國民黨的"限制"登記，只是只許州官放火，不許百姓點燈）都掌握在他們手裏，認為《文匯報》即使腔調不同，也影響不大。想不到《文匯報》改版以後，立即成為進步輿論的中心，發行日廣，影響日大。而且敢於針鋒相對和它交鋒，這就慌了南京政府和上海當局的手腳。

他們先是放出空氣，説是蘇北難民（其實是在國民黨特務組織下的蘇北逃亡到上海的地主），對《文匯報》為“匪”張目，極為憤慨，將大舉搗毀《文匯報》。接著就發生了宣鐵吾（上海警備司令）下令《文匯報》停刊一星期。

此事經過是這樣的：在下關血案發生後不久，一天，“讀者來信”欄登載了署名“兩警士”的來信，説他們奉命鎮壓群眾，其實，精神上是很痛苦的。當天，編輯部接到公安局電話，嚴詞要追查這兩個警士的姓名。我到報館，接電話的同事向我報告了經過。經檢查原稿，原來這封來信，是柯靈自己寫的。嚴寶禮看到了這個原稿，十分懊喪，彷彿大禍即將臨頭。

《文匯報》只有一層辦公室，我和嚴寶禮合用一間房間，白天是經理室，晚上變成了總主筆室，宦鄉等寫文章就用的嚴的桌子。

第二天下午，我和嚴及宦鄉正在這間房裏談話，忽然，工友來通告，幾個警察闖進來了。這幾個聲勢洶洶佩帶手槍的警察進了房間，厲聲説是奉命來查閱這封來信。我説，我是編輯部的負責人，對報紙的記載負完全責任。一個警察説：“那就請你把這封信的作者告訴我，否則，就是你們造謠惑眾。”我説：“保障人民言論自由，是蔣主席親自宣佈了的。”我一面拉開抽屜，取出一封信指著説：“這就是那兩位警士的來信。但我不能給你們看，因為保守作者的秘密，保證投稿人的安全，是報館的責任。如果他們來信中有任何不真實的地方，你們可以來信要求更正，但無權索取原信，破壞人民的言論自由。”説畢，我把信放進了抽屜，當然，這是我隨便抽出的一封別的信件。

這幾個警士悻悻然説：“既然這樣，我們只好據實回去報告。”

第二天，警備司令部通知《文匯報》，著“令”停刊一星期，罪名是：造謠惑眾，破壞社會治安。

在停刊期間，讀者聲援和同情的來信，如雪片飛來，幾個電話，也整天不停地傳來讀者的熱情支持。復刊第一天，我們公佈了被罰停刊的經過，擇要發表了讀者的來信，並刊載社論，嚴正聲明我們不屈不撓的立場，深切感謝各界愛國人士的聲援。國民黨的壓迫，實際是為《文匯報》做了一次宣傳，復刊以後，發行數暴漲了五千份以上。這可見當時的人心所向。

報社的廣大職工，不僅並不因受此“處分”而氣餒，反而因讀者為此熱烈支援而深受鼓舞。但也並非都是如此，經理部中有極少數人，本來不贊成我們的編輯方針，嚴寶禮也和國民黨暗中保持著聯絡。

今天整天陰雨，又穿上了毛綫衣。

上午，看了大慶黨委書記在全國學大慶會議上的報告，全文佔《人民日報》五整版，報告中說，他們的工作，要經得起子孫萬世的檢查。旨哉斯言！

4月27日 三月初十　　星期三　　雨（13℃ — 18℃）

嚴寶禮和國民黨的關係，真可說是千絲萬縷。他本人在兩路局時就參加了國民黨，並與周名賡等有著密切的關係。

抗戰期間，《文匯報》被迫停刊後，他結交馮有真，在馮的

"中宣部特派東南專員公署"掛了名，擔任交通工作，因此，勝利之初，還被國民黨政府授以"勝利勳章"。馮到滬接收，所有"公署"的房子，馮的住宅和汽車都是嚴指引"接收"的。《文匯報》公開和國民黨針鋒相對鬥爭，嚴還和馮保持密切關係，遇事上樓（《文匯報》辦公室的上面幾層，都是中央社的社址，馮當時還兼任中央社上海分社主任）和"有公"密談。

和嚴關係最深的是吳則中。此人自稱是吳稚暉的堂姪孫，又說曾任 CC 頭子陳果夫的秘書。《文匯報》在抗戰之初出版時，我向來沒聽到嚴寶禮提起過這個人。勝利復刊後，特別是《文匯報》改版後，此人卻和嚴往來頻繁，兩家眷屬也不斷來往。我曾問嚴如何認識吳的？他說：在太平洋大戰爆發後，他曾在張渚任吳紹澍的"江蘇監察使公署"秘書長，因而認識。勝利以後，嚴在新新旅館的"俱樂部"又恢復，吳也成為常客之一。

嚴通向國民黨的另一條綫是海派律師江一平。此人和嚴的關係，我在回憶一九三九年秋嚴企圖復刊《文匯報》這一段經過時已談到過了。

一九四五年嚴復刊《文匯報》，經濟上主要靠兩個人，一是任筱珊，曾任兩路局局長，是嚴的上司，又沾一點親戚關係。聽說，任曾拿出十根大條子（一百兩金子）投資《文匯報》，嚴購進一部舊印報機，主要就靠這筆錢。但任膽小怕事，不敢出頭露面，請他的上司（任路局局長的北洋政府交通部長）張國淦代表他擔任《文匯報》的董事長。另一個就是嚴的同學虞順懋，他向《文匯報》投資多少錢，不清楚，反正嚴在經濟上周轉不靈時，總去找他。我由嚴的介紹，曾和虞見過面，我的印象是，此人純是一個"公子哥兒"，對政治似乎沒有什麼野心。據說，他曾和李濟深結拜過兄弟，後來李出亡赴港，他曾予以資助。總之，他是為了照顧這位老同學，才投資《文匯報》的。而他的姐夫江一平，卻想乘機對《文匯報》插手，出賣風雲雷雨。

大約就在《文匯報》被“勒令”停刊一星期後不久，有一天，嚴對我說：“明天中午，江一平在他家裏請我們吃飯，到時，我們同去吧。”我問：“他為什麼請客，有什麼事嗎？”他說：“沒有什麼事，大概因為你沒到他家去過，想請你去玩玩。”我相信了他的話，沒有對這事引起注意。

第二天，嚴和我同車到了高乃依路江的家裏，一進客廳，我嚇了一跳，裏面已坐著好幾個人，除江和虞順懋外，有陳立夫、潘公展、吳國楨（當時的上海市長）和宣鐵吾。而看到隔壁餐廳裏，已正式擺好了一桌酒席。我已警惕到，這一頓飯是不好下肚的了。

大家寒暄了幾句後，江就恭請客人入席。

“酒過三巡”，江一平首先開口，他說：“今天，立公和各位賞光，實在榮幸，我想乘此機會談談《文匯報》的事。《文匯報》是我和我的舅爺一起創辦的，寶禮兄大力主持，鑄成兄也花了不少心血。過去，我因為事忙，沒有多管報館的事，以致報館走偏了方向，引起政府的不滿。不過，也因禍得福，報館的聲譽是提高了。今後，我準備親自過問了，不妨坦白地說，立公、吳市長、宣司令和潘老都在，我要求政府投資五億元，讓我放手擴展和整頓，我相信，有嚴、徐兩位的協同努力，一定能把《文匯報》辦出個樣子，像申、新兩報一樣，成為上海有名的大報。而且，憑《文匯報》已有的聲名，可以為黨、國盡更大的力量。”我當時越聽越氣，這傢伙不僅想當出賣《文匯報》的掮客，而且賣空買空，儼然冒充《文匯報》的主要負責人了！

接著，他請陳立夫談話。陳裝得非常客氣，慢吞吞地說：“《文匯報》態度有些偏激，我們是原諒的，因為我們的人做了對不起《文匯報》的事（意指吳紹澍把《文匯報》的老房子接收去辦《正言報》了），怪不得朋友們對我們誤會。鑄成先生是新聞界的前輩，文筆犀利，見解透徹，兄弟是一向欽佩的，今後，我們能夠交個朋友，使《文匯報》更加公正，一定會為國家發揮更大的力量。”

他談完後，吳國楨和潘公展也順著他的口氣，恭維了我幾句，並說《文匯報》將得到他們的支持。只有宣鐵吾沒有開口，只悶著頭喝酒。

我心中盤算，一定是嚴寶禮和他們談妥了交易，只要我一點頭，雙方就成交了。所以，陳等才這麼客氣，他們以為這一席話，就可以敲定了。要扛住這個壓力，首先要戳穿江一平的賣空買空的伎倆，其次，要明白說明自己的立場，破除他們的陰謀。

正在我暗中盤算時，虞順懋開口說：“對於政府的好意，我們的意見如何，請鑄成兄談談罷。”

我也就不推辭地說：“《文匯報》是寶禮兄艱難創辦的，順懋兄給了大力的支持。我不客氣地說，我是它的保姆，《文匯報》是我的乳水餵大的。一平先生剛才說的，當然是一句笑話。我和寶禮兄創刊這張報，曾莊嚴約定，不受任何方面的津貼，不接受任何形式的政治投資。今天，有機會和立夫先生認識，並和吳、宣、潘各位聚談，十分高興。剛才立夫先生說交朋友的話，我很欣幸。作為一個報人，不許顛倒黑白，混淆是非，但無心登載不盡真實的新聞是難免的，如果在各方面多交些朋友，就可以多了解情況，就可以避免新聞失實，言論不中肯了。各位想必都知道，我曾在《大公報》工作過多年，我之所以斷然離開《大公報》，是因為《大公報》不乾淨。難道我會讓《文匯報》也和《大公報》一樣，甚至比它更不乾淨嗎？一平先生應該早知我的為人，所以，我知道，他剛才說的，只是開開玩笑罷了。”

說完，我泰然舉杯“敬”了他們一杯酒。席上從此鴉雀無聲，不待上飯，陳、潘、吳等就起立，說還有別的約會，辭別走了。江、嚴等送他們到大門口。

奇怪的是宣鐵吾一個人留了下來，他乘江、嚴、虞等出去送客的時候，對我說："鑄成先生，我今天算是領教了。老實說，我一直以為你是依附共產黨的投機分子。今天，才知你是鐵錚錚的愛國男兒。我衷心佩服你，如此不畏強禦，不受利誘。今後，我宣鐵吾如果再做對不起《文匯報》的事，你儘管罵我。"我聽了莫名所以，這個殺人不眨眼的"司令"，怎麼如此"感動"呢？我只得笑著說："這真是不打不相識呀！"正說到這裏，江、嚴等回來，宣即告辭。後來我想，宣所以如此"感動"可能確是我的如此表示，出於他的意外，而更主要的，他和陳立夫等是屬兩個敵對的派系，他看到我給了陳、江等一鼻子灰，可能是感到痛快的。

我和嚴離開江家，嚴叫車子開到一家咖啡店，他說："則中在裏面等我們。"我們走了進去，吳開口就問："談妥了嗎？"嚴把席間的經過簡單談了。吳連聲說："可惜，可惜。"我說："江一平太豈有此理。他竟像人販子一樣，想逼良為娼。"吳說："寶禮兄，陳立公他們是以為一切沒有問題了，今天給他如此下不去，恐怕報館要有的苦頭吃了。"

回到報館，我立即電約宦鄉和陳虞孫，背著嚴寶禮，把這一幕"鴻門宴"的經過，向他們詳細介紹。我們分析，這是嚴和江、吳等一起佈置好了的圈套。想在我思想上毫無準備的突然襲擊下，茫然就範。他們知道，編輯部在我的控制下，我不點頭，他們的骯髒買賣是沒法成交的。

這次，雖然擋過去了，但他們決不會善罷甘休，宦、陳二位也認為，應該更加提高警惕，準備應付他們新的陰謀。

今天整日陰雨，我又把棉毛褲穿上了。

《人民日報》、《紅旗》、《解放軍報》發表評論員文章，揭露"四人幫"的歷史反革命面目，大體上都是中央十號文件已公佈的，可注意的是，說對於和"四人幫"有牽連的人和事，必須徹底清查，決不心慈手軟。同時，要分清兩類矛盾，縮小打擊面，孤立"四人幫"及其餘黨。

奈溫今天抵京訪問，《人民日報》社論表示歡迎。

4月30日 三月十三　　星期六　　陰雨（10℃ — 16℃）

"回憶"停止了兩天。今天上午，全社開落實二十三號文件，處理"共向東問題"[1]大會，我沒有去。

從"鴻門宴"的陰謀失敗後，嚴又有了新的"辦法"，見了面，總是訴苦不是説現金周轉不靈，就是説白報紙快用光了，重訂困難，每月的工資不再按月發放。而且，那時通貨膨脹率越來越高，市政府公佈的折實數字往往不準確。按期發工資，尚且遠遠趕不上物價的飛騰，工資遲發十天半月，就等於打了七折甚至對折。有一次，工廠工人因為嚴拖欠工資不發。罷工了半天，嚴打電話給警備部派來軍警，還是靠編輯同事勸説工人以進步宣傳為重，一面由我和宦、陳等再三對嚴曉以利害，迫他向錢莊提了一筆錢，發了工資，才平息了一場風波。

是不是真的沒有錢或周轉失靈了呢？報紙的發行天天上漲。廣告也比改版前增加兩倍以上；至於白報紙，當時，各報的白報紙主要由馮有真和李子寬分派，他們都是嚴的好朋友，《文匯報》

1　1967-1968 年文革期間上海文化界的一個群眾組織，意為"共產黨員心向毛澤東"。

按月分配到的，決不會比實際需要量少。這從以後《文匯報》被封後，嚴手中還掌握了二百多噸報紙高價出售，甚至到蘇州買了一幢水泥鋼骨的大洋房，就可見一斑。

他那時把現金大量套進外匯，訂購了幾輛小汽車（還送一輛給虞順懋），買了不少美軍的殘餘物資，他家藏著整箱的各式名酒。而且，自費把兒子送到英國去留學。

更令人不可理解的是，他積壓稿費單，不發稿費。本來，各版稿費單，最後由我簽字送會計課照發，為了免於作者吃苦，我關照各版編輯，三天一結算、開單。但嚴私人關照會計課，一切單據，要他審簽。沒有他的簽字，積壓下來。投稿人久久接不到稿費，紛紛向編輯催詢，編輯向會計查詢，也置之不理。有一次，副刊的編輯向我反映，郭沫若寫的"南京印象"連載只發過一次稿費，以後一直沒有下文。我親自找會計徹查，他先還支吾其詞，經我一再質問。才說："要嚴先生簽字"。我火極了，就問嚴："我簽的字算不算數？為什麼稿費壓了那末久？"他只得把會計叫來，故意申斥了一頓，命令把郭沫若的稿費立即發出。事後，據一個編輯向我反映，他去經理部交涉請發稿費，嚴竟說："這些為共產黨宣傳的稿子，哪個報紙敢登？我們給他登出已很好了，還要稿費？"

發放工資，他也定了個先後程序，他強調現金周轉不靈，不可能一次全發，說是先籌一筆錢，發工廠工資（這是他害怕工人罷工）。其次，發經理部的，而編輯部的工資，則往往要壓了一個月才最後發。編輯部的人向嚴質問，為什麼厚彼薄此？他答覆得很乾脆："你們編輯部是要進步的，要是真進步，就得不怕困難，不怕捱餓。經理部沒有這一套，辦公為了吃飯，為了養家活口。"他站在什麼立場，已昭然若揭，他對報紙進步態度的反感，已經到了不加掩飾的程度了。

有一次，他對我說："有一個朋友把我們比喻得很好，說你是唐僧，我是孫行者。”我問：“這是什麼意思？”他答著說：“這很清楚，我要保駕你上西天。”我說：“這些話，你不說我也知道，如果不是江一平，準是吳則中說的。”他說：“不要問是誰說的，反正事實就是這樣。”

我嚴正地說：“不對，這是挑撥。我要上什麼西天？如果說是成名，我在《大公報》早成名了。如果以為我堅持今天報紙的反內戰、爭民主的立場，是為了討哪方面的好，那是對我人格污衊。如果指的是我想進共產黨，我根本沒有這種打算，我從來就不想參加任何黨派。但是，如果有，想吃我的什麼‘唐僧肉’也辦不到。”他見我發了火，就用別的話支吾開了。

他還有一批吹鼓手。一個是葛克信，他本是吳紹澍的秘書長，後來，因為他時常在別人面前說吳的壞話，被吳踢開了。他依靠了吳開先等的支持，做了社會局長。他在敵偽時期，跟吳紹澍做地下工作。有一次曾躲在嚴家裏十幾天，從此成為嚴的密友。抗戰勝利後，成為《文匯報》的主要股東之一。不久，他的社會局長也被人搶去了，改任市政府參事。他也和吳則中一樣，和嚴過從甚密，也時常到《文匯報》聊天。我因為吳紹澍的關係，也早和他認識。

他每次來，總是散佈恐怖空氣，不是蘇北“難民”（他自己是蘇北人）要來向《文匯報》算賬，就是市黨部和軍統、中統將動手對付進步人士，他有幾個蘇北同鄉，也是嚴的朋友，有時也同來看嚴，和葛吹吹打打，互相應和，實際為嚴製造空氣。

葛還把他在社會局的一個處長介紹給嚴，當了報館的副經理。此人叫張正邦。本來就是蘇北的地主，又曾在江蘇省政府做過官。他到了報館，往往自以為見識比嚴高，“學問”比嚴好，嚴不敢直接說出的話，他敢於暢言無忌。有時，他還當著我的面指責說哪一篇社論太偏激了，哪個標題太“刺激”了，被我和宦鄉狠狠地駁斥了。有一次，他對我說：“徐公，我有一個問題要討教。”我問有什麼問題？他說：“報紙把政府的黑暗大膽揭露，是很博得讀者痛快的。但是，共區的殘酷情形為什麼報紙一點也不披露，也不說一句話？”

我說：“政府封鎖得那末嚴，我們有什麼辦法得到那邊的真實消息呢？”

他說：“不然，比如，我們從蘇北逃出來的同鄉，就寫了不少親身經歷的見聞和聲訴，投寄《文匯報》，一篇也沒見登出來。”

我冷笑一聲說：“編輯自然要考慮考慮，調查調查，這些逃到上海的，究竟是些什麼人。”

這位副經理，在解放以後，還留用在館社。到了五一年鎮反運動一開始，就和周名賡等一起被逮捕鎮壓了。

又過了約一個月，嚴寶禮說要回吳江家鄉去休息幾天。一天，他回來了，當晚和我談話，裝著無可奈何的樣子。說他這次並不是回吳江，而是吳則中硬要陪他到南京去的。他說：“我到了南京，就由吳鐵城（當時國民黨中央黨部秘書長）的機要秘書張壽賢出面找我談話。談了幾次，我看沒有辦法推辭了，只得和他商定了三項‘合作’辦法：一、由政府向報社‘投資’十億元；二、編輯部仍由徐負全責，政府決不派人參加；三、政府派一人為副經理，協助經理，並爭取參加各報的配給紙張工作。我看，這個條件是寬大的。有了十億元，我們以後一切開支可以上正軌了。而且自己有人參加配給紙張，在用紙方面，是不成問題了。”很明顯，這是搞了個“既成事實”，逼我不得不承認。

我冷冷地說：“你簽什麼條件，我都不管，我照樣編我的報。你去京以前，我半點消息也不知道，到京如何商談，也沒和我商量，我不負任何責任。”

他裝著躁急的樣子說：“那怎麼辦呢？我已經答應了，等著和你商量後回去簽字。”

我說："茲事體大，找宦鄉來商量商量吧。"

他說："那不好。他要知道了，這戲就不好唱了。"

我說："你如果一定要把報紙出賣，我就立即登報退出。"

他說："那末，你看這件事怎麼解決？"

我說："你可以寫信給張壽賢，把什麼都推在我身上，就說我不同意，你無法接受'合作'"。

他說："那就請你代筆吧。"於是，我就代他寫了一封信，說我這人很頑固，堅決不同意接受任何政治性投資。而編輯權又握在我的手中，他無能為力。

這樣他們的第二次陰謀又破產了。

還有第三次，約發生在一九四七年初，張國淦約我和嚴到他家裏去談話。他說："昨天，陳布雷來看我，拿出一張中央銀行的空白支票，下面已蓋了章的，說請我交給你們兩位，要多少錢，自己在支票上填了數目去取，沒有什麼條件，只是希望《文匯報》不要堅決反對政府的決策。我已經婉言推辭了。"

嚴問："乾老是怎樣回覆他的？"

張說："我對陳說：'我在《文匯報》只掛個董事長的空名，向來不問事的。聽說你和徐鑄成也是熟人，你不妨直接找他談談。'陳說：'徐這個人脾氣很固執，我不想找他。您既不肯幫忙，那就算了。'他把支票收回了就走了。"

我說："您回答得很好。"我就乘機把前兩次的經過也簡單向他談了，他說："無論辦什麼事，都該有這個骨氣。"說著，對嚴笑了笑。

張是北洋時代的老官僚，曾任黎元洪時代的總統府秘書長，並歷任農商、教育、交通總長，對於我國的交通史有相當的研究，家裏珍藏了不少書。我是抗戰勝利後才認識他的。

一九五七年，"反右鬥爭"時，嚴竟把一盆髒水，反倒在我頭上，在《文匯報》上"揭發"我，說我曾三次企圖向國民黨出賣《文匯報》。張國淦那時任中國科學院歷史研究所特約研究員，特在《人民日報》上刊載一文，為我辯誣，說據他所知，國民黨確曾三次企圖收賣，但經過則與嚴說有出入。尤其是第三次，是陳布雷直接找他的，徐事前並未預聞。"文詞很簡單，卻把嚴的顛倒黑白、投井下石的陰謀全戳穿了。我那時有口難辯，看到這文章，深感張的挺身而出、仗義執言。從而感到公道自在人心。

那時張已年逾八十，體質又弱，大概不久就逝世了。我一九五六年冬曾和他一晤，此後再未見面，真是連一聲謝都沒有機會說的。含沙射影之流，伎倆是惡毒的，但畢竟不可能有損於真正的人格。

上午，瑞弟來，飯後即回。

5月1日 三月十四　　星期日　　多雲（14℃ — 22℃）

今天五一國際勞動節。昨晚天氣預報，還說將陰雨，今晨起來，天氣晴朗，氣溫也上升。記得去年今日也放焰火，那是宣傳"已粉碎了天安門反革命事件"而號召的。今年也放焰火，則是慶祝徹底清理"四人幫"。人民是真正歡天喜地地慶祝，同樣是焰火慶祝，時隔一年，而寒燠絕然不同了。

5月2日 三月十五　　　　**星期一　陰轉小雨（13℃—22℃）**

看電影《祖國啊，母親》，長二小時二十分鐘，較好。

5月3日 三月十六　　　　**星期二　　陰雨（13℃—20℃）**

兩天沒回憶了，今天，回憶和已故周恩來總理三次會見吧。

大約在一九四六年冬。有一天，范長江（當時在上海作聯絡工作）來找我，說周副主席明天中午宴請進步新聞界負責人，周公希望單獨和我談話，希望我比請帖的時間提早一小時去。

翌日上午十一時，我準時到了馬斯南路五十號。在客廳裏接見我的，除周恩來外，還有鄧穎超、董必武、李維漢、陸定一和華崗（是否有董必武，已記憶不清了）。

周恩來的名字，我在中學時就已知道。一九四二年在重慶想拜訪未獲見面。此日得償夙願，欣幸無似。周恩來親切接待，坦率的談話，解除了我的緊張情緒。

周恩來先誇獎《文匯報》辦得很出色，在鬥爭中起了很大的作用。我談了關於《文匯報》受了國民黨反動派壓迫的情況，並說："國民黨政府自己迫害進步輿論，還造謠說，蘇北解放區禁止《文匯報》，這顯然是惡意挑撥，我們在蘇北，也有不少訂戶的。"

他還說："《文匯報》爭取民主，反內戰、反獨裁，是應該受到人民歡迎的。我們解放區人民也歡迎這樣的報紙。但是，解放區一般群眾，忙於生產和保衛解放區。《文匯報》主要是登載白區的情況，對解放區人民的工作沒有直接聯繫，所以，要像上海那樣的暢銷，是不可能的。”

我對解放區實在所知甚少，而且到那時為止，看到的毛澤東著作極少（只在重慶《新華日報》看到過《論聯合政府》），對馬列主義，可以說是一無所知。我天真地問：“像《文匯報》這樣的報紙，將來能否在解放區存在？”

周恩來微笑地說：“《文匯報》的讀者主要是知識分子罷。我們對知識分子是一向重視的。如果《文匯報》堅持進步，而又能鼓舞和帶動知識分子不斷前進。那末，《文匯報》在今後的中國，不論在哪裏，都會是受歡迎的。”

此外，還談了些什麼，現在已記不清楚。總之，周恩來談得很多，我一面聽，一面像被春風吹拂那樣溫暖。很快，范長江進來說：“客人來了。”於是，《聯合晚報》的陳翰伯、王紀華，《新民報》的鄧季惺和趙超構以及嚴寶禮陸續來了。只請了一桌客，飯後即欣然告辭。

第二次會見周恩來，是在一九四九年三月初。我和柳亞子、陳叔通等二十餘人從香港經山東解放區到北京不久，一天下午，招待同志通知說，周副主席接見民主人士，我們準時到了北京飯店大餐廳。記得排了四排桌子，被接見的坐滿了，約共二三百人。我和宋雲彬坐在一起。同桌還有剛從上海化裝逃來的王寅生兄，他是我三師的高班同學，原在上海中央銀行經濟研究室工作，他那時還留著一把大鬍子，我初見幾乎認不出來。他說：“今天早晨剛到，還來不及去理髮。”

雲彬在大革命時，曾任周的秘書，他說：“周公記憶力驚人地強，只要見過一面的，都能記得。”我說：“我只在三年前和周副主席見過一面，恐怕不會認識我了。”寅生說：“我這一把鬍子，他（指我）都認不出來了，周公更不會認識了。”雲彬笑著說：“不然，都會認識的，不信，等一會看。”

我們低聲說話時，周恩來已來了，全場熱烈鼓掌後，他從裏面一排起，挨桌一個個握手交談。到了我們這一桌時，先見了寅生。端詳了一會，哈哈大笑，握手說：“化裝得好，幾乎認不出來了，什麼時候離開上海的？過封鎖綫很困難罷？”寅生一一答覆了。顯然，周恩來不僅認出寅生，而且連他如何逃離上海經過什麼途徑到了解放區也是清清楚楚的。

和我握手時，他說：“來了好幾天了吧，宦鄉看見過沒有？”我答：“已到了一星期，和宦鄉已會過了。”他又說：“胡喬木見過嗎？”我說：“還沒有。”他說：“還有長江，你們是老同事，可以多談談。”

以下，他和宋雲彬、傅彬然、曹禺等握手，果然，都像老朋友一樣，親切地交談。

第三次是在那年四月初，我們已被通知隨南下人員一同赴江南前綫，等候上海的解放。那時，南京已經解放。周恩來在居仁堂請我們吃飯，大概是為我們餞行罷。同時被邀的有王芸生、楊剛、李純青，還有一位剛從上海逃出來的地下黨員冀朝鼎。

周一面飲酒，一面問王芸生：“胡政之還在上海麼？情況怎樣。”王說：“好久沒接到上海來信，據《進步日報》收到從香港轉來的《大公報》，知道胡病得很厲害。”

周恩來說：“《大公報》的確培養出很多人才。”說到這裏，對我微笑說：“鑄成兄，不也是《大公報》出來的嗎？”我說：“是的，我在《大公報》先後工作了十八年。”周恩來說：“是啊，《大公報》是培養了不少人才，我們新華社、新華日報，就沒有培養出這樣多的人才。胡政之參加‘偽國大’，是他最大的失著，給《大公報》帶來很大的損害。”

王芸生說：“我當時也勸他不要去參加，但是，他說，不參加，蔣介石放不了他，所以他去簽名報到，參加了開幕式，就回了上海。”

周恩來說：“我們對朋友，總是能設身處地的，決不強人所難；相反的，我們總是為朋友及時提出忠告。比如，西安事變後，張漢卿要親自送蔣介石回南京。我一再勸說漢卿，不要自投虎口，但張漢卿不聽我們的話，大概他中了舊戲的毒，要學竇爾敦把黃天霸送下山吧，他不知道，黃天霸還講一點江湖義氣，蔣介石是什麼壞事都做得出來的。

“在‘偽國大’開幕以前，李燭塵先生對我們表示堅決不參加。我們給他分析利害，為了保存永利這個企業（即范旭東創辦的永利化工廠，范死後，李繼任總經理，李並任政協社會賢達代表之一），勸他去參加。至於胡政之，我們希望他不要參加，因為《大公報》有國際聲譽，美國人也看重，胡政之不去參加，我們估計蔣介石不敢對《大公報》怎麼樣。所以，胡的終於去參加，我們是不能原諒的。”

周恩來還希望我們，回到上海後，不僅要把報紙辦好，還要好好團結各界愛國人士。他還問王芸生：“李秋生還在上海麼？”（李秋生在大革命時都在國共合作的上海市黨部工作過，後來都脫黨了）王說：“他在上海《中央日報》工作，不知近況如何。”周說：“有機會可以帶個口信給他，如果沒有走，可以不必走，留下來好好為人民工作，過去做過什麼錯事、壞事只要認識了就好了。”

事後我體會周恩來所以提到李秋生，並不完全是關心他個人，也是向我們舉一個例子，象李這樣的如國民黨辦黨報的人，只要決心改變立場，也應該幫助他，團結他。

5月4日 三月十七　　星期三　　陰雨（14℃—17℃）

連日陰雨多低溫。據説，對三麥、油菜生長都不利，而北方旱象未除，令人擔憂。

一九四六年冬，岳母一家已由宜賓遷回宜興，妻弟則在上海電工廠工作。大約在十一月中，我們夫婦攜福、復二兒回宜興看望岳母，並乘機作故鄉之遊。

過無錫停留一夜，翌晨乘小輪出發，經過戴溪橋、和橋等埠，往事歷歷顯在目前，特別是三年前冒險由和橋轉往張渚的情景，更不能忘懷。輪船抵埠，已萬家燈火，姨姐妹及姪女輩高舉著燈籠在埠等候多時了。

在宜興住了一星期多，盡至親團聚之樂，也飽嘗了遊子多年夢想的故鄉風味。但經歷了八年抗戰，小小的宜興城，更加殘破蕭索。曾回我老家一次，疏房中頗有被敵人槍殺者，也有逃亡鄉間，迄未回城者。我們的老家，本來是一個大雜院，本來都是本家的房，這次回去，大半已住了別姓住戶，認不得幾個熟人了。我家住的那間房，也不知由誰經手，租給了別人，我要求進去看看，意外的是窗外多了一株高出屋檐的枇杷樹。據説，結的枇杷很甜，也很多，這使我想起一九二六年離家赴京進清華那一年，曾試以杷核埋種，離家時才出土成苗，"無心插柳柳成陰"，想不到居然成活，而且挺然成材了。屈指一算，整整二十年了！

帶了許多土儀回滬。那時，恰好時局起了新的變化，國民黨攻佔了張家口，蔣介石被"勝利"衝昏了頭腦，以為勝利在望了，就宣佈單獨召開"偽國大"，堵死了和談的最後一道門。

同時蔣乘機收買青年黨和民社黨，青年黨公然撕去中間黨派的偽裝，民社黨的張君勱等還羞羞答答，實際還在向蔣討價還價。我寫了一篇“編者的話”，題為《聾人上轎》，揭斥了它的醜態。

5月5日 三月十八　星期四 小雨轉陰（15℃ — 19℃）

今天廣播上海市委大批判組所寫的張春橋從歷史的反革命到現行反革命的反動經歷，令人觸目驚心，文章指出他是國民黨反動派在共產黨內的典型代表。

一九四六年底國民黨佔領張家口並在關外大打以後，公然撕毀政協決議，單獨宣佈召開“偽國民大會”，嚴寶禮就更加強調經濟困難，對我們聲言報館存紙有限，難以維持下去了。我當時已進一步看清楚他的面目。他之所以同意我改版，把報紙拉向左轉，只是因為吳紹澍沒有讓他接收偽《新中國報》的房子和機器，想出一口氣，更重要是儲玉坤已把《文匯報》拖進了死胡同，日銷三四千份，誰也不加重視了。他首先要把這個報救活，否則就一切無從談起。

落在河中要命，上了岸就要錢。這個投機商人，對一九四六年秋冬之際，眼看《文匯報》不僅站住了，而且已成為國統區一面和平、民主的旗幟，成為愛國人士和進步青年的喉舌。不僅國內，在國際上也有了一定影響，外國通信社和報紙，在談論中國問題時，往往引用《文匯報》的言論和新聞，作為中國進步一面的輿論。美國人主辦的《密勒氏評論報》曾為文評述中國的報紙，說《大公報》是中間偏右，《文匯報》是中間偏左，這可以代表當時美國方面對中國（當然指國民黨統治區）輿論界的看法。到了那時，嚴寶禮就急於乘此大好時機，發一筆橫財，其次是不僅可以免除國民黨方面的壓力，還可以撈到政治資本。只因編輯部（他常說這是報紙的"魂靈頭"）操在我的手裏，幾次設了圈套，想把我套進去，結果都被我粉碎了。於是，他就在經濟上不斷加強對編輯部壓迫，並時常喊窮，表示隨時準備關門。

別的資本家有兩本賬，一本是公開的，為了拿給稅局和職工看的；一本是秘密的，那是真正的賬目，只有幾個心腹看到。嚴寶禮卻有三賬，除上述兩本賬由他的心腹周名賡經管外，還有一本是存紙多少，存墨及物資多少，則由他自己記在小本本裏，誰也不清楚（我有時看到他從懷裏掏出來打算盤）。從後來《文匯報》被封後嚴寶禮到處投資（向"上海出版公司"和某錢莊以及我不知道的地方）並重新開設交通廣告公司，把油墨等分給經理部的幾個心腹等等。從這些方面看來，當時《文匯報》已有了一定的經濟基礎，至少好好維持下去是不成問題的。

有一天，他又當著我和宦鄉、陳虞孫的面說，報館實在維持不下去了。宦鄉說：如果真是山窮水盡了，那可以向讀者要求支援。嚴冷笑說："《文匯報》的讀者多半是窮學生，哪有錢來支援我們？"我們不同意他的看法，最後，決定在報上公開招募讀者股。

我們寫了一個招募讀者股的啟事，並寫了社論，說明我們的困難，要求廣大讀者的支援。

情況恰恰和嚴的估計相反，啟事和社論登出後，營業部應接不暇，外埠讀者，也紛紛寄錢了應募。有的甚至寄來郵票，表示他對《文匯報》支持的一片心意。總之，讀者對《文匯報》支持的熱情是非常感動人的。儘管從個別的讀者來說，認了一股，甚至半股，數目是很小的，但真是積少成多，集腋成裘啊！

具體的數字記不清了（當時國民黨貨幣天天在貶值，早晚市價不同，實在也很難記住某個時期的籌碼數字），如果以幣值來說，我們徵募讀者股的總數，大約相當於現在人民幣十萬元，經過了約一個月讀者的踴躍應徵，約收足了六萬多元，其中，三萬五千元左右是廣大讀者一股半股湊集起來的。還有兩萬多元，則是龍雲在上海的代表，以讀者的名義投的資。此中經過，明天再詳談吧。

5月6日 三月十九　　星期五　　陰雨（16℃ — 20℃）

上午，討論《漢語大辭典》將在山東召開五省一市會議，計劃要搞好幾種文件。大家對計劃意見很大，認為主要應放在批判"四人幫"、肅清流毒上。

今晨廣播華主席親臨東北三省視察，對工農業建設發表不少重要指示。華主席是在大慶召開工業學大慶會議後，赴三省視察的。

昨天預報說今天是多雲，所以我上班未帶傘，結果還是陰雨連綿，幸來回都未淋雨。

有一人叫吳信達，自稱是李濟深的代表，忽然來看我，說李已到了上海，希望和我見面。我和李只在桂林見過一面，而對他印象較好，所以，在約定的時間，欣然隨吳前往。

自從桂林淪陷，李即隱居他的故鄉昭平，組織自衛武裝，日寇投降前後，到了重慶，和馮玉祥、蔡廷鍇、龍雲等暗中聯絡，醞釀反蔣。國民黨政府搬回南京，蔣介石曾給以什麼訓練總監的空名，他實在無聊，才到上海來閒住。

他住在愚園路江蘇路口的一幢大花園洋房裏。據説這是沒收漢奸錢大櫆的房子，國民黨政府把它作為招待高級將領的住所。

李接待我很親切，吳信達把我引入客廳後，就出去了。只由我和李單獨談話，李對《文匯報》讚不絕口，並説看到報上登出招收讀者股的啟事，十分同情。我向他約略談了些國民黨對《文匯報》的幾次威脅、利誘，以及我準備為《文匯報》的既定編輯方針努力到底的決心，也談到我們內部的困難，主要來自嚴寶禮的動搖和投機。

他聽了我的話後，似乎很感動，坦率對我説："我在重慶時，就和馮煥章（玉祥）等黨內主張民主、和平的人有聯繫，龍志舟（雲）被關禁在重慶後，我也和他暗通聲氣。我們想辦一張報，主要是宣傳總理的三大政策，反對蔣的獨裁、賣國。我們後來看到《文匯報》，覺得你們所宣傳的，基本上和我們的主張相符。因此，大家認為不必另辦一張報紙了。我們也找不到像你這樣辦報的內行，辦出報來也不會這樣出色。"

我説："這是你過獎，我其實沒有什麼特長，我們同事中，是很有幾位極有才能的。更重要的是讀者的支持。"

他説："馮煥章也説認識你，你們在哪裏見過的？"

我把一九二八至一九二九年間在太原、五台晤馮的經過談了，並説："我那時還只有二十一二歲，是剛開始當記者的。"

他説："可見煥章是很有眼力的，記憶力也好。"

這次談話，就到此為止，因為我不敢深談下去。回到報館後，找嚴寶禮和宦鄉談了我和李晤談的內容，嚴聽了很高興，但説："恐怕他們未必肯拿出多少錢來。" 宦則認為，只要他們是認購讀者股，就不發生政治性投資的問題，而且他們是支持我們進步，不是拉我們後退，可以考慮。

過天，我同嚴一起去拜訪了李，希望他支持我們招募讀者股。

第三天，吳信達就約我們在一個咖啡館飲茶，介紹我們和雲南興文銀行經理李澄漁見面。吳事先告訴我們，李是龍雲的表姪。

李答應先撥一部分款子，認購《文匯報》讀者股，這筆款子，他當時就開了支票給了嚴。數字多少我記不清。總之，約相當於現在的兩萬多元。

李還說："這點款子，我是自己可以作主的，超過了，還得請示。龍主席是完全信賴李任公的，李任公關照我全力支持《文匯報》，我當然照辦。好在過兩天我就去香港，大約十天左右回滬。等我回滬後，我們再繼續商談吧。"

過了兩天，《大美晚報》首先刊載中航機出事的消息，說這架飛機飛到香港上空，因霧大不敢降落，擬改飛馬尼拉，不幸爆炸失事。當晚傳來機上殉難的乘客名單，李赫然在內。

儘管嚴很失望，但這兩萬多元，以及廣大讀者熱烈支持的三萬多元，畢竟是救了《文匯報》，使它多延長了約半年的生命，使嚴暫時斷了"出賣"《文匯報》的念頭。

5月7日 三月二十　　星期六　　多雲（17℃ — 23℃）

馮玉祥於一九四七年以考察水利的名義，出國到美國、歐洲轉了一大圈，後來到了蘇聯。不幸在回國途中，在黑海死難。

解放後，我在北京遇著余心清（解放初期曾任外交部禮賓司長），余是跟著馮出國，中途在歐和馮分手回國的。回國後，曾被蔣介石逮捕過。據余對我說："馮煥章在我回國前，曾對我說，過香港時可到《文匯報》訪晤徐鑄成，了解國內情況。可惜我坐的船在港未多停留，沒有去找你。我到滬不久，就被捕了。"從余的口中，可見馮對我還一直留有印象，雖然從一九二九年五台一別，我再未見過他。余還為我談馮逝世的經過：馮在南歐秘密坐了一艘蘇聯的輪船赴蘇，途經黑海時，有一天，船上放映電影，忽然膠片著火，迅速延燒起來，馮和李德全及子女都已奪門逃出放映室，但馮看到還有一個蘇聯女孩留在艙內，他冒險再進艙搶救，結果，被火燒及全身，不幸遇難了。

一九四九年我在北京時，曾參加馮的追悼會，周恩來也親臨參加。致悼詞的那位先生，說馮是一貫進步、革命的。周恩來致詞說，這樣的說法，不符合歷史真實，馮早年曾參加反動陣營，但晚年接近共產黨，與共產黨誠意合作，堅決反對蔣介石的獨裁賣國，對新民主主義革命作出了貢獻。這才是歷史唯物主義的看法。他並說，人總是難免犯錯誤，只要認識錯誤，正確對待錯誤，改正錯誤就好了。馮在歷史上是犯過錯誤的，但後來的事實，說明他已改了。

關於龍雲，他為什麼這樣熱忱地支持《文匯報》呢？不僅在上海那一次，由李澄漁經手向《文匯報》認了兩萬多元讀者股，而且在一九四八年我創辦香港《文匯報》經濟上萬分困難的時候，他在香港的代表李一平（曾任雲南省"參議會"副議長）和我聯繫，先後投資四萬多港幣。我和李當時過從甚密，李曾告訴我，龍所以對《文匯報》有興趣，一則是同意《文匯報》的言論方針，再則，李說："龍志舟很佩服你的文筆和辦報能力，他的幾個兒子，他都認為沒出息，有一個小兒子叫繩文，他最為心愛，送往美國密蘇里大學學習。他想，等這個兒子畢業回國後，進《文匯報》拜你為師，好好學點本領。”後來，龍從南京逃到香港（經過年以後回憶香港《文匯報》時再詳談），也曾親口對我提起這件事。今春，看到報載加拿大愛國華僑紀念周恩來總理逝世一周年大會的名單中，有龍繩文，大概就是這個在密蘇里學新聞的吧，不知是在加拿大辦報呢，還是經商了。總之，他列名愛國華僑，似乎比他幾個哥哥強了，龍的兒子中，最“出名”的是老三（繩祖），在昆明無惡不作，“龍三公子”之名，當時曾與“孔二小姐”媲美。老大叫繩武，聽說是軍官學校畢業的，我一九四八年在香港見過他幾次，卻一臉煙容，看來，鴉片癮已很深，人似乎還老實。

解放以前，如果說《文匯報》和民主黨派有些關係，那就是李濟深和龍雲（在一九四七年的上海時，民革還未成立）。此外，民進的馬敘倫等，只有個人投稿的關係。在我們招募讀者股時，民建的黃炎培、盛丕華曾表示將號召他們的成員踴躍應募，但結果，一共認股不到一千元。國民黨造謠說《文匯報》是民盟的機關報，其實，在民主黨派中，我們和民盟最無關係。我是一九五一年秋才參加民盟的，那時，李濟深一再勸我參加民革，陳劭先還懇切對我說：黨是希望民主人士參加民主黨派的組織逐步改造的。我想，我和國民黨素不沾邊，何必去參加民革呢，如果要參加民主黨派，還不如參加高級知識分子較多的民盟，正好那時，沈志遠向我動員，我就順水推舟，參加了民盟。

至於民盟的領導人，我最初認識的是沈鈞儒，他那時住在愚園路，他的弄堂正在我住的七四九弄相對，我去拜訪過幾次，他老先生很誠懇，還特地到我家回訪，從此時有過從，直至他一九四八年中出亡香港。羅隆基是《文匯報》被封後才在上海見過一面，章伯鈞則是我一九四八年去香港創辦《文匯報》時才認識。

我一直對沈老最為敬重。特別使我感動的是，一九五七年冬，他來上海，住在滄州飯店，曾特地約我和沈志遠談話，先談了些犯了錯誤只要認真改就好的道理。後來，對沈志遠說："我是讀了你翻譯的馬列主義著作，才懂得革命道理的。你是我的老師，今後，你改造好了，仍然是我的老師啊！"真是一片與人為善的苦心，多麼可敬的藹然長者啊！我在旁邊聽了，也感動得落淚了。

今天，天氣放晴，精神為之一爽。

下午，去美術展覽館參觀批判"四人幫"的美展，內容豐富，出門時，購了本畫冊。

晚上，看了重放電影《跟蹤追擊》。此片在"文化大革命"前看過，情節還依稀記得，藝術上雖然還有不少缺點，而情節緊湊，總之，比"四人幫"時代的電影耐看，也值得一看多了。我想，大概在今後一年內，還只能以清理重放舊電影為主。目前，像上海長春廠出的一些新片子，雖然主題改了，但無意中還流露出"四人幫"的流毒，正如上海"兩報"，雖然面目已改，而精神狀態，乃至編輯、文風，不時還流露出濃厚的"幫氣"，四害橫行十年，流毒之深，固非一朝一夕輕易能清除的。

5月8日 三月二十一　　**星期日**　　**陰雨（16℃ — 23℃）**

今晨廣播余秋里副總理本月四日在全國工業學大慶會議的講

話，十分精彩，歷時一小時四十分，大約有兩萬多字罷，而聽來絕不感覺其長。

郭沫若對《文匯報》是一貫支持的，前面已經說過，他寫的《南京印象》就在《文匯報》連載了好久。這個長篇，具體記載了舊政協以後，中共及其他民主黨派同國民黨反動派以及青年黨等小反動黨派針鋒相對的鬥爭，並大膽揭露了反動派假和談真備戰的陰謀，是十分珍貴的史料。

我們的文學周刊，也是由郭沫若介紹楊晦主編的。魯迅在二十年代末期，曾展開對一些所謂革命文學家的鬥爭，牽涉到創造社（一九五七年三月，毛澤東接見我和新聞出版界的其他同志時曾說："魯迅的學習馬列主義是被創造社逼出來的，他真正學好學通了。所以，特別在他晚年的雜文中，就沒有什麼片面性"），這本來是原則性的鬥爭，魯迅後來曾一再說，他和創造社的鬥爭，決不是像舊時姑嫂勃溪那樣爭爭吵吵，從不把這事一直放在心上。可是，當年曾依附魯迅的人，似乎還一直把這筆賬記在心上。直到抗戰勝利後，文壇上似乎還有所謂魯派和郭派的對壘。柯靈和唐弢（當時都是文匯副刊《世紀風》和《筆會》的主編）是自命為魯派的（其實，魯迅逝世前，柯靈還在明星公司任廣告宣傳員，後來，他才追隨夏衍的），有一天，《文學周刊》上登了一篇不知誰寫的雜文，所謂魯派文人極為不滿。當天，我下午剛到報館，唐弢就氣勢洶洶地對我說："我們決定要組織文章反擊。"我請他不要太激動，不要因此造成進步營壘的分裂。我和宦鄉商量，決定立即找郭沫若談話，當即電約郭沫若在南京路外灘的咖啡館談話，郭沫若準時來了。他先說，這篇文章有問題，並說，他自己一定寫一篇文章加以糾正並再三希望我們好好說服唐弢、柯靈不要意氣用事，一切要以團結對敵為重。我們回報社後，照他的意見說服了唐弢等人。在下一期的《文學周刊》

上，郭沫若果然寫登了一篇《砍櫻桃的故事》，主要是說不要自己砍櫻桃，不要自己分裂和破壞對敵鬥爭的力量，他不僅批評了《文學周刊》編者，也誠懇地作了自我批評。

不久我們又找郭沫若，請他幫助設計幾個周刊，我們（我和宦鄉最初規劃，並和陳虞孫商定）設想創刊七個“新”的周刊，每天一個，使《文匯報》的讀者聯繫更為緊密。郭沫若極為贊成，並自告奮勇，願意主持“新文學”的編輯，並推薦杜守素（國庠）、侯外廬和他合編另一個周刊“新思潮”。除此之外，還有“新青年”、“新教育”、“新婦女”等，由李平心等負責主編。

當時，《文匯報》上還引起過一場爭論，起因於傅雷的一篇文章。從一九四五年我剛回上海，馬敘倫等請我在傅家吃過一頓飯後，我和傅往來較密，我覺得他才氣縱橫，知識淵博，因此，有事總找他閒談。有一天，他說，他看到一本史諾的遊蘇筆記，在序言中，談到蘇聯也有陰暗不足的地方。他用激勵的口吻問我：“《文匯報》是不是真正獨立的報紙？”我毫不思索地回答：“當然是的。”他緊逼著說：“那末，像這樣指出蘇聯不足的文章，《文匯報》敢不敢登？”我說：“請你譯出來，只要是說理的，有事實根據的，不是惡意誹謗的，《文匯報》當然敢登。”

後來，傅果然譯出來，寄給了我。我看了，覺得並不違反上述的原則，就發排刊出了。接著，不少進步人士寫文章指責，說這是反蘇，也有寫文章同情的。記得反對最堅決的是許廣平、周建人幾位先生。他們的主要觀點，認為這時候譯登這類文章，只能引起讀者對蘇的誤解，為仇者所快。這一點，我是同意的。贊同傅的觀點的，記得有施復亮等人。後來，有人告訴我，傅原是浦東的大地主家庭出身，在法國受了很深的資產階級教育，他的反蘇情緒，是有歷史階級根源的。我今天回憶這件事，自己檢查，當時的確沒有任何反蘇的情緒，但客觀主義的辦報思想是根深蒂固的，而且，我認為，獨立的民間報應該客觀中立，與傅雷的背景和“激將”無關。

在這事前後，上海不斷發生“勸工大樓”血案等反動派鎮壓愛國運動事件，《文匯報》堅決聲援進步群眾，揭斥反動派的陰謀。北平、南京、杭州等地也不斷展開“反飢餓、反內戰”的群眾運動，杭州還發生浙江大學學生運動領導人于至三被慘殺的事件。當時，只有《文匯報》如實地詳細登載，並熱情加以聲援。

當時，國民黨為了加緊對上海愛國運動的壓迫和破壞，派了CC大頭目方冶來當上海市黨部主任委員。方到滬後，把《文匯報》作為主要眼中釘之一。在勸工大樓血案發生後，我們發表了各界民主人士的談話，揭斥國民黨特務暴行，方冶竟在記者招待會上，公開指責《文匯報》“造謠惑眾”，並説，據他所知，某某人就並未發表過這類談話，純係《文匯報》捏造。當天，我們找到這位某某先生，他義憤填膺，不僅承認我們發表的談話完全是真實的，而且願意照原意補寫一張書面發言給我們。我們當晚把這發言稿製了版，在第二天報上登了出來，狠狠地給這個CC頭子一記耳光。

5月9日 三月二十二　　星期一　　陰雨（10℃—16℃）

天氣陰涼，有如初春，同事們説，簡直可以穿棉襖褲了。

廣播説，全國已完成春播，北方下了幾場雨，旱象已見緩和，上海郊區低溫多雨，近來正動員排水搶救三麥油菜。

一九四七年春，南京政府換上張群為行政院長，一時和談空氣又轉濃厚。所謂第三方面人士，奔走於京滬之間，放出了簽訂關外停戰協議從而停止內戰的空氣。

有一天傍晚，我接到鄧友德的電話，說他到了上海，盼即見面。我應約到都城飯店，他首先說，他已內定任行政院新聞局副局長，返京後即就職，局長是李維果。

從勝利回滬後，我們一直未見面，也從未通信。他以關切的口氣對我說，《文匯報》辦得如此出色，很高興，也是意料中的。因為，他認為，我和宧鄉是當今國內最好的總編輯（他還說，在日本投降前，他曾對他的姐夫陳銘德說，徐某人是終於要脫離《大公報》的，應該努力爭取他進《新民報》，把幾個報的編輯部都交給他。可惜，銘德沒有這個魄力），現在兩個人合作，報當然更好了。但是他說，《文匯報》目前這樣和政府針鋒相對地幹，怕維持不久。接著，他告訴我 CC 幾次收買《文匯報》不成後，對我如何痛恨。上海方面，從方治到滬後，每星期由市黨部出面，如召開包括三青團和申、新、《東南日報》、《前綫日報》等報負責人的所謂黨團彙報，專門研究如何對付進步報刊特別是對付《文匯報》的辦法，形勢是十分緊張的。他邀我到南京玩幾天，看看熟朋友，消除"政府"方面對《文匯報》的敵視。我當時表示感謝他的關心，至於能否抽空赴京一遊，還要好好安排後再定。

我和嚴、宧等商談此事，嚴力主我前往。宧和陳虞孫則認為乘機去摸摸南京方面的空氣，包括張群上台後，南京對和談時要什麼手法，也值得一去。

出發前一天，我寫信告訴了鄧。我到京時，鄧乘車到站接我，堅邀我住到他家裏去。他說，他的太太從一九四三年一同經張渚到內地後，一直未見過我，很願意好好接待。

我在京一共住了五天，曾參加張群就職後的首次記者招待會，又值中央社舉行成立二十周年紀念會，我也作為來賓去參加。鄧還邀我去新聞局，晤見李維果。李是英國留學生，大概他著重在對外宣傳，國內宣傳則以鄧負主要責任。所以，李和我談話時，對《文匯報》情況似乎並不特別注意。

我和南京官方的敷衍、交往，就是這一些。鄧友德曾一再希望我去看看陳布雷，說："布雷先生十分關心你。" 我說："時至今日，我和他還有什麼話可談呢？我不會改變我的主張，如果因此爭執起來，反而傷了和氣，還不如不見面的好。"婉言謝絕了。

當時，我們的南京辦事處有三個記者，他們告訴我，南京的不少機關中人，是很同情《文匯報》的。長途電話局有幾個接綫員，往往把《文匯報》的電話，提前接綫。甚至國防部中也有人偷偷地把國民黨軍失敗的消息偷偷地告訴我們記者。

正好我在京這幾天，國民黨軍在魯南吃了一個大敗仗，被消滅了一個整師。《文匯報》把這消息獨家刊登出來了。南京政府派人到我們辦事處要徹查這個"謠言"的來源。我對鄧友德說："這樣機密的消息，一個普通的機關人員是不可能很快知道的，如果我們辦事處把來源告訴你們，恐怕會使你們很被動，我勸你這類事還是少管為妙。古人說，察及淵魚，不祥，是很有道理的。" 以後，此事就不了了之了。

辦事處同事請我吃飯，把他們經常來往，認為是進步的同業都邀來作陪，為我介紹。其中有《大剛報》的經理和總編輯，這些同業過天也聯合宴請了我。

陳銘德夫婦盛宴接待了我，特請了我的姨妹作陪，她當時任《新民報》秘書。

有一天，孔羅蓀電話約我見面。我和他在漢口《大光報》時相識，並無深交，但我對他的印象很好，也看過他發表的作品，知道他是進步的。我回答說："我多年沒遊過玄武湖，很想一遊。" 他說："那末，我們下午就在那裏見面罷。"

屆時，我約了姨妹同去，孔當時在南京郵政局工作，我們一起划船遊湖時，他問我到京後看到哪些人，我把我來京的動機和接觸過的人都談了，暢談了半天才道別。解放以後，我才知道他早已是地下黨員了。

回上海後，國民黨反動派似乎稍稍放鬆了對《文匯報》的壓迫。有一次，宣鐵吾還親自參加了我們的星期座談會。但沒有多久，大概他們看到我的態度終於沒有絲毫改變，《文匯報》對於堅持反獨裁、反內戰的主場依然寸步不讓，所以下定了決心要向《文匯報》開刀。更重要的，是和談最後破裂，蔣介石悍然發動內戰，把南京、重慶、上海的中共辦事處人員趕返延安。《文匯報》的命運已經決定，何日被封門，只是時間問題了。

5月10日 三月廿三　星期二　陰（12℃ — 16℃）

下午，我和老妻一起上街，歸途想吃些點心，而許多小店都為"煤氣不足"停止營業。經中南食堂，吃了鍋貼三兩，餛飩一兩。近來副食品緊張，小吃店生意乃大好。

今天因辦了上述雜事，不暇"回憶"了。近來，飯後總爭取睡一午覺，而且總是頭著枕就睡著了。晚上，睡後痰也少了，是身體康健之徵。

5月11日 三月二十四　　星期三　　陰（13℃ — 18℃）

今天廣播石油工業部長康世恩在大慶會議上講話說遵照華主席指示，一定要辦好十來個大慶式大油田，超過美國。又說，我國的條件（大概包括蘊含量），比美國好多了。

同事們說，已聽到中央十五號文件，內容為鄧小平同志先後給華主席兩封書，表示熱烈擁護，並說華主席不到六十歲，可以搞二十多年，把中國大治。老革命家光明磊落，功成不必自我，擁護真理，堅持真理。一切以革命和人民為重，令人欽敬。

到了一九四七年五月，蔣介石已大打內戰。另一方面，上海、北平等地學生“反飢餓、反內戰”運動，此起彼伏，一浪高過一浪，工潮的規模也日益擴大。

當時，我們的記者有十六人，其中，半數以上投入了學潮、工潮的採訪，採訪主任孟秋江對此抓得很緊。五月二十六日下午，我到報館。聽說復旦大學因深夜被特務到學校捕架進步學生。發生了抗議風潮。傍晚時，我們的記者麥少楣回來，說她在復旦大門後，被軍警特務毆打，編輯部人人憤慨。

晚上，孟秋江寫了一篇激烈抗議的新聞，送給我審查。我說：“如果照此登出，明天報紙就可能被封。”他說：“我希望不要在實質上刪改。”我說：“好，讓我找宦、陳和嚴寶禮商量商量，因為茲事體大，究竟還是繼續戰鬥下去好，還是孤注一擲好，我個人也無權決定。”他出去後，我立即打電話把宦、陳、嚴三位請了來。那天，輪到寫社論的壽進文也在，我也請他參加商談。我把這條新聞給大家看了，並發表個人意見。我說：“照目前的情勢看來，國民黨是遲早要下我們的手的，封門是免不了的。今天我們要考慮的，是力爭多拖一天，多鬥爭一天好呢。還是痛痛快快，立即聽其來封門的好。如果照這篇新聞不加改動登出去，反動派一定會抓住這點，說我們挑動學潮，封我們的門。請大家反覆考慮考慮。”當時，只有壽進文認為應該慎重些，語氣不妨緩和些。嚴寶禮不講一句話，宦、陳兩位則認為此時不宜委曲求全。我說：“既然這樣，我們索性把氣勢放足，讓我寫一篇編者的話，嚴厲斥責反動派毆辱我們的記者。”宦、陳同意了。當我在執筆寫編者的話時，宦、陳等出編輯部，嚴寶禮留下來，輕聲對我說：“總歸搞不好了，讓他們吵關了門拉倒吧。你不要擔心，今後你的生活，我負完全責任。”我說：“我自己的生活是小問題。”他可能是已經知道了國民黨的封閉《文匯報》的消息了（據解放後發現的國民黨上海檔案材料，在一九四七年五月二十三、二十四日，國民黨市黨部、市政府合開的“黨團會報”上，已決定封閉《文匯報》等三報。申、新、東南、大公等報的負責人都參加了這次“會報”）。而且，他早已打好了算盤，報辦下去，他無利可圖。報封閉後，他可以將報館存紙大量拋進拋出，有大利可圖。所以，他當時確是希望報紙封門的。

應該補述一件事。當幾個月前上海警備部“勒令”《文匯報》停刊一星期的時候，宦鄉曾提議，先到香港去辦一個分版，作為將來萬一遭反動派封閉的退路。我完全贊成他的意見，我說：“這不僅是退步問題，而且是進攻的辦法。如果我們有兩個地方出版，國民黨對我們就不敢輕舉妄動了，他在這裏壓迫我們，香港版就可以大聲疾呼，揭露它的陰謀。”我還主張請宦到香港去立即著手籌辦，宦欣然表示同意，並說，只要給他一萬元港幣，先辦起一張小型報，在海外讀者的支援下，一定可以發展成長起來。陳虞孫也力讚此議。嚴寶禮卻竭力反對，說無論如何，抽不出這筆錢。其實，當時《文匯報》營業很發展，抽調一萬元是沒有問題的。

果然，五月二十七日晨，上海警備部派了大批軍警，查封了

《文匯報》，同時，把《新民報》和《聯合晚報》也查封了。“理由”是：“該報挑動學潮，破壞社會治安”等等。

三報被封，特別是《文匯報》被封，是當時上海一件大事。外國通訊社都報道了這個新聞，美國人主辦的上海《密勒氏評論報》還寫了短評，指責國民黨當局揭殺言論，徹底破壞言論自由。

《申報》、《新聞報》等反動報紙也不敢發表幸災樂禍的評論，僅僅登載了警備部查封三報的消息。只有王芸生在《大公報》上寫登了一篇《請保障正當輿論》的短評，以十分惡毒的筆寫道：《文匯報》等三報因破壞社會秩序被查封了，請政府當局，以後切實遵照憲法，保障正當輿論云云。很明顯，這是為反動派幫腔，為反動派的封閉三報喝彩，暗示《文匯報》等是有背景的，是為共黨宣傳的，是不“正當”的言論，反動派加以封閉是千該萬該的。三報被封後，上海各報都是正當的輿論了，應該保障了。請看，何等放肆，何等惡毒。

看到《大公報》為此無恥地放冷箭，上海的進步人士是十分憤怒的（所以，在此以前，郭沫若曾慨乎言之，公開説：“我寧可看《中央日報》，決不看《大公報》”）。意外的是標榜走第三條路的儲安平在《新觀察》寫了一篇評論，斥責《大公報》。大意説，他和我雖是同鄉，但徐鑄成的態度十分傲慢，《新觀察》請徐擔任特約撰述，也拒不答應。儘管我對徐有意見，但政府當局此次封閉《文匯報》是破壞言論自由的，大公報的短評作者，含沙射影，態度是卑劣的。

我拒絕擔任《新觀察》特約撰述，確有其事。當它在上海創刊前，儲曾寫信給我，要求列名為特約撰述。當時，我聽説儲以走英國式民主的第三路綫為標榜，很不以為然，未加答覆。當然，儲也並不因此就對我恨之入骨，不過是在寫這篇短評時作為一個“由頭”罷了。

至於王芸生乘人之危，對《文匯報》放這支浸透毒汁的“冷箭”，我是寒天飲冰水，滴滴在心頭的。

我和王曾共事多年，對他施放冷箭的本領是領教過多次的，不過這一次是對我放射的（他看準我當時已被繳械，不會反擊了），更加不能忘懷罷了。

5 月 13 日 三月二十六　　**星期五**　　多晴（20℃ — 26℃）

昨天，因為準備籌開《大辭典》的“山東會議”，看了一些編寫組第二部收詞的小結材料，整個下午花在上面，沒時間寫日記。

今天大熱，洗澡，脱去了棉毛褲和毛衫。

《文匯報》被封後，反動派軍警曾到編輯部抄查。幸好我平時不大積存信件，沒有被抄去什麼。

反動派聲言要大逮捕，但我們估計，他們還要對英美輿論有所顧忌，不敢公然逮捕我們。所以，我和宦鄉，陳虞孫還每天（不定時）到圓明園路報館原址去，交換每人的見聞和看法。

在報館被封的第三天，吳紹澍（他當時只剩下三青團市書記長一個頭銜了，其餘，什麼副市長，社會局長、市黨部主委等都被 CC 分子搶去了，所以，他和 CC 等當權派有很深的矛盾，滿腹牢騷，時時流露）來找我，他開口就說：“現在，你可以到《正言報》來了吧？我還是那句話，你如肯來，我把報館全部交給你，決不加以掣肘。”我笑笑說：“這怎麼可能呢？我是唱慣譚派老生的，要我改唱麟派，是做不到的，我也深感筋疲力盡了，要好好休息休息了。”吳說：“我知道你心緒很不好，是不會到《正言報》來的。但是，你不要否認我來邀過你。因為三青團一批青年，對你很恨，知道我和你有私交，他們就不敢難為你了。”過了一天，毛子佩主辦的小報《鐵報》上，登了一個“花邊新聞”，題為“徐鑄成封筆”，大意說是吳找過我辦《正言報》，徐說心灰意冷，對報館決心洗手不幹了。毛是三青團市委的宣傳科長，大概是吳授意的。

我在這差不多的時候，軍統特務王新衡忽然闖到我家裏，說外面謠傳，我將赴香港辦報，有沒有這件事。我說：“我這個無拳無勇的文人，哪裏去籌那末多錢去港辦報。這謠言也造得太離奇了。”他說：“只要你不打算離開上海，估計是不會有人難為你的。”以後，他大約每隔兩三天就打來一次電話，只是問問“近來好麼？”“準備到哪裏去玩玩嗎？”等等。顯然，他是奉命監視我的行動的。

過了約十天光景，嚴寶禮忽然對我和宦、陳說：“南京方面，對封閉上海三報的意見還不一致，聽說美國方面，也不贊成國民黨這樣蠻幹，所以，三報有可能復刊，《聯合晚報》和《新民報》，已準備派人到南京活動了。”我不相信有這樣的事，打電話給《聯合晚報》的王紀華，他說也聽到這消息，並說他準備去京看看，宦、陳贊成我也是南京一行，我是不放心嚴再去幹出賣的勾當，只得自己去走一趟。事先，由嚴約好王紀華和《新民報》的鄧季惺同時啟行。

我到南京，剛剛到辦事處休息一下，鄧友德的電話就來了，約我到他家裏吃晚飯。我知道這一定是由他代表國民黨政府和我談“復刊”的條件了。心裏有了準備，就坦然準時前往。

晚飯吃過後，他就開門見山地說：“政府是準備復刊《文匯報》的，但必須《文匯報》自己清除那些共黨分子。”我說：“我們沒有共黨分子。”他說：“我們當然相信你不是共產黨，但是共黨分子是隱蔽的，你可能不知道。”我說：“編輯言論的大權在我手裏，誰也影響不了我。《文匯報》有什麼罪，我應負完全責任。”他說：“宦鑫毅（鄉）是一個人才，這是我們四年前同過鉛山參觀《前綫日報》時就有的共同印象。他是否有黨派關係，我們不想深究。我們打算送他去洋留學深造。另外，編輯部還由你負全責，我們只派一個名義上的編輯主任，做些聯絡工作，你看，這樣辦好麼？”

我冷笑一聲說：“這大概就是復刊的條件罷？”

他說：“我們是老朋友，不妨直說，這當然不是我個人的意見。”

我說：“那末，我也可以在老朋友面前坦率地說：我決不接受任何條件。我此次來京，本來不存什麼奢望。你應該知道我的為人，過去我沒有委曲求全，今天，既然封門了，就決不打算被卡住脖子復刊。”他看我毫無討價還價的餘地，也就不談下去了。

第二天中午，我剛吃完飯，他忽然來到辦事處，說：“布雷先生想見見你。”我說：“上次我都沒有去看他，時到今日，更無見面的必要了。”

他說：“這樣不好，布雷先生確是很關心你的。他每天必睡午覺，今天，我打電話給他，他聽說你來了，願意犧牲午覺，請你立即去談談，他不會勉強你答應什麼，作為老朋友，也不好如此拒絕罷。”我和他同車到了陳布雷家裏，果然，陳已在客廳裏等候了。

他又先從張季鸞談起，說：“從季鸞去世，我一直關心老友的傳人，鑄成兄的文筆犀利，報辦得有精神。我是很欽佩的。”

我說：“《文匯報》已被封閉，就證明我已背叛了季鸞先生，不是走他那條路了，想必陳先生也一定是失望的。”

他說："不是失望，而是為人才惋惜。聽友德說，您已不準備復刊了？"

我說："是的。"

"那末，您以後準備做什麼呢？"

"什麼也不想幹了，閉門讀書，吃口清苦飯。"

他停了一下說："恕我直言罷，我們國民黨是有許多毛病。但是，無論怎樣腐敗，再維持二十年總是沒有問題的。鑄成兄，二十年後，恐怕你的鬚髮都白了。"

我笑笑說："但願如此，就讓我做個太平盛世的老百姓罷。"

這是我和陳布雷的最後一次見面。我對他表示了這樣決絕的態度，但他似乎並沒有放棄他對我的"關心"。我回滬約半個多月，《申報》的總編輯陳訓悆（陳布雷的兄弟）以電話邀我飲茶。他說，他剛去過南京，他老兄很關心我今後的出處。如果我願意進《申報》，潘公展就只任社長，把總主筆讓給我擔任。我謝謝他們的好意，說："我實在對辦報心灰意懶了。"我還開玩笑地說："《文匯報》兩次被封，你是親見的。包括香港和桂林《大公報》，我已親手埋葬了四個報。你好意請我，不怕我把《申報》也葬送了？"

後來，吳紹澍又來找我，說："我最近去過南京，布雷先生曾對我說：'如果你能把徐鑄成請出來，我們可以允許《正言報》的言論尺度放寬'。你還是進正言罷，你願意寫什麼就寫什麼。"

我說："我看你們《正言報》有時還發發牢騷，如果把我請去，那末，別人就會用放大鏡來看，就會給你扣上紅帽子了。這事，於你於我都無益，你還是斷了這個念頭吧。"

陳布雷為什麼這樣對我"關心"，一而再，再而三地想拉攏我，軟化我？當然，決不是因為我真有什麼了不起的能力，更不是真的為了我是什麼張季鸞的"傳人"。聯繫到我曾看過鄒韜奮的回憶，說在《生活》被封閉的前後，陳布雷也曾對鄒進行勸説，經鄒嚴詞拒絕。我想，他這樣做，如果説這是國民黨文化特務工作的一部分，這也和陳立夫等的手法有所區別，出發點可能也是有所區別的。我想他也和張季鸞一樣，以辦報為生，一腦子舊式士大夫的教育，一旦被蔣介石的“青睞”，便儼然以國士自居，欲以“國士報之”，他做了蔣的“幕下”，張季鸞則成為蔣的“入幕之賓”，地位雖不同，同樣是對蔣赤膽忠誠，想竭盡全力，為蔣設謀劃策，以報“知遇之恩”。我當然不敢和韜奮先生相比，但在陳布雷看來，都是辦報辦刊物的人才，而且都反對過“政府”，只要能拉入“彀中”，就可以為他的“真命天子”發揮很大的作用。

一九四九年初淮海戰役後，南京政府已面臨土崩瓦解。那時，我早在香港主持《文匯報》，有一天，傳來陳布雷自殺的消息。有些小報説，陳之所以自尋短見，是因為辛苦積蓄的一些錢，被迫換了金圓券，完全成為廢紙了。我不相信這個猜測，因為憑他的地位，完全能夠避開這金圓券浩劫的。我以為，他的死，是理想和精神的破滅，而更主要的，經過抗戰後的四五年間，他目擊蔣不僅兵敗如山倒，而且確是人心喪盡了。他一直用以自欺欺人的“真命天子”的偶像，在他的腦子裏完全粉碎了。在陳布雷自殺後不久，戴季陶也在廣州自殺了，他們都是以王者師保自命的人。自殺的原因，總的説來，是一樣的。

我也在想，如果張季鸞不是早逝，會怎樣呢？

時代就是這樣“作弄”人的。一九四七年陳布雷對我説，國民黨無論怎樣腐敗，再維持二十年總沒有問題。事實是，不到兩年，南京政府就煙消霧滅，他自己也西去了。

5月14日 三月二十七　　**星期六**　　**陰雨（14℃—20℃）**

全國學大慶會議昨天閉幕，今天廣播了新聞和《人民日報》社論。說全國生產躍進的形勢已在會議期間形成，並號召全國各行各業學習大慶。

今天又冷，氣溫驟降八度，相差幾達一個季度。

《文匯報》沒有復刊，《聯合晚報》也沒有復刊。後來遇著王紀華，他說，國民黨向他們提出的條件，也是要撤去一些人，派來一些人，他們沒接受。《新民報》卻復刊了。聽說CC派了一個姓王的進去當編輯主任，而趙超構卻依然當總編輯。

國民黨查封了三報後，接著就逮捕記者，《文匯報》的記者麥少楣被中統特務機關綁架，同時被捕的有《聯合晚報》的姚芳藻、黃永、楊學純和《新民報》的張忱。

麥少楣和夏其言都曾任《時事新報》記者，是隨馬季良（唐納）一起進《文匯報》的。她被捕後，嚴寶禮曾託陳高傭（中統，和儲玉坤一起辦"中國新專文"的）等營救，後來，聽說倒是中央社的女記者陳香梅竭力救出來的。陳大概在採訪時和麥建立了友誼（她們都是基督徒，又都是廣東人），當時，新聞界早傳說陳和美國"飛虎隊"的陳納德建立了戀愛關係。

除麥以外，《文匯報》編輯部中人，有的躲開了，有的悄悄地回到家鄉去了，去香港的則有馬季良、唐海等。嚴寶禮對於編輯部的人，他沒有付一文遣散費，對那些逃往香港的人，也沒給分文補助。對比之下，胡政之要厚道多了。嚴的眼界和韜略自不能和胡相比。胡有做人的本色，也還不脫文人本色。嚴則純粹是一個商人。

5月16日 三月二十九　　星期一 多雲轉陰（14℃ — 22℃）

昨天，南京來了一個三十年多未見的朋友，留他吃了飯。

今天午後，上街理髮、購雜物，歸途遇文獻[1]退休了的同事何求，邀其來家小坐。他家住杭州，邀我們明年去遊玩。

連日報載化工局、江南造船廠等革命同志被“四人幫”殘酷迫害的情況，令人髮指。有人說，這些豺狼真比德意法西斯還要狠毒。

到了一九四七年秋，對我的監視比較鬆了。正值叔祖八十壽辰，我乘機回故鄉去玩了四五天，第一夜住在大宅院改成的旅館內，十分悶熱。以後，妻妹把她的房間讓給我，移住岳家。

叔祖壽辰那天，我們的破宅院裏加以粉刷，庭院裏還掛了幕布，請了六七桌客，這可說是我在故鄉參加的最後一次盛宴。席上，還有一個插曲：那天，我除向叔祖和幾個我認識的親戚敬酒外，還特地向我的啟蒙老師湯先生敬了一杯酒。想不到這位湯老師大為感動，飲酒時手顫動得把酒潑了小半杯，把袍子也搞濕了。我歸座後還聽到他的同席在爭著問他：“什麼時候教過他的？”那位老師高聲說：“我是給他開蒙的，那時我就看他異常聰穎，必定要成大事的。”我聽了很慚愧，自己一直叛逆成性，主持一個報館，往往不久就被葬送了。此時還在失業之中。而故鄉的父老，似乎還並不“以成敗論英雄”，給我以相當的同情。

其實，我兒時是並不“聰穎”，實在是很愚笨，上面已說過，初小三年級時，做一個紙糊的“手工”，還要祖母幫忙。考試總是在劣等的。

1　上海文獻，是上海出版文獻資料編輯所的簡稱，作者曾被安排到該所做《申報》目錄索引。

我七歲才從這位湯老師識字，那是設在我家對面的一個私塾。樓上是一個姓欽的老師教年紀大些的學生，大概是教《大學》、《論語》之類。樓下則是開蒙的兒童，由這位湯先生教方塊字。這位湯先生倒是很和氣的，每個學生每天都教四五個字。多餘的時間，他往往倒出骨牌來"通五關"。我們背不出，認不得，他也很少發怒，戒尺雖有，卻是一次也沒有用過的。

湯先生遇著有事出門，就由那位欽先生來代課，那是我們最害怕的。他對學生——哪怕像我們這樣六七歲的兒童，也像對仇敵一樣，動不動就瞪眼，拍桌子。生字只教兩遍，等會兒複課時有一個字讀得不對，就要用戒尺打一記手心。如果有一半以上的字認不得，還得把你的手背壓在檯子角上打，甚至還把筆管放在手下面重重地打。打完後手背上往往留小小一圈血痕。好在我只在這個私塾進了一年，這位如狼似虎的老師也總共只代過三四次課，但真是終身難忘啊。到了我進中學放假回家鄉，遇著這位老師，不僅不再理他，心裏也必定罵他一句。

還有一件事是迄今不忘的。那時，每半年孝敬老師的"束脩"，大概是大洋一元罷。另外，到了夏天，必得敬送一擔西瓜（那時大約八百文一擔），作為向老師的"冰敬"。別的私塾怎樣，我不清楚，我們這個私塾（限於湯老師這一部分），卻是很開明的。每當盛夏，下午複習過一遍生字後，老師就叫我們排隊走到後門口的弄堂裏，由太師母切開了西瓜，每人分給一塊。弄堂是背陰的，河風習習，那時，每個學生都感到透心的涼爽和愉快。所以，雖已時隔三十多年，我還要恭恭敬敬向這位老師敬一杯酒啊！

從宜興回到上海不久，過了新年，吳紹澍又來看我，說："我幾次想請你到南京、杭州玩玩，你總不肯去，何必總悶在家裏呢？過幾天，我準備到台灣去一次，來回大約十天，你同我去玩玩罷。"我說："你必定有什麼公事處理，而我又不願受公家的招待。”他說：“這次，純屬私人旅行，台糖公司的沈經理，是我的朋友，請我去玩玩，我們去了，就住在他那裏。”我想，既然這樣，去看看收復不久的台灣，也是個機會。

果然，我們乘中航機降落台北時，只有那位姓沈的和兩三個吳的其他朋友在機場迎接，並由沈接待到台糖公司“下榻”。

在台北的四五天中，玩了草山、溫泉，參觀了日本人經營的天然博物館，自然，也參觀了台北的“市容”。在這幾天中，每逢吳出去訪友時，我就去《大公報》台灣辦事處看看報。辦事處主任呂德潤是我的老同事（一九五六年我曾把他拉進了《文匯報》），還有一位年青記者，是燕大新聞系畢業不久的嚴慶澍。他後來到了香港，根據舊報（大概也加些傳聞吧）以“生花之筆”寫了長篇的連載，以後陸續出了單行本。這就是不僅轟動香港，也風靡了解放後國內的一部分讀者的《金陵春夢》一集到若干續集。

這四五天，恰巧發生了兩件事。一是台灣大學校長許壽裳先生遇刺，台北官方的報紙，說是學生越牆跳窗進去殺害的，但許多人都懷疑這個說法。二是有一天，台灣各報都到下午才出版。據呂德潤告訴我，那是各報工友怠工一夜，默默紀念一年前被國民黨殺害的台灣同胞（二二八起義）。可見台灣人民對獨裁政權多麼恨之入骨啊。我們還先後到台中、台南、嘉義和高雄，參觀了鄭成功建造的城壘，在關子林溫泉沐了浴，並遊了聞名的日月潭。

遊罷了日月潭的那天晚上，我們在旅舍吃罷晚飯，吳紹澍對我說：“我們就要回上海了。今天，這一層樓上，只有我們兩個旅客，我們暢快談談罷。”

我說：“談些什麼呢？”

“你這樣閒著下去總不是辦法，回去後，你還是到《正言報》來罷。”

“我相信你是我的朋友，君子愛人以德，你何必一定要拖我下水呢？”

他苦笑了一陣，我接著說：“我想問你一個問題，據你看，南京政府的局面還能維持多久？”

“照現在軍事、政治、經濟各方面的情況看來，我也是悲觀的，至多只能維持三四年罷。”

“這不是悲觀，你還是太樂觀了。我也老實說說我的看法，大概至多只能再維持一年到一年半。從歷史上看，土崩瓦解的局勢，往往是出人意外的。我還想再問一句：即使照你的估計，你還年輕，三四年後，你作何打算呢？”

“我有什麼辦法。照我的地位，明知是一條死路，也只能走下去，混一天算一天。”

我鄭重地說：“我不是共產黨，也沒有加入過任何黨派，這一點，你大概總相信的罷？”

“當然。”

“那末，作為一個老朋友，我勸你不必這麼悲觀。我過去接觸過不少進步的人，也了解一些共產黨的政策，如果你決心找另一條路，我想是可以找到的。”

“我在那方面，是一個熟人也沒有。只認識一個史良，我們是上海法學院同學，但也多年不來往了。”

“我如果有機會去香港，倒可以代你找找門路。只要你真有此決心，我即使沒機會去香港，也可以多代你留心找找。”

於是，他談了他自己的苦悶，在國民黨被派系特別是 CC 和軍統打擊，走投無路，投靠進步方面又怕別人不相信。又說，他已結識了幾個志同道合而有相當實力的人。他說：“你如果能代我找著門路，我一定可以有所作為，我決不是一個赤手空拳的人。”

那天晚上，我們談到深夜才入睡。當然，他不再談關於《正言報》的事。

也是事有湊巧，我們回到上海約半個多月，就有人秘密從香港來，約我到香港去辦報，我和宦鄉、嚴寶禮等再三商量後（經過詳情下面再談），決定秘密赴港一行，先去看看辦報是否有可能。決定後，我電約吳密談，我把準備赴港的計劃告訴他，並請他秘密代我購一飛機票。他聽了很高興，並說，在淪陷時期，他曾資助過馬敘倫，見過幾面，另外，和譚平山也認識，不妨對他們二位談談他的決心。他並說："在上海，三青團的力量當然是靠不住的。但在上海附近，我至少可以調動兩個旅，必要時可以運用。這一點，你可以放在心上，適當時向前途表明。"

我對他最後談的這些，老實說，我是將信將疑的。但我到了香港，除和李濟深、夏衍、潘漢年等商談創刊香港《文匯報》的計劃外，特地見了馬敘倫和譚平山，把吳的意思向他們談了。他們很感意外，再三對我說："你應該繼續做做他的工作，如果他真願站過來，可以起些作用，想必黨也是歡迎的。"

那次我去港，只住了十天，又秘密乘機回到上海，積極籌集資金，商談幹部配備，然後再去香港正式籌備出版。

不料國民黨的獵犬，已嗅到我的氣味了。一家和 CC 有關的小報，在我回滬不久，刊出一條"消息"："聽說徐鑄成最近曾去過香港，已引起軍警當局的注意。據可靠方面消息，機場及碼頭，最近已加強調查，徐如再度赴港，將予以'查問'云。"

我又去看了吳，把我在港為他聯繫的情況向他談了。他欣然說："你再去，可以告訴他們南市有一個旅，青浦、松江一帶有一個旅，都是我知心朋友帶的，絕對可靠。另外，招商局的徐學禹，也向我談起過和我同樣的苦悶，我可以向他再做做工作，勸他一起起義。"

談到小報登出對我威脅的消息，他說："票子，我叫三青團去訂。那天，我派車子送你上飛機，保證沒有問題。"

我到港後，又把這些話對馬、譚詳細談了。那時，我和潘漢年、夏衍都還不熟悉，也怕吳紹澍臨時變卦，所以，沒有向他們具體聯繫。

有一天，潘的負責和民主黨派、民主人士聯繫的張建良（潘當時在港負責黨的統戰工作）找我問："聽說吳紹澍有意起義，有這事嗎？"

我說："有的，他一再託我向譚平老和馬夷初轉達他的決心。"

"如果，我們派人去和他聯繫，你估計會有危險嗎？他會突然變卦嗎？"

"雖然他對我談得很懇切，會不會突然變卦，我不敢絕對保證。但是，如果說明是我的介紹去和他聯繫，他至少是不會出賣，這點我可以保證。"

張叫我寫一個介紹的字條，只說介紹來人洽談，我寫好交給了他。

過了幾天，張見面對我說："小開（潘的熟朋友是這樣稱他的）再三考慮吳紹澍的事暫不進行，請你以後也不必再提，更不要再對任何人談起此事。"

一九四九年五月二十五日，我從丹陽回到剛剛解放的上海。第二天，吳紹澍即來看我。我十分驚奇地問："你果然沒有走。"

"謝謝你的幫忙，我起義立功了。"

我忙問經過。他說："是吳克堅同志和我具體聯繫的，先派人拿了你的條子來找我，以後建立了聯繫。"

我說："你主要立了什麼功呢？"

他說："在解放軍逼近市郊的時候，我策動了駐在南市一帶和西郊一帶的兩個旅起義，幫助解放軍迅速攻入市區，解放了蘇州河以南的地區。"

他這些話是否有誇大或不夠真實，我無從考證，但起義和立功，大概是真的。不久，在華東統戰部召開的一次會議中，吳克堅在休息時對我說：“吳紹澍思想上有些不通，有機會請你找他談談。”

我問：“主要是什麼思想問題？”

他笑笑說：“因為立了些功，有些包袱，對給他的待遇似乎不滿意。”

為此，我去找了吳紹澍，勸他不要有這種思想。

是年九月，第一次全國政協開會時，他也在北京，曾約我在中山公園談話，對他沒有參加政協頗有些牢騷。我對他說：“我們都是舊社會過來的。以前，我們都可能做過對不起人民的事。今天，我們能在解放後的中國做點事，並受到黨的優待，應該心滿意足了。”

人民政府成立後，他被任為中央交通部參事，以後，就很少交往。最後一次見面，是一九五六年五一在天安門的觀禮台上。以後，就再也沒有聽到他的消息。

5月18日 四月初一　　星期三 多雲到晴（16℃ — 26℃）

昨天又未記日記。下午去大世界附近吃酒釀丸子、甜飯，歸途老妻買了兩雙襪。

今天，看了黃晨（鄭君里夫人）所寫的君里被“四人幫”殘酷迫害至死的經過，十分氣憤。只因他深知江青三十年代的歷史，便被張春橋、王洪文及其爪牙搜查，敲打並囚禁數年以至於死。他的小兒子也幾乎被打成反革命。

一九四七年三月，我遊台灣歸來不久，一天下午，早已去香港的唐納忽然來看我。他說是奉潘漢年之命，陪送華崗經上海轉往山東。他還說："李濟深他們已正式成立國民黨革命委員會，準備出版一個機關報，李想請你去擔任總編輯。"我問："這事，潘漢年知道嗎？"他說："當然知道。潘認為你去主持很合適。李手下有左右兩派人，由左翼的人辦，右翼一定不甘心。如果落入那些右翼的人手裏，就要糟糕了。"

"我和國民黨毫無關係，怎麼可以去主持他們的報呢？"

"潘說，李濟深很重視你，你去主持，他一定會放手讓你負責，別人就不會插手了。"

"儘管如此，機關報我是從來不參加的。"

他說："你是否可以和嚴先生和老宦他們商量商量，再作決定。"

我們約定第二天在嚴的辦公室一起談談。那時，嚴已把《文匯報》原址改辦了交通廣告公司，每天按時去辦公。

到約定的時間，宦鄉和陳虞孫也應約到了。唐納先談香港約我去辦報的經過。我說明了自己的態度。宦鄉也同意我的意見，並主張由《文匯報》出一部分資金，和李濟深合作，以《文匯報》名義出版。

大家都贊成這個意見。嚴寶禮說，《文匯報》能籌出的現款不會很多。我說，至少要拿出一半以上的股本，才能掌握主動權。嚴表示很為難，但是，他說，聽虞順懋說，他和李濟深是把兄弟，李這次潛赴香港，虞曾在經濟和交通方面幫了忙，我們和李合作辦報，虞可能肯投資的。

商量的結果，決定由我先去香港一行，徵求李濟深的意見。

唐納說："你到香港後，最好先和潘漢年及夏衍談談。可惜我在上海還要逗留些時候，不能陪你一同去港。”

我說：“我和潘、夏從未見過面，你又不在，如何聯繫呢？”

他說：“我開一個地名給你，先去找張建良，他是潘的對外連絡人，在香港的負責人和民主人士住在哪裏，他都知道，找到了他，你要會什麼人都沒有問題。”

大家都認為，我這次去港，一定會引起國民黨方面的注意，一定要秘密，否則，可能在上飛機時就發生問題。我說，我可以請吳紹澍代我去訂購一張票，相信不會有問題。

年紀究竟老了，回憶三十年前往事，往往把一些細節忘掉了，甚至把有些該寫的重要經歷也忽略了。寫到這裏，忽然想起，關於《國民午報》從籌備到流產的一幕，是《文匯報》被封後的一個插曲，是應該回憶清楚的。

現在，先把我去港經過暫時擱一下，把這幕插曲補寫如下。

我拒絕南京方面的復刊條件，回到上海不久，有一天，我去圓明園路，嚴寶禮告訴我，葉楚滄的小兒子葉元，手中有報館的登記證，準備和我們合作出報。他認為這是一個機會，等於是變相復刊。

我問：“這個人你熟識嗎？葉楚滄是有名的國民黨右派，他的兒子會同意我們的辦報方針嗎？”

嚴說：“這人很年輕，昨天他來過一次，只談到準備合作的事。說明今天還要來，他想和你詳細談談。”我們正在談著，葉元果然來了。三十歲模樣的年輕人，我和他接談之下，覺得這個人相當爽直，不像是有城府的人，他誠懇表示，對我是出於崇拜。這個報辦起來，編輯方面一切聽我主持，對外，則由他出面“頂”。

他並談了得到登記證的經過。“由於我父親是《民國日報》

的創辦人，又是國民黨的元老。所以，勝利後，《民國日報》辦理復刊登記手續時，我附帶登記了《國民午報》，取得了登記證，一直因為找不到志同道合的編輯人，所以遷延沒有出版。”

嚴寶禮和他具體談合作辦法，決定資金由他、嚴及丁君匋（曾任《文匯報》副經理）各出三分之一。葉擔任經理，葉表示經理部可以完全用《文匯報》的老班底，他不預備介紹什麼人參加。

至於編輯部，人事完全由我安排，但我當然不便自己出面，必須找一個人出面擔任總編輯。嚴提出朱雲光，我覺得此人老實，會聽我安排，但膽子小，怕不敢出來。葉也認識朱，也認為人選很恰當。

嚴立即打電話到朱家里（朱那時任復旦中學教員），得知學校放了暑假，朱回周莊老家去了。葉說，他可以到周莊去親自請他出來。嚴說：“這人很膽小，除非徐公自己去請他，恐怕不會出來。”於是，決定由我和葉同到周莊去登門邀請。當天，寫信通知了雲光。

第三天，我們乘小汽車直至青浦朱家角，在那裏吃了午飯，坐下午一時許開出的班船出發。這種班船，和我童年時在故鄉乘坐過的“腳划船”差不多，兩頭尖聳，每次可坐近二十名乘客。所不同的，它已裝上了小馬力的發動機，不要人的腳划了。

舟行約一小時，就進入淀山湖，適遇雨後初霽，彩虹橫空，而雲隙幾片日光，直射湖面，如匹練臨空，波光閃閃，當時景色，迄今恍如在目。

沿岸在陳墓等鎮停靠了幾次，深晚才到了周莊。周莊四面環水，上岸後過了幾頂橋，才找到了雲光家。葉元大概是來過幾次的，對該鎮情況，似相當熟悉。

朱家是一座高樓深院，兩邊樓房相通（我們家鄉叫“轉盤樓”，只有地主、豪門才有這樣的樓房）。中堂陳設也相當富麗，雲光已備了酒菜等候我們。因在盛暑，飲了溫酒。飯後，還吃了極嫩的鮮藕。這種水鄉生活，我當時就聯想到魯迅《故鄉》、《社戲》中所描寫的皇甫莊等。

和雲光談得比較順利，他先謙遜，並且說已離新聞界有年，不敢擔任總編輯，經我們一再敦勸，大概他看到我們親自跋涉登門，又知道實際上只是掛個名，最後勉強同意了，答應把家務稍作摒擋，三天後即啟程到滬。

第二天清晨，我們即回滬，傍晚回到上海。以後，就緊張地籌備。等到萬事俱備，已定期創刊了，忽然有一家小報刊登了一個"花邊新聞"，大意說上海不日將出版一進步報紙《國民午報》，編輯部實際後台為新聞界巨擘徐鑄成氏。該報之創刊，一定將為上海新聞界放一異果，而大受讀者歡迎云。我們看了，暗暗吃驚。因為它表面上是客觀報道，實際是為反動派干涉放風。

果然，在我們的創刊廣告準備刊登的前一天，葉元忽然受到市政府的通知，大意說："據確實報告，《國民午報》籌備出版，受人操縱，是將不利於黨國，著即吊銷登記執照，不得出版。"這真是一個新聞史上的奇聞，一個還未出生的胎兒，就被宣佈了死刑！這比滿清政府、北洋政府乃至敵偽的壓制輿論還要霸道、無理得多了。想不到像我這樣一個並無革命思想的職業報人，在國民黨心目中竟成了威脅他們一統天下的怪物了。

這次"流產"，卻使我結交了一個朋友葉元，在短短的交往中，認識到他有理想，為人坦率，不計較個人利害。比如，在辦理善後時，嚴寶禮和丁君匋在斤斤討論如何分擔籌備費用時，葉元乾脆說："這事是我發起的，一切費用由我一人承擔，你們不必花費。"嚴和丁竟慨然同意了。

解放後，在華東軍政委員會開會時，遇著葉元，才知他擔任了該會的參事，大概也為解放立過功罷，但他並未向我細談。以後，他參加電影劇本創作工作。《林則徐》的劇本就是他寫的，但那時已在一九五七年以後，我除職務有關的同事外，已主動割斷了一切友朋的聯繫。他那時也住在華山路，幾次途中相遇，他還是那末友好地邀我到他家談談，我都託詞謝絕了。

5月19日 四月初二　星期四 陰轉小雨（14℃ — 20℃）

上午，和虞孫[1]、林嵐[2]及其他小組同志一起研究《諸葛亮集》的選詞問題。

午飯時，首次吃到青蠶豆，也可能就是最後一次了。今年江南低溫多雨，三麥和春花大受影響，往年早已上市的蔬菜，今年如鳳毛麟角，即使是"輪吃"的，我們也難買到。據說，不僅在郊區有大量集市，市區里弄中，清晨往往有人高價買賣。這也是"積重難返"的現象之一吧。

一九四八年四月初，我乘飛機到了香港，下榻於"九龍大酒店"。這是一家"年高德劭"的頭等旅館，彷彿上海的"一品香"之流，早已落伍了。因為先前張季鸞曾在此養病，我對它印象還好，下機後，就搭上了它的接客汽車，一路所經，市容和交通秩序已恢復正常，找不出日寇侵佔幾年的殘跡了。

下午，就按地址找到了張建良。他說，早已接到了唐納的信，知道我就要來了。我把準備和李濟深合作創刊《文匯報》的

1　虞孫，指陳虞孫。

2　林嵐，指張林嵐。

打算簡單告訴了他，他答應約好潘漢年和我見面詳談。他建議我先去看望夏衍，並告訴我夏的住址。

我和夏衍雖是第一次見面，談得卻十分坦率。我談了對《文匯報》在港出版的想法，根據我過去在香港《大公報》時的體會，香港一般居民，受香港英國殖民當局的文化毒害，對進步思想和新的文藝，接受水平較上海差得多。如果報館的調子拉得高，可能曲高和寡，讀者一定不會多。夏衍同意我的分析，並且說："我們《華商報》（實際是黨的報館，當時由他主持）不僅銷路打不開，而且處境危險，英國當局隨時可能把我們封閉。《文匯報》來出版，我們十分歡迎，可以築起第二條防綫。因此，我們也不希望《文匯報》色彩太紅，應該保持在上海時豐富多彩的特色和中間偏左的外貌，這樣，不僅可以扎穩我們的第二條防綫，也可能爭取廣大的讀者。" 我很高興，覺得領導者（他當時負責黨在香港文化事業的領導工作）和我的看法不謀而合。

談話後，他請我在附近一個小酒家（香港的飯館）吃飯。他點了幾樣菜，看到我只舉杯不舉箸，十分奇怪，經我說明，我生平不吃魚膳和牛羊肉。他大笑說："那末，我們完全沒有共同點了。" 原來，他也有所忌，從來不吃雞、鴨和瓜菜。於是，他另要了一盤豬肉和一盤素菜。

5月20日 四月初三　　**星期五**　　**陰雨（16℃ — 23℃）**

張建良告訴我，李濟深手下也分為兩派，一派是正派的，也比較進步，有陳劭先、陳此生、梅龔彬等；一派是老軍閥、政客和若干藉著李任公之名混飯吃的。於是我先去訪問了陳劭先，談得很投機，同他住在一幢房子裏的宋雲彬，聽說我來香港，也高興地來談敘。從此，我們成了極好的朋友。

他們都住在九龍。我和劭老談好後，即由他陪我過江，至羅便臣道看訪李濟深。李很高興地歡迎我，談了些別後彼此的遭遇，談到辦報，他再三說要全力"仰仗"我。我把合作出版香港《文匯報》的打算提了出來，他極口贊成，劭老也表示支持，說這樣極好，《文匯報》牌子好，有號召力，找我來主持，一定能辦好。又談了具體的合作辦法，我提出創辦費要二十萬港幣，文匯方面可以籌一半，希望民革也出一半。李任公說："我們本來只准籌五萬元小規模辦辦，以後再陸續籌款補充。但這方面問題不大，我可以向我們的成員，叫他們踴躍投資。"

我說："還有一點，我想先徵得任公同意。我縱使三頭六臂，沒有一套齊整的班底也是搞不好的。好比梅蘭芳等登台，總要帶自己合作慣了的劇團的，否則，就會荒腔走板、雜亂無章了。我希望任公和劭老等參加報館的領導，至於具體的編輯方針和幹部配備，希望給我以全權。"

李說："當然應該這樣。你放心，我決不干涉你，也決不向你推薦一個人。我是完全相信你的。"

我說："既然這樣，我這次來港的任務算是完成了，我準備三兩天內就趕回上海，和嚴寶禮等積極佈置，一有頭緒，就儘快來港正式開始籌備工作。我就不再來向您辭行了。"

他說："盼你和嚴寶禮早些來。"

李留我吃了飯，並給我介紹了他的夫人。

李住的房子，比我們過去所住過的《大公報》宿舍地址向西有一段路，接近西環了。只是普通一底三層的樓房，聽說是租住的。他從民國初年從日本士官畢業回粵後，即任鄧鏗部下的參謀長，鄧被刺後，他代理師長，北伐時任第四軍長，以後長期在粵任軍政首腦。國民黨中以後產生的不少風雲人物如陳銘樞、張發奎、蔡廷鍇、陳濟棠、余漢謀、薛岳等等，當時都是第四軍的旅、團、營長，都是他的部下。這些人在香港或廣州、上海都造了美輪美奐的洋房、別墅。比如蔡廷鍇，他就利用了"一·二八"後各方捐助慰勞十九路軍的錢，在香港不僅有屈指可數的大片花園洋房，聽説還造了不少出租的樓房。對比之下，李在這些舊人物中，可算是"清貧"的了。

李還告訴我，陳濟棠的哥哥陳維周有個兒子叫陳士渠，在香港經商，很有錢，買進一部平版捲筒印刷機，造了廠房，準備開印刷所。他也參加了民革，"我們準備租用他的機器和房子辦報。"我説最好讓我先看看。他立即關照秘書呂方子給打電話聯繫好了，我即由劭老陪同前往。

房子在堅道，離鬧市中心的"皇后大道中"不遠，是一開房四層的房子，作為一個報館，是太小了。機器裝在底層，聽陳士渠説，每小時可印對開紙約一萬張。我對劭老説，房子和機器都不理想，除非實在找不到別的地方，我是不中意這裏的。我們一路下山時，劭老還告訴我，陳士渠這個人很壞，他每月要機器租費一千元，房租三百元，一錢也不肯少。

在香港短短的幾天，和流亡到港的《文匯報》同事孟秋江、唐海等見了面，他們聽説我來籌備出報，當然很歡迎。唐海等已在桂系出資創辦的《新生晚報》擔任編輯或記者，他們説，只要《文匯報》出版，他們就向《新生晚報》辭職。

《新生晚報》的社長黎蒙，我一九三九至一九四一年在香港《大公報》時就和他相識，後來我在桂林時，他任《廣西日報》社長，不斷有來往。他是美國留學的，很喜歡交朋友，不時請我和金仲華到他家吃飯。在桂林，他的家庭，是我所見到的最"摩登"的家庭之一。

比之太平洋大戰前，香港當時的新聞界是每況愈下了。除了《華商報》等少數報紙外，都靠黃色新聞和“鹹色”（比黃色還要色情的）副刊爭取和維持銷路。《新生晚報》也靠此成為當時晚報中發行最廣的。聽說它的總編輯姓高，卻不管整個版面，只管編輯。他自己每天寫段連載小說，內容和《性史》幾乎只“相隔一層紙”了（香港英政府可以允許寫到這程度，如果“穿”過這一層紙，便會以“有傷風化”處以罰款）。而署名為“小生姓高”。據唐海說，單憑這個連載，《新生晚報》就要給他每月五百元的稿費（當時，唐等在《新生》的薪水只二百元），他還同時為別的幾家日報寫連載，內容無非顛而倒之寫男女關係，每月有二千元以上的收入。

我還由孟秋江陪同，去拜訪了在港的民主人士沈鈞儒、郭沫若、章伯鈞、馬敘倫、譚平山等，其中，只有章是初次見面，其他幾位，在滬時早有過不同程度的交往了。

5月21日 四月初四 小滿　　星期六　　多雲（16℃ — 26℃）

今天，《文匯報》發表影電系統批判組的文章，明確指出《春苗》為反黨的大毒草，並指出它是徐景賢一手炮製的。

我那次赴港，雖為時只幾天，卻引起了胡政之的極大注意，千方百計想打聽我此行的動機。

那時，香港《大公報》復刊不過兩三個月。

抗戰勝利後，因為幹部不敷分配（大概我的離去，也是一大原因），胡政之不得不放棄復刊香港版的計劃。到一九四八年初，胡才舊事重提，決定親自掛帥去恢復香港版。那時，他的動機顯然已不是勝利前後那樣雄心壯志想搞什麼“大公報托拉斯”了，而是看到局勢的發展，已不如他幾年前對我說的那樣樂觀了，他已意識到蔣介石的天下土崩瓦解不僅無可避免，而且屈指可待了。

據上海《大公報》的同事告訴我，當胡政之在滬組織班底赴港前，決心排除老的幹部，連追隨他最早，又當過香港版經理的金誠夫也摒而不用（下面的編、經兩部班底，都是我和金長期帶領的前香港、桂林版的原班人馬）。而起用費彝民當經理（一個原因是費為人柔媚，曲意承旨），聲言要擺脱暮氣，恢復《大公報》二十年代創業時的朝氣云云。

香港的市場中心很集中，我到港以後，免不了要在主要大街德輔道和皇后大道等處露面，也免不了有朋友請我在“大酒店”和“告羅斯他”（都是當時最大的酒店）喝喝咖啡，胡政之當然很快就得到“耳神報”了。

大約在我準備離港的前兩天，突然收到費彝民的請帖，席設香港最富麗的粵菜館“金龍大酒家”，費還打電話給我說“胡先生想和你見面，務請光臨”。

我準時赴宴，胡、費以及和我同事多年的楊歷樵、馬廷棟、李俠文、陳凡等全來了。“酒過三巡”，費彝民先開口引入正題，“老兄此來，是準備長住了罷？”胡政之接著說：“是啊，快快把《文匯報》籌備在這裏出版罷，大家可以熱鬧些。”我聽了心中暗笑，我早料定這次盛宴，是他們想摸摸我的底，是否又“冤家路狹”，在這裏重新和他們唱對台戲。果然，試探的信號發出來了。當時，我對創刊《文匯報》能否如願，確實還沒把握。再則，也學會了一點“世故”，不想説真心話。於是，漫不經意地說："《文匯報》的家底很薄，你們是知道的，在香港創辦一個報，談何容易！我這次來，是應朋友的邀請，純粹是來玩玩，看看老朋友的。我本來就想日內去拜胡先生和各位老同事的。"

以胡的老於世故，當然知道我說的不是真心話，也知道不會從我口中探出消息了，於是話鋒一轉，談到了《大公報》，說："我們現在又恢復天津創業時期的那股朝氣了，我自己寫評，自己寫大標題，看大樣。"費彝民馬上湊趣說："是啊，胡先生精神真好，整天忙於報館的事。"胡哈哈大笑說："不要看我老了，每天上山、下山（指宿舍在半山）都是步行的。"

我連忙說："胡先生朝氣蓬勃，這是看得出來的，但還該千萬保重身體，僱汽車上下，花不了多少錢。"我這幾句話，的確不是隨口敷衍，而是衷心對這位曾經提拔、重用我的前輩的關切。因為，我早知道他有好幾種慢性病，在上海還發過重病。

他笑著說："多走走路也可以鍛煉身體，我走上山也並不覺得累。"

我重言說："雖然如此，還以小心保重為好。"

不料我的顧慮，不久就證明不是過慮了。我第二次來港，開始籌備《文匯報》時，就聽《大公報》的朋友說，就在那天吃飯後不久，一天晚上，胡正伏案寫稿，忽然昏厥過去，連忙送醫院搶救，說是膀胱舊病復發，而且形勢惡化，幾天後就送回上海診治。所以，當《文匯報》在港創刊時，又是他連忙派王芸生來港和我對唱了。他再也不能親自上陣了。

我這位老上司、老東家，終於在上海解放前不久去世。我聽到這消息是頗為黯然的。在私，我是《大公報》這個"科班"裏出身的，是他和張季鸞把我帶上新聞舞台的。在公，平心而論，他是我生平所接觸到的那一個時代新聞工作者最傑出的"多面手"，大概除排字、拼版和開動機器外，有關報紙的工作，從寫社論到編輯、採訪，乃至照相、譯電、管理方面，從人事章則到會計核算，都能動手，而且有魄力，全力以赴。他的能力和影響，王芸生不可同日而語，但他也絕不會像這樣“聰明”。

香港那次宴會，想不到竟是我和他的最後一面。

5月22日 四月初五　　**星期日**　　**多雲（16℃ — 28℃）**

昨晚，錫妹一家來吃飯，飯後同往“戰鬥”看《萬里征途》。主題還好，結構和創作方法，還不脱“幫”氣。總是一個糊塗隊長，一個英明書記，一個英勇鬥爭的新幹部，一兩個壞人。而人物安排上，也不脱出所謂“三突出”原則。今天廣播説，長影正在積極拍攝兩部影片，但願能徹底擺脱十幾年來“四人幫”的餘毒，讓觀眾看到鮮花新放，耳目一新。

一九四八年春從香港回來後，不敢在上海多耽擱，因為已引起反動派的注意，夜長夢多，怕走不了。上面已説過，作為國民黨“鷹犬”的小報，已放出風聲，準備扣留我了。

在上海需要解決的，一是資金問題，虞順懋大概拿出了四五萬港幣，但嚴寶禮強調要留一部分款子，置備排字設備和職工赴港旅費，給我帶往香港去的，只有一萬元港幣。他説民革有十萬元可以動用，實際上，民革方面，也只湊到萬餘元。所以，我到香港開始具體籌備時，就天天如度年三十，捉襟見肘。具體困難及焦頭爛額情況，下面再談。那時，我已從事新聞工作二十年，但基本上只有編輯方面的經驗（在漢口搞過《大公報》湖北分館代辦部，我只掌握財權，具體工作及安排都未插手），對於經營管理這一套，完全還是門外漢。

本來指望嚴寶禮去經理部當家，但他藉口上海雜務多，離不開。我也看出，他是上海土生土長的，不願離開這塊泥土，也像淡水裏的魚一樣，離開池塘，進入大海，就無所施其伎倆了。他推舉宦鄉去當經理，我完全同意，宦在這方面比我內行，還可以幫助我搞好言論和編輯工作。宦答應了，卻說要經過一個時期，才能把經手的事（可能是共產黨在上海的一部分文化工作，他當然不會明說）交代清楚，然後成行。嚴又要丁君匋去當副經理，掌握經理部的具體業務，丁也怕挑擔子，而又不願放棄這機會，也說要過一段時間才去。

在幹部方面，香港已有《文匯報》舊人唐海、孟秋江、柯靈（他已於一兩個月前由夏衍介紹去港任永華製片廠編劇）、陳朗等人，我主張"精兵"主義，只準備帶幾個編副刊的人去。算來算去，只少一個編要聞的人，正好在這時，金慎夫來找我（他那時已由他老兄介紹進上海《大公報》任編輯），說他願意回《文匯報》，到香港去。我決定請他擔任編輯主任。經理部方面，只帶一個發行課主任和他的兩個助手去。其餘庶務廣告等，嚴說，他已函託他的朋友阮維揚（在香港搞罐頭印刷生意）代為介紹。

印刷、排字工人，則全部從上海帶去。

就這樣，把這些事草草決定以後，我就重新赴港，一個人去肩挑這副重擔。

到港以後，我還"唱"了一幕"啞劇"。原來，我在抗戰勝利後，因為蛀牙，不時發生牙痛，有時連帶頭痛。這次在出發前，寫信通知了已回香港的唐納。飛機在香港啟德機場降落，唐納和孟秋江在那裏迎迓。他們說，在港的舊同事，都在格羅斯他酒店等我，一則表示歡迎，再則急於想聽我談談《文匯報》準備如何籌備，大約何時出版。我到了那裏，一一握手，正要開口，牙痛大發作，吞了幾片止痛片也無效，只得沉默了一陣後，忍痛略談了幾句，約好第二天再談。當由秋江陪我去找到一位熟醫生，細細診治了一番。

這次赴港，還附帶執行了一個重要任務。離滬前夕，被邀去盛丕華開設的紅棉酒家（在大世界以西）參加留滬民主人士的會議，主要是討論中共中央新發出的通知（關於擴大統戰工作和號召召開新政治協商會議）並預祝何香凝老人七十壽誕。參加的有黃炎培、陳叔通等。記得黃炎培說，只要國民黨停止內戰，就可以召開新的政協會議，商組聯合政府。陳叔通說，應該認為，舊的政協已死去了，等到打敗了國民黨，再召開新的政協，性質完全變了，不能再容許任何反動黨派參加了。這是我第一次認識這位老人，給我的印象卻很好。

會前，已預備好了一本精裝的尺頁，前面寫了祝壽文，後面由到會者一一簽名，並當場給我帶到香港去面交何香凝老人。

我到港沒有幾天，就是老人的壽誕，在港的民主人士頭面人物如沈鈞儒、郭沫若、譚平山、馬敘倫、王紹鏊等，以及民革中央的李濟深、蔡廷鍇、朱蘊山等設筵為何香凝祝壽。共產黨在香港的負責人方方、潘漢年、連貫也到了。

李濟深把我介紹給何老，何很慈祥，希望我把《文匯報》辦好。飯後，她留我閒談。有一段話，留給我很深的印象。我把上海民主人士對她祝壽的熱忱向她轉達，並表示了我對她的敬意。

她說："我是一直跟著先生（指孫中山）革命的。國民黨是我的家，現在，家裏被有些壞東西敗光了，我對它是絕望了。中共好比我的親戚，卻堅決完成先生未完成的革命事業。所以，我們愛國的國民黨人，應該衷心擁護共產黨。"

她又說："蔣介石原來對我是很尊敬的，他初當黃埔軍校校長時，我有時吸煙，他還站起來給我點火。仲愷當時兼廣東財政廳長，他全力支持黃埔，希望能培養出大批革命軍人骨幹。那時，財政很困難，仲愷總首先籌付黃埔的經費。有一次，仲愷對我說，實在沒有辦法了，黃埔的經費還難籌足。我就把僅有的存款和首飾，湊了二千元給他。這些情況，蔣介石是知道的，所以那時對我很尊敬。

“在中山艦事件發生前大約一星期，有人報告我，如書店報攤、舊書店中積存的某期《黃埔半月刊》被人大批搜買，不知什麼緣故？我忙差人去找來了一本，翻開細看，有一篇蔣介石在該校紀念周的演講稿，講得非常激昂慷慨，大意說：‘總理逝世了，我們非常悲痛，但我們決不應灰心，我們還有鮑顧問（指蘇聯顧問鮑羅廷）的領導，應該繼續執行三大政策，努力革命。’我想，為什麼有人要搜光這一冊書呢，是不是有人要搞陰謀呢。沒有幾天，就發生了中山艦事件，蔣開始公開走上反蘇反共的道路。我才恍然大悟，是蔣派人收買這本雜誌，想‘毀屍滅跡’，以掩蓋他自食其言的罪惡證據的。”老人娓娓健談，使我增加了不少現代史的見聞。

5月25日 四月初八　　星期三 陰間小雨（15℃ — 22℃）

兩天未寫日記。

今天，《文匯報》登出了巴金的文章，控訴了“四人幫”對他的殘酷迫害，以及周恩來對他的關心。可以說，他是代表了一切正直文人的心聲。

一九七八年

3月5日 正月廿七　星期日　多雲（5℃—13℃）

我的《回憶日記》，一擱就擱了九個多月。

周恩來總理生前曾號召老年人把親身經歷如實地寫出來，留給後代，作為第一手史料。我寫這個《回憶》，也可以說是響應他的號召。其中，有些史實，特別是有關《文匯報》的史實，恐怕只有我一個人知道，如不及時寫出來，隨著年齡的增長，記憶將不斷衰退，記錄就越來越困難了。

回顧我已寫的二十多萬字。雖然有些還待補充，有些或過於瑣碎，但事實是完全真實的，沒有加上任何主觀的臆想，這是自信可以無愧於周恩來的號召的。

寫回憶，並不是最近才有的想法，只是因為已被剝奪了寫作權達二十多年之久，所以，沉默，成了習慣了。當然，我去年決心寫這本《回憶》時，決不想有朝一日去發表。所以，對己對人，都毫不隱諱真實，有些人，點出其真實姓名和當時的實際表現，以存史實。有時，也過多地描述了個人的童年回憶和經歷瑣事，目的是讓我的兒孫們看看，我究竟是怎樣一個人，是怎樣從舊社會奮鬥過來的。我的一生，其實只從事了辦報一項工作，比之張、胡等前輩，我是太不足道了。但我自信，我畢竟是土丘，而決不是一塊糞土，歷史會證明給我的子孫們了解清楚的。

責任編輯 —— 李　斌

書籍設計 —— 任媛媛

書　　名 —— 徐鑄成日記（一九七七—一九七八）

作　　者 —— 徐鑄成

整　　理 —— 徐時霖

出　　版 —— 三聯書店（香港）有限公司

香港北角英皇道 499 號北角工業大廈 20 樓

Joint Publishing (H.K.) Co., Ltd.

20/F., North Point Industrial Building,

499 King's Road, North Point, Hong Kong

香港發行 —— 香港聯合書刊物流有限公司

香港新界大埔汀麗路 36 號 3 字樓

印　　刷 —— 美雅印刷製本有限公司

香港九龍觀塘榮業街 6 號 4 樓 A 室

版　　次 —— 2019 年 12 月香港第一版第一次印刷

規　　格 —— 特 16 開（150 × 228 mm）380 面

國際書號 —— ISBN 978-962-04-4538-5

Published & Printed in Hong Kong